南亞頑疾

喀什米爾衝突之謎

(1947─1974)

SOUTH ASIAN
DISEASES

本書分析的是一個小地方的政治演變
所闡釋的是一個從地理到政治的過程

◎ 喀什米爾問題因查謨和喀什米爾土邦而起，
它雖產生於 1947 年，但與喀什米爾此前一百多年的歷史緊密相連。

◎ 喀什米爾問題是英國結束對印度殖民統治的一項副產品，
沒有印巴分治就根本沒有喀什米爾問題！

◎ 喀什米爾問題產生後沒能及時解決，反被捲入國際政治鬥爭之中，
直到 1971 年孟加拉戰爭爆發……

習罡華——著

目錄

目錄

參考文獻

附錄

後記

導言

一、研究主題

　　第二次世界大戰後，隨著印度民族獨立運動的高漲，英國被迫結束對印度的殖民統治。1947 年 8 月 14 日和 15 日，在英屬印度分裂亦即印巴分治的基礎上建立了巴基斯坦和印度兩個獨立的主權國家，英國向它們和平地移交了政權。印巴分治給印度和巴基斯坦造成了許多問題，其中財產分割和難民遷徙等難題都順利解決了，唯獨查謨和喀什米爾土邦的最終歸屬長期爭持不下，這就是喀什米爾問題。喀什米爾問題是印巴矛盾的核心所在，牽動著兩國大局和國民神經，曠日持久地損害它們的關係。在過去的半個多世紀裡，印度和巴基斯坦為喀什米爾進行了兩次半大規模的戰爭，邊緣戰爭和零星槍擊更是難以數計。與一般的國際爭端不同，喀什米爾與中國的西藏和新疆接壤，又由於阿克賽欽的原因，它與中國也有著直接的利害關係。

　　2000 年 3 月，我因為撰寫學士論文而開始接觸喀什米爾問題。起初獲得的文獻告訴我，喀什米爾問題是由《蒙巴頓方案》造成的。後來我有幸到攻讀碩士學位，可以查閱到更豐富、更直接的關於喀什米爾問題的資料。當看到《蒙巴頓方案》印巴分治的英文版全文時，我感到非常震驚。因為《蒙巴頓方案》可以說幾乎根本沒有涉及喀什米爾問題，這又談何去製造它呢？（詳述參見本書第一章第二節）從此，喀什米爾問題到底是怎樣產生的就一直困擾著我。

　　隨著更多地閱讀關於喀什米爾問題的文章和著作，我對於它的認識一度反而更加模糊。喀什米爾問題的確比較複雜，有如印度教的主神濕婆一般，呈現出多重面貌：殖民主義與民族主義，領土爭端與民族衝突，宗教矛盾與文明衝突，分離主義與恐怖主義，霸權與擴張，戰爭與和平，甚至於核武

器等等，都與它有重大關係。不同論著側重於從某個角度去論述喀什米爾問題，雖然各有其真知灼見，這一問題的根本來源反倒更加令人迷惑不解。因此，在選擇博士學位論文的研究主題時，我自然而然地把喀什米爾問題為何產生和持久定為自己的主攻方向，希望借此撥去籠罩在它上面的重重迷霧，找出其發展的原動力，現出它本來的面目。本書即以我的博士論文為基礎稍作修改而成。

關於喀什米爾問題的產生和發展有多種解釋路徑。人們固然可以從不同的角度來闡釋喀什米爾問題，但對其來龍去脈進行詳細考查之後可以發現，它之所以產生和發展無不受亞洲地緣政治的影響。因此，本書將運用地緣政治理論來對它進行闡釋。地緣政治學是基於地理因素來研究國際關係，以之解釋歷史事件和歷史現象的發生和演變的一門學科。本書將運用地緣政治理論來闡釋如下幾個問題：在地緣政治的作用下，查謨和喀什米爾土邦怎樣因其獨特的地理位置而得以建立和成型，該土邦由此而形成的民族版圖和政治結構，對喀什米爾問題有什麼影響；在印巴分治前後，國大黨／印度和穆盟／巴基斯坦的喀什米爾政策怎樣導致了喀什米爾問題的產生；喀什米爾問題產生之後為何不能及時得到解決，又是怎樣捲入全球政治鬥爭並隨之而脈動；本研究的分析下限定在 1974 年。

二、相關概念闡釋

許多學術概念都有豐富的含義，它們在專業語境與普通語境中往往有很大的差別，這在喀什米爾問題研究中也不例外。有幾個概念對於準確地理解本書而言至關重要，有必要對它們進行一番界定和解釋。

（一）喀什米爾

喀什米爾是個內涵豐富的術語。通常而言的喀什米爾是查謨和喀什米爾土邦的簡稱，它是英印帝國裡面積約為 19 萬平方公里的一個土邦。喀什米爾

位於南亞次大陸的北部，其毗鄰地區按順時針方向從北面起依次為中國的新疆維吾爾族自治區和西藏藏族自治區，印度的喜馬偕爾邦和旁遮普邦，巴基斯坦的旁遮普省和西北邊境省，以及阿富汗的巴達赫尚省，並隔著狹長的阿富汗瓦罕走廊與塔吉克共和國相望。

　　喀什米爾是喀喇崑崙山脈、喜馬拉雅山脈和興都庫什山脈交匯的地方，境內群山環繞、高峰聳立，很多地方常年積雪，是南亞次大陸多條重要河流的發源地。就其地理構造而言，喀什米爾就像是一個自然博物館，幾乎所有土地構造的自然特點和類型都可以在這裡找到喀什米爾從西南到東北的地形可以分為查謨平原、山麓丘陵、皮爾本賈爾嶺、喀什米爾谷、喜馬拉雅山西段、印度河上游谷地和喀喇崑崙山。喀什米爾的氣候南北差異大，並隨其海拔高度而變化。喀什米爾的降水量自西南向東北遞減，氣溫從北而南增加。其中最重要的地區是喀什米爾谷，它是地廣人稀的喀什米爾的人口稠密之地，也是它的政治、經濟和文化中心。喀什米爾谷呈橢圓形，其中軸和喜馬拉雅山脈的走向大致平行。喀什米爾谷的形狀像一個茶托，長 84 英里，寬 20 至 35 英里，平均高度海拔 5,600 英呎，面積約為 6,000 平方公里。

　　雖然如此，但千萬不可把喀什米爾看作一成不變的既定共同體，它在不同時期所涵蓋的範圍差別很大。從政治文化角度而言，查謨和喀什米爾土邦大致可以分為四個地區：北部的吉爾吉特和巴爾蒂斯坦，中部的喀什米爾，南部的查謨和東部的拉達克。查謨和喀什米爾土邦是查謨的印度教徒古拉伯·辛格及其子孫，從 1822 年開始，在一個多世紀裡以查謨為基地擴張而建成的中亞王國（本書第二章將闢專節詳述此過程），大致而言，喀什米爾所指代的對象，在 1846 年之前是喀什米爾王國或喀什米爾省；在 1846-1947 年期間，是通常意義上的查謨和喀什米爾土邦；1947 年 10 月 27 日第一次喀什米爾戰爭爆發，尤其是印度和巴基斯坦在 1949 年 7 月 27 日簽署《卡拉奇協議》之後，一般是印控喀什米爾。但在更多的時候，喀什米爾所指代的僅僅

是喀什米爾谷。喀什米爾在不同語境中所指代的對象不相同，應該根據上下文的具體背景來加以判定。

（二）喀什米爾問題

喀什米爾問題是因喀什米爾而引起的不同共同體之間的矛盾的總稱，通常用於指代印巴之間或 / 和印度與印控喀什米爾之間的矛盾。喀什米爾問題衍生出來和攀附其上的紛繁複雜的現象，使它猶如包裹在層層迷霧之中，讓人難以認清它的真正面目。它在英文中有不少相關的對應詞，如 Kashmir Question，Kashmir Problem，Kashmir Dispute，Kashmir Issue，Kashmir Crisis 和 Kashmir Conflict。學者們對喀什米爾問題的性質有不同的看法，如把它看作殖民主義問題、霸權主義問題、文明衝突、民族主義問題、領土爭端、分離主義問題或者恐怖主義問題等等。

從某個角度來對喀什米爾問題進行界定和分析，這是無可厚非的。但實際上，喀什米爾問題具有雙層屬性，正如伊法特所說：「它既是一個國際問題，也是一個國內問題，它是雙重的長期爭端。其最初且歷史更悠久的那個維向，顯而易見是印巴之間從 1947 年次大陸分裂開始就存在的領土爭端；而更晚出現的這個維向則發生在印控喀什米爾內部，它在本質上是一場喀什米爾邦內不同族群與印度政府之間的族裔衝突。……這兩種性質不同的矛盾雖然相對獨立，但並非相互隔絕，它們具有許多平行線和重疊處，彼此影響和相互決定。」1949 年 7 月 27 日，印度和巴基斯坦簽署《卡拉奇協議》，這代表著第一次喀什米爾戰爭正式結束。停戰協議的簽署並沒有解決喀什米爾問題，它只是表示印巴兩國同意在喀什米爾維持現狀，查謨和喀什米爾土邦因此被正式地分裂成印控喀什米爾和巴控喀什米爾，相應地使此後的喀什米爾問題具有雙重含義。基於喀什米爾問題的這種特性，本文試圖用喀什米爾問題（Kashmir Question）、喀什米爾爭端（Kashmir Dispute）和喀什米爾危機（Kashmir Crisis）來界定和分析它們之間的關係和性質。

問題意指困難的事情；爭端指引起爭執的事端，通常指兩者或多者之間的爭執；危機指事件的危急時刻或狀態，一般指內部所發生的。爭端和危機都是問題的下義詞，問題是它們的上義詞，也就是說爭端和危機是不同類型的兩種問題。並且，爭端一般指外聯性的問題，而危機多指內在性的問題，故分別用來界定印巴之間關於喀什米爾的衝突和印度與印控喀什米爾之間的矛盾。喀什米爾爭端指的是，印度和巴基斯坦獨立之後爭奪查謨和喀什米爾土邦而帶來的問題，這是兩國的領土之爭，是一場曠日持久的國際爭端；喀什米爾危機指的是，查謨和喀什米爾土邦分裂之後，印度對印控查謨和喀什米爾邦進行改造和整合過程中所產生的問題，這是印度與印控查謨和。因此，喀什米爾爭端和喀什米爾危機是兩種不同類型的喀什米爾衝突。

（三）國家

地緣政治是基於地理因素的國家之間的關係。國家或許是含義最為豐富的學術概念之一。凱爾森認為：「『國家』的定義由於這一術語所指對象的多樣化而弄得很難界定。這個詞有時在很廣的意義上用來指『社會』本身，或社會的某種形式。但這個詞也很經常在狹得多的意義上用來指社會的一個特殊機關，例如政府或政府的主體，民族或其居住的領土。」

經典的馬克思主義認為：「國家無非是一個階級鎮壓另一個階級的機器。」賈恩弗蘭科·波齊對國家下的定義是：「近代國家或許最好被看作是擔任官職的個人通過連續的有條理的活動來進行統治的一套綜合的機構設施。作為這些官職總和的國家，它自己保留了對一個有領土疆界的社會的統治工作；它在法律上並且盡可能在事實上壟斷了與這種事務相關的一切權能和機構。而且它在原則上根據對自己特殊利益和管理規則的領會獨自處理上述事務。」

弗蘭茨·奧本海默則認為：「各種國家理論之間不可調和的矛盾說明，它們之中沒有一種理論是從社會學觀點派生出來的。國家是世界史研究的對

象，只有用世界史的觀點廣泛而周密地研究它的本質才能認識它。」通過細緻的考察，他得出的結論是：「國家」是通過政治手段而連繫起來的人與人之間關係的總和；「社會」則是通過經濟手段而連繫起來的人與人之間關係的總和。但是，迄今為止，國家和社會始終都是交織在一起的，可是在未來的「自由民聯合體」社會中將不再有「國家」，而只有「社會」。

與上述從某種角度對國家進行定義不同，凱爾森在對前人觀點進行分析之後，從法學的角度對國家的本質提出了獨到的見解，他說：

政治社會學關於國家的理論之不能令人滿意的情況，多半是由於不同作者以同一名義對待很不同的問題，甚至同一作者不自覺地在幾個意義上使用著同一個詞。當我們從純粹法學觀點出發來研究國家時，情況就顯得比較簡單了。那時國家只是作為一個法律現象，作為一個法人社團來加以考慮。唯一剩下的問題是國家如何不同於其他社團。其區別一定在於構成國家社團的那個規範性秩序。國家是由國內的（不同於國際的）法律秩序創造的共同體。國家作為法人是這一共同體的國內法律秩序的人格化。從法學觀點來看，國家問題因而就是國內法律秩序的問題。

凱爾森認為，根據傳統的觀點，除非人們預定國家是基本的社會現實，否則就不可能理解國內法律秩序的實質，它的基本的不同點。根據這個觀點，規範體系之所以擁有使它值得被稱為國內法律秩序的那種統一性的個別性，正是因為它以這樣或那樣方式同一個作為實際社會事實的國家相關聯；它「為」一個國家所創造或「對」一個國家有效力。人們假設法國法律是以作為社會實體而不是法律實體的一個法蘭西國家的存在為基礎的。法律與國家之間的關係被認為類似於法律與個人之間的關係。人們假定，法律（雖然為國家所創造）調整被設想為人或超人的國家的行為，就像法律要調整人們的行為一樣。正如在生物─物理學上關於人的概念旁邊，還有法律上關於人格者的概念一樣，所以人們相信在法學上關於國家的概念旁邊，還存在一

個社會學上關於國家的概念，甚至在邏輯上和歷史上，先於前一個概念而存在。作為社會現實的國家屬於社會範疇，它是一個共同體。法律屬於規範的範疇，它是一個規範體系、一個規範性的秩序。根據這個觀點，國家和法律是兩個不同的事物。國家和法律的二元性，事實上是現代政治科學和法學的基石之一。然而，這種二元性在理論上是站不住腳的。國家作為一個法律上的共同體不是一個和它的法律秩序分開的東西，正如社團並非不同於它的構成秩序一樣。若干人之所以形成一個共同體，只是因為一個規範性秩序在調整著他們的相互行為，共同體不過是調整個人相互的那個規範性秩序而已。「共同體」一詞所指的只是某些個人的相互行為被一個規範性秩序所調整這一事實。……既然我們沒有理由假定有兩個不同的規範性秩序 —— 國家秩序與國家的法律秩序，那麼，我們就必須承認我們稱為「國家」的那個共同體就是「它的」法律秩序。……作為共同體的國家與法律的關係，並不像人與法律的關係那樣，是自然現實或類似自然現實的社會現實。如果有一個和我們稱為「國家」的現象相關聯的社會現實，因而除法學外還有一個社會學上關於國家的概念，那麼，優先地位是屬於法學概念，而不是社會學概念。社會學概念預定要有法學概念，而不是反過來也是這樣。

凱爾森由此得出自己的結論：「國家領土的統一體，以及因而國家的領土統一體，是法學上的統一體，而不是地理、自然的統一體。因為國家的領土事實上不過是名為國家的那個法律秩序的屬地效力範圍而已。」接著，他又順勢斷言：「狹義的國家領土（即公海和無主土地之外的領土）在原則上就是，一個國家，即該領土所屬國有權在其中實現強制行為的那種空間，其他所有國家均被排除在外的一個空間。根據一般國際法，它是只有一個特定的國內法律秩序才有權規定強制行為的空間，也就是只有由這一秩序所規定的強制行為才可能執行的空間。它就是在國家的所謂疆界之內的空間。」

（四）地緣政治

地緣政治學又稱地理政治學，是政治地理學中的重要流派，它的基本觀點是全球或地區政治格局的形成和發展受地理條件的影響甚至制約。地緣政治論與達爾文的進化論、亞當·斯密的國富論、馬爾薩斯的人口論、潘恩的人權論和馬克思的資本論等學說，被看成是改變了世界發展進程的學說。地緣政治一詞源自希臘語，「Ge」或「Gaia」原意是地球之神，「polis」指的是古希臘的城邦國家。「Ge」的含義所指的是各種類型的人類家園，而「polis」的意思是人的統治和組織。因此，從詞源派生而言，「地緣政治」一詞指的是地球和國家以及兩者之間的關係，但其含義又遠不止如此。它所強調的國家概念不單單指「位於」地球上的一種現象，也指「屬於」地球的各類現象之一。其特徵源於它是地理空間的一個部分。描述整個地球的「地理」（Ge）概念涉及某一特定國家所占有的地球之一部分與地球整體之間的關係；而「政治」（polis）概念則指單個國家與其餘國家的相互關係。換言之，在區域地理及政治環境和他們所構成部分的物質世界及人類整體之間，存在更為寬泛的關係。

人類很早就根據地理因素來思考一些政治行為和國際關係，但地緣政治學作為一門科學出現卻是由德國人拉策爾和瑞典人契倫奠定的，集大成者是英國人哈爾福德·麥金德。麥金德的基本主張是，世界歷史可以從地緣政治理論的角度解釋為海權和陸權的對抗。他對這種對抗進行了歷史的回顧，認為兩個對抗的主角始終存在力量的此消彼長，但兩者之間又總是存在一種固有的均勢，因此任何一方都無法獲得對另一方的絕對優勢地位。他們各自都具有某種優勢，借此他們可以重建均勢。這就是為什麼要堅持兩級格局的原因，儘管從表面上看它是一種極為複雜的國家關係模式。麥金德把自己的觀點化約為一個簡單的公式：

誰統治了東歐誰就便控制了「心臟地帶」；誰統治了「心臟地帶」誰就便控制了「世界島」；誰統治了「世界島」誰便控制了世界。

　　但是，美國地緣政治學家尼古拉斯‧斯皮克曼認為，歷史上從來不曾發生過單純的陸上勢力與海上勢力的對抗。因此，麥金德的結論是錯誤的。他認為，「邊緣地帶」對世界霸權爭奪者才是至關重要的。所以，爭奪世界霸權的口號必須是：

　　誰支配著「邊緣地區」，誰就控制「歐亞大陸」；誰支配著「歐亞大陸」，誰就掌握世界的命運。

　　英國地緣政治學家奧沙利文說：「地緣政治論用社會的地理透視來分析國際關係問題，探討國家發展策略，研究國家民族與區域結盟的空間歷史、起源以及演化規律。」它整體地看待全球或區域的經濟政治活動及國家間的關係，在地理系統的水準上來研究社會政治的歷史、時局與發展的空間表象的演化機制，它的學科滲透廣泛，涉及經濟、政治、文化、軍事、民族、人口、技術、社會心理和綜合國力等諸多方面。這種說法或許有點複雜，美國前國家安全顧問同時也是著名的地緣政治學家和實踐者布熱津斯基簡要地概括說：「地緣政治是指那些決定一個國家或地區情況的地理因素和政治因素的相互結合，強調地理對政治的影響。」

　　對地緣政治形勢有三種分析模式：微觀的、中觀的和宏觀的。雖然地緣政治有微觀、中觀和宏觀三種分析模式，但這並不是說在某個時段內只有某種相對應的地緣政治在發揮作用，實際上某個共同體很可能同時處於兩種甚至三種地緣政治的共同作用之下。儘管地緣政治的構成部分極不相同，但它們可以組成各種不同功能的類型：局部（國內）的、區域（國家）的和全球（帝國）的狀態。每一種類型的範例都可以在世界政治地圖上找到，但它們相應的重要性卻存在差異，某一特定時期內其中的一種通常成為範例。

三、研究綜述

關於喀什米爾問題產生和持久的原因，長期以來學者們有著不同的解釋，主要有帝國主義陰謀論、殖民主義論、霸權主義論、宗教衝突論、民族主義論、個人因素論和地緣政治論等幾種觀點。

帝國主義陰謀論者認為，喀什米爾問題的產生歸因於英美兩國的陰謀：由於喀什米爾特殊的地理位置，為了防範蘇聯南下擴張，在結束對印度殖民統治的過程中，它們利用印巴建國時對許多問題難以兼顧的機會，策劃並加劇了喀什米爾問題，以便使喀什米爾成為西方圍堵蘇聯的橋頭堡和軍事基地。此外，利用喀什米爾問題，它們還可以繼續保持對獨立後的印巴兩國施加影響，使它們服從自己的全球策略；在中華人民共和國成立後，又可以利用它來圍剿新中國。他們徵引的資料基本來自報紙雜誌，鮮有直接體現政府政策的檔案或文件。實際上，在喀什米爾問題產生之初，英美是盡力避免捲入進去，反過來是印巴竭力要求它們介入調解。英美改變對喀什米爾的態度主要是 1949 年之後的事情。所以，帝國主義陰謀論似乎把後來發生的事情安插到前面去了。

霸權主義論者認為，印度是一個葛蘭西式的國家。國內權力的逐步中央集權化導致了印度在國際上日益追求霸權。獨立之後，它的主要目的是通過中立或說抑制支配者而有計劃地建立自己的霸權。印度統治階級追求喬底利耶（Kautilya，約西元前 350-283 年，號稱古印度的馬基雅維利）傳統，力圖在世界範圍內重建其霸權。正是用喬底利耶策略才能解釋印度為什麼會用武力迫使喀什米爾併入印度，進而引發了喀什米爾問題。

宗教衝突論者認為，印巴分治之初，喀什米爾絕大多數居民信仰伊斯蘭教，傾向於加入巴基斯坦，共同的宗教信仰堅定了巴基斯坦對喀什米爾的領土要求。而喀什米爾邦的統治者屬於信仰印度教的家族，傾向於加入印度。由於這種宗教上的不合，導致了喀什米爾問題的產生。並且，自 20 世紀 80

年代以來，受南亞教派主義勢力的影響，印巴圍繞喀什米爾的爭端也演變成為印度教沙文主義和伊斯蘭教極端主義的爭端。這就是說，宗教矛盾不僅導致了喀什米爾問題的產生，還加劇了它的惡化。

霸權主義論認為，印度的霸權主義導致了它的擴張行為，進而引發了喀什米爾問題；宗教衝突論則把喀什米爾問題看作古老的印度教徒和穆斯林矛盾的延續。霸權主義論和宗教衝突論的主張相去甚遠，但都違反了一個基本史實，即在印巴分治前後，喀什米爾穆斯林的主流是反對巴基斯坦，而主張查謨和喀什米爾土邦加入印度，是他們要求印度派兵進入喀什米爾鎮壓反叛的穆斯林部落民。所以，這兩種觀點都有其不可克服的內在缺陷。

民族主義論者認為，喀什米爾問題是南亞次大陸現代民主國家建設的產物。賈斯萬特·辛格認為：「喀什米爾不是一個領土爭端，它是宗派民族主義和公民民族主義之間的衝突。」寇普拉則在《印巴喀什米爾衝突的起源》一書中分析了在現代民主國家建設過程中，由於印度次大陸的歷史和英國在殖民統治時期的政策，印度出現了以穆盟為代表建立伊斯蘭神權政治和以國大黨為代表建立世俗政權的兩股潮流，穆盟最後依據「兩個民族理論」建立了巴基斯坦。喀什米爾由於其多數居民是穆斯林，印度為了否定巴基斯坦國的合法性，用武力強行占領它，以此否定「兩個民族理論」。這種觀點由於印度不斷地渲染喀什米爾在意識形態方面的作用而得到強化，甚至被許多人接受。尼赫魯和印度政府多次重複類似於下面的觀點：

我們總是把喀什米爾問題看作我們的一個象徵，因為它對印度有深遠的影響。喀什米爾作為一個象徵，體現出我們是一個世俗主義國家，體現了儘管其多數人口是穆斯林，卻毫無疑問地在本性上希望與印度聯合在一起。喀什米爾對印度和巴基斯坦都具有重大意義，如果我們根據陳腐的「兩個民族理論」的基礎來處理喀什米爾，明顯地印度和東巴基斯坦的數百萬人民將會受到強大的影響。大量已經癒合的傷口會再次裂開。

尼赫魯還說，印度從來就沒有接受「兩個民族理論」，並強調：

許多人認為並說喀什米爾問題阻礙了印巴之間發展友好關係。在某種意義上說這是正確的，但就其根本而言這是不對的。我的意思是，喀什米爾問題是印巴之間其他衝突的結果，即使喀什米爾問題以非友好的方式獲得解決，這些根本衝突還是會繼續下去。如果它以真正友好的方式得到解決，那當然它將會有所助益。通過友好的途徑來解決該問題是重要的，而強制的解決方案將導致其他問題產生。我應該承認，從根本上講它們都是意識形態的問題。我們重新回到我剛才所談論的，「兩個民族理論」是民族主義之類的東西。

喀什米爾問題無疑可以被看作民族主義問題，但這並沒有觸及其最深層的本質。而且，尼赫魯的話帶有很大的誤導性。曾任巴基斯坦總理和總統的阿里·布托就嚴屬地批評他所說的觀點，認為這是不可接受的主張。更為重要的是，根據著名的印度邊疆史專家阿拉斯太爾·蘭姆考證，印度最初制定喀什米爾政策時主要是出於地緣政治的考慮，而非意識形態的目的。所以，喀什米爾作為印度世俗主義的象徵或許是喀什米爾問題產生的結果，而非其原因。

另一種觀點則是強調個人因素的重要性。印度學者達斯古普塔認為：「第一次印巴衝突的開始及其過程，不能僅僅依據對抗雙方的政治目標和軍事能力來解釋。其中起決定性作用的是在印巴軍隊中任職的英國官員，就印度而言則英國人蒙巴頓總督的作用尤為突出。」這種觀點主要是抱怨英國當時沒有順從印度的要求，反幫助巴基斯坦在喀什米爾的活動，從而造成了喀什米爾問題。但是，巴基斯坦學者則認為：「尼赫魯 - 蒙巴頓聯盟是巴基斯坦創立的一個背景。」認為蒙巴頓偏袒印度，導致了喀什米爾問題產生，給巴基斯坦製造了許多困難。

另外，金斯雷·馬丁至死都堅信，尼赫魯的族裔出身是喀什米爾問題的

根源。但也有學者認為，喀什米爾的潘迪特一旦離別了家園，很少有再懷戀故鄉的……賈瓦哈拉爾‧尼赫魯之所以常常訪問喀什米爾，這與其說是由於喀什米爾勾起了深藏在他心中的故鄉懷念，不如說是由於他喜愛那裡的山岳和冰河。以前的出版物顯示，國大黨和印度最初的喀什米爾政策是由尼赫魯制定的，但後來公開的資料表明並非如此，而是由時任副總理兼土邦部長薩達爾‧瓦拉伯巴伊‧帕特爾主導的。因此，這種過於突出個人 —— 儘管他是偉人 —— 在歷史事件中作用的觀點還值得商榷。

　　一些學者已經注意到地緣政治對喀什米爾局勢的作用。哈斯奈恩在《1846-1921 年英國對喀什米爾的政策：喀什米爾在英俄政治中的地位》一書中，考查了 1846 年到 1921 年之間英國對喀什米爾的政策，認為 19 世紀大英帝國和沙皇俄國在中亞進行角逐所產生的地緣政治對喀什米爾有重要影響。D.N. 達爾《喀什米爾政治變化的動力：從古代到現代》一書，則從長時段來進行分析，考查了幾股作用與反作用的力量如何在不同時期影響著喀什米爾的政治變化，其中就包括英國的地緣政治利益和冷戰因素。

　　作為卓有成就的印度邊疆史專家，阿拉斯太爾‧蘭姆對喀什米爾問題有著非同尋常的洞察力，《喀什米爾：一份爭議的遺產（1846-1990 年）》和《不徹底的分裂，喀什米爾爭端的起源：1947-1948 年》是他在這方面研究的的代表作，前者對喀什米爾問題作了一個全景式的分析，後者則集中分析喀什米爾問題產生前後的歷史事件。他提出一個頗有見地的觀點，明確指出喀什米爾問題的根源在於不徹底分治的地緣政治程式。他認為喀什米爾問題之所以產生，是源於印度既定的地緣政治策略，為了控制英印帝國的北部邊疆，在印巴分治之前它已經決定把查謨和喀什米爾土邦視為囊中之物。

　　蘭姆的觀點遭到印度學者帕勒姆‧香卡‧吉哈的反駁，他的兩部著作《喀什米爾在 1947 年：對立的歷史觀點》和《爭端的起源：喀什米爾在 1947 年》，後者是對前者的擴展和補充，主要是駁斥蘭姆的觀點。蘭姆把分

析重點放在英國政策對喀什米爾問題產生所造成的影響，吉哈則側重於從印度人的立場來進行分析和反駁，兩人都有為本國的過錯進行開脫之嫌。吉哈基本上是就事論事，缺乏對同類事件進行比較研究，分析的格局過於狹小，從而使得他對蘭姆觀點的批駁顯得較為脆弱。其實，蘭姆觀點的不足之處在於，他過於強調印度政策的原罪性，對於喀什米爾穆斯林的主流投靠印度所造成的影響評估得不夠充分。從當時的法律來看，印度並非沒有權利獲得喀什米爾，且喀什米爾最大眾化的政黨國民會議黨對它的支持也是一個值得充分考慮的問題。此外，蘭姆只是把地緣政治作為某種因素來解釋喀什米爾問題，還沒有把它上升為理論工具來展開全面的論述。喀什米爾問題的確具有地緣政治的性質，但印度的地緣政治策略只是它產生的決定性因素，並不足以解釋全部的現象。要對喀什米爾問題作出系統闡釋，必須把它放置在更長遠、更廣闊的背景下加以考查。

喀什米爾問題不僅是國際學術界的研究熱點，也是研究生攻讀學位的選題熱門。根據在 PQDD 上的搜尋，與本文主題相關的博士論文主要有如下一些：

➤ 帕特麗夏·科爾維·辛普森的《國際政治中的喀什米爾爭端》，是美國聖約翰大學 1968 年的博士學位論文；巴希爾·艾哈默德的《主要大國對喀什米爾爭端的政策：1947-1965 年》，是美國內布拉斯加州立大學 1972 年的博士學位論文。這兩篇政治學博士論文寫作的時間相差不遠，在第二次和第三次印巴戰爭之間，那是喀什米爾問題的轉型期。它們的優點在於對喀什米爾問題作了一個大視野的分析，尤其是對美英兩國的政策背景有獨到的見解；它們的不足之處在於對查謨和喀什米爾土邦的形成過程和內部政治特徵沒做深入的考查，對於相關事件的歷史背景沒有進行詳實的剖析，故而對問題的研究略顯粗糙。

➤ 羅伯特·布魯斯·奧斯本的《陸軍元帥克勞德·奧金萊克：印度軍隊和印巴分治》，是美國德克薩斯大學 1994 年的博士學位論文。該文考查了英

印軍隊末任總司令奧欽萊克力圖公正地，根據印度和巴基斯坦獨立後的
實際需要來分割印度軍隊的行動，以此為切入點分析了印軍分割在印巴
分治中所起的作用及其對喀什米爾問題的影響。作者認為國大黨主要領
導人想讓巴基斯坦先天生存能力不足，與蒙巴頓勾結使喀什米爾加入印
度從而導致了喀什米爾問題的產生。

➤ 艾姆‧賽福鼎‧柯哈雷德的《地緣政治和地區現實：美國與印巴之間的
喀什米爾爭端，1947-1954 年》，是美國密西西比州立大學 1990 年的
博士學位論文，伊茲雷利‧南達穆迪的《美國對印度的感知和政策選
擇：1965 年印巴戰爭的個案研究》，是美國華盛頓州立大學 1998 年的
博士學位論文。這兩篇論文側重於從美國的角度來分析和研究喀什米爾
問題，可以說是站在美國的立場來看待問題，故而對於喀什米爾的歷史
幾乎沒有涉及。它們對於美國政府在相關階段的政策背景做了深入的剖
析，提出了一些精闢的見解，對於本文的研究頗有助益。

➤ 傑拉德‧魯道夫‧羅易的《喀什米爾爭端：洲際邊界衝突的國際政治之個
案研究》，是南加州大學 1981 年的博士學位論文。該文從洲際邊界衝突
的角度來分析喀什米爾，視野開闊，有深度。哈里‧弗裡德曼的《印度獨
立後的統一行動：葡屬殖民地、法屬殖民地、海德拉巴和喀什米爾四個
印度領土爭端的比較和研究》，是匹茲堡大學 1956 年的博士學位論文。
該文雖然行文比較簡單，但仍然很有價值，選擇四個具有代表意義的印
度領土爭端進行橫向比較研究，文章認為，決定印度對這些領土爭端的
政策，是印度的政治力量而非法律權利，儘管印度領導人在爭論時想遵
循甘地主義的道德教導，但他們更多的是奉行現實主義政治的原則。

　　喀什米爾問題無疑主要是印巴兩國之間的問題，也是學者們研究的重要
對象，這方面的著作很多，希西爾‧古普塔的《喀什米爾：印巴關係中的研
究》、普拉克斯‧昌德爾的《印度和巴基斯坦：無盡的衝突》和羅伯特‧沃爾

辛的《印度、巴基斯坦和喀什米爾爭端》可謂這方面的代表作。希西爾·古普塔從上古的歷史起，對喀什米爾的歷史作了全景式的描述，對查謨和喀什米爾土邦的形成以及喀什米爾問題的產生和發展都有介紹和分析。如果要從印巴關係的角度去理解喀什米爾問題，該書是不錯的選擇。普拉克斯·昌德爾以主題的形式來展開自己的論述，主要關注目前喀什米爾的問題，這與本文的主題關聯不大。羅伯特·沃爾辛雖然也涉及喀什米爾問題的產生原因，但更側重於尋求它的解決辦法。

儘管印度和巴基斯坦之間的喀什米爾爭端是學者們的研究重點，但印度和印控喀什米爾之間的喀什米爾危機的研究者也不乏其人。貝赫拉的著作《國家、身分和暴力：查謨、喀什米爾和拉達克》認為，通常的分析都是從印度和巴基斯坦的視角來分析喀什米爾問題，這是不夠的，有必要從喀什米爾內部來認識該土邦的政治特徵，理解喀什米爾各共同體人民的政治渴望，進而去研究喀什米爾問題。她運用社會學的方法，研究各種社會模式，包括族裔的、宗教的、地區的、文化的和語言的身分，他們的政治性以及在查謨和喀什米爾的背景中與該土邦變動的關係。從印度過去五十年政策的得失和喀什米爾人的反應，考查了不同時期喀什米爾動亂的原因，以及上世紀九十年代印控喀什米爾爆發分離主義運動的原因。指出印控喀什米爾危機的出現，是印度政策失誤、經濟發展滯緩和教育水準提高，導致喀什米爾人的認同發生變化，使得他們在不同時期對印度態度也發生改變，導致問題產生或和緩。她得出的結論是，社會現實多元化和政治結構單一化之間的矛盾，是喀什米爾分離主義運動產生的原因。

波比爾·辛格通過考查喀什米爾人在不同歷史時期認同的變化，以及由此對政治產生的影響，得出結論：喀什米爾危機的惡化是由於喀什米爾人在不同時期的認同轉變而導致的。古拉姆·納瓦拉卡在《祈求的聯合：喀什米爾和「婆羅多」官方民族主義》一文中則認為，喀什米爾危機是印度官方民

族主義和喀什米爾區域民族主義之間的矛盾碰撞和激化的結果。問題的根源在於印度統治階級把自己的意識形態強加於喀什米爾人身上，削弱他們的特性，導致雙方產生矛盾，喀什米爾人的分離主義情緒越來越濃，與印度漸行漸遠。

簡而言之，闡釋喀什米爾問題的產生和發展的論著，大致是從兩個方面來展開的：一是從印巴關係方面來解釋喀什米爾爭端，一是從印控喀什米爾方面來剖析喀什米爾危機。分析喀什米爾爭端的著作，一般都採用現代民族理論來展開分析，它的中心思想是一元化發展，由傳統到現代、部族到民族。因此，他們多從政治和外交的角度來分析喀什米爾問題為何產生及其解決的可能性。分析喀什米爾危機的著作主要是從社會學的角度，採用後現代主義的觀點，拒斥中心化意識形態，強調給人民、社群和族裔以社會、文化和政治等空間，認為喀什米爾人有權利保持他們的特性，應當給予他們高度的自治權。

巴基斯坦學者伊伽茲·侯賽因說：「喀什米爾問題的法律視角被忽視了。喀什米爾問題的政治而非法律方面是人們關注的熱點，人們更多的是從政治角度來考查它是否以及何時產生。」傳統的喀什米爾研究過於注重從政治尤其是印巴關係的角度來展開，或者是從喀什米爾內部局勢的演變來進行闡述。這樣造成的後果就是把喀什米爾問題的法律背景予以忽略，也有學者只專注於法律問題而不顧及政治層面，從而把喀什米爾問題的政治與法律層面割裂開來。傳統研究中存在的另一個缺點是，把 1947 年作為分析的起點或終點，從而在闡釋喀什米爾問題時把現代與傳統（近代）割斷開來。傳統研究的第三個缺點是，分析喀什米爾問題的格局比較小，對於周邊形勢對喀什米爾問題的影響沒有給予充分的考慮。這三個缺點破壞了喀什米爾問題的完整性，因為它們具有不可割裂的內在關聯性和繼承性，所造成的後果是不能對喀什米爾問題產生的原因做出完滿的解釋。

四、研究思路

傳統的喀什米爾問題研究大致有三大缺點，即傳統與現代的斷裂、政治與法律的割裂以及分析格局稍小。通過對喀什米爾問題的來龍去脈進行考查可以發現，喀什米爾問題產生的原因主要在於喀什米爾獨特的地理位置以及由此而引起的周邊緊張的國際關係。為了避免傳統研究的缺點，本書試圖立足於相對宏觀的國際關係格局，考之於相關的法律文本，把喀什米爾的現代與前現代結合起來，闡釋喀什米爾問題的產生和發展。出於這樣的考慮，本書從地緣政治的角度來研究喀什米爾問題，大致的思路如下：

喀什米爾問題因查謨和喀什米爾土邦而起，它雖然產生於 1947 年，但與喀什米爾此前一百多年的歷史緊密相關。本書首先考查了查謨和喀什米爾土邦如何在地緣政治的作用下得以建立和成型，由此而形成的民族版圖和政治結構對喀什米爾民族民主運動的影響及其與喀什米爾問題的關係。

喀什米爾問題是英國結束對印度殖民統治的一項副產品，沒有印巴分治就沒有喀什米爾問題。本書接著闡釋了在印巴分治的大背景下，國大黨／印度、穆盟／巴基斯坦和英國對喀什米爾的政策，查謨和喀什米爾土邦內部各主要政治勢力對其歸屬的態度，以及它們之間的相互關係如何導致了喀什米爾問題產生。此外，本書還試圖解釋為什麼地緣政治才是喀什米爾問題產生的原動力，而不是一般所認為的宗教衝突、民族主義或霸權主義等因素。

喀什米爾問題產生之後沒能及時地得到解決，反被捲入更大範圍的國際政治鬥爭之中。因此，本書接下來分析，在地緣政治的作用下，喀什米爾問題如何被捲入國際衝突之中，期間是怎樣發展演變的，這些後果反過來又對喀什米爾問題有什麼影響，直到 1971 年孟加拉戰爭爆發。

孟加拉戰爭是印巴兩國政治、經濟和軍事上的較量，以巴基斯坦慘遭失敗和肢解而收場，從根本上改變了南亞的地緣政治形勢。孟加拉戰爭的結果對喀什米爾問題的直接影響是，1972 年 7 月 2 日，巴基斯坦與印度簽訂《西

姆拉條約》，宣稱此後以和平手段解決兩國之間的分歧和矛盾；1974 年 11 月 13 日，查謨和喀什米爾土邦最重要的政治領袖謝赫·阿卜杜拉與印度政府簽署了《喀什米爾協定》，接受印控喀什米爾是印度不可分割的一部分，徹底放棄此前一直不肯放棄的喀什米爾獨立計劃。《西姆拉條約》和《喀什米爾協定》是孟加拉戰爭結果的法律表現。因此，三者一道成為喀什米爾問題發展史上的分水嶺，代表著它在此後進入一個新的發展階段。

五、史料基礎

　　中國是一個有著深厚史學底蘊的國家，在歷史研究方面有著許多優良的傳統。自唐代劉知幾提出史學三長以後，歷代後學對此莫不孜孜以求。著名哲學家馮友蘭說：「歷稽載籍，良史必有三長：才、學、識。學者，史料精熟也；識者，選材精當也；才者，文筆精妙也。」對於歷史研究而言，首要的是對史料有儘量全面的掌握，但浩繁的史料不可能窮究，研究者唯有從中擇取精當之材，再用流暢的語言來闡明自己的觀點，力爭對歷史事件和現象作出完整而準確的闡釋。

　　翦伯贊認為：「就史料的價值而言，正史不如正史以外諸史，正史以外諸史，又不如史部以外之群書。」誠然如此！越原始和未經改纂的史料越有價值，經過修纂的東西可能脫離其本色。因此，本書力求在利用一手資料的基礎上來研究喀什米爾問題。史料固然重要，前人的研究成果也不可或缺。況且各人所得皆有其真知灼見，本書將積極地吸收前人的成果，把喀什米爾問題研究再推進一步。

　　最初構思畢業論文時，我想作為一篇世界史的博士論文，應當捨棄中文資料不用，但很快就發現這是一種錯誤的想法。印度著名的喀什米爾問題專家拉強德拉·庫馬·簡說：「南亞長期以來就是東方和西方，以及中國和蘇聯之間的一個競技場。大國的雄心以及它們之間的競爭，加上該地區國家的不

同利益，致使南亞政治具有挑戰性的複雜。最近阿富汗的局勢（註：指 1979 年蘇聯侵略阿富汗）就證明了這點。美國作為一個具有全球利益的世界性大國，它對南亞事務的興趣和捲入隨著時間的不同而改變。它們在相當大的程度上受到如下因素的影響：美國外交政策的優先考慮、其他兩個利益大國即中國與蘇聯的政策和態度，以及該地區國家內部事務的發展。」我最終認識到，要想完整地闡明喀什米爾問題，離開中文資料根本行不通。中國自古以來對喀什米爾地區都有重要的影響，這意味著中文文獻對研究喀什米爾問題是不可或缺的。

本書所用材料主要從國家圖書館和北大圖書館蒐集查閱，通過各種方式從香港和國外的大學圖書館複印或者購買，以及相關網站上下載的資源。相關的資料很多，主要包括以下文獻：

1. 檔案彙編

相關檔案是研究喀什米爾問題的必要資料。俄國（蘇聯）是影響喀什米爾局勢的重要因素，比較遺憾的是，筆者不懂俄文，沒能直接使用俄文資料。聊以慰藉的是，大量相關的俄文資料都已經翻譯成英文或中文，這使本書最終得以行筆。這類資料包括喀什米爾歷史以及相關國際關係的資料，主要有如下一些：

➤ **關於喀什米爾的重要檔案彙編**：《喀什米爾爭端的重要檔案和註釋》、《喀什米爾：憲法歷史和檔案》、《喀什米爾報告》、《英聯邦事務的檔案和演講》和《英屬印度歷史檔案》。

➤ **印巴民族運動的歷史檔案選編**：《巴基斯坦運動的歷史檔案》、《印度民族主義運動檔案選：1885-1947 年》、《印巴演進檔案選編（1858-1947）》和《巴基斯坦決議到巴基斯坦國，1940-1947：檔案選編》。

➤ **相關重要國家關係的資料彙編**：《印度外交政策和關係檔案選：1947-

1972 年》、《印度外交政策的檔案文本：1947-1959 年》、《英國外交事務檔案：外交部祕密出版的報告和文件》、《美國外交的基本檔案：1941-1949 年》、《美國外交政策的基本檔案：1950-1955 年》、《蘇聯外交政策檔案》、《中國與南亞的關係，1947-1980》、《蘇聯與南亞的關係：1947-1948》，《美國與南亞的關係，1947-1982》、《美巴關係檔案》和《英國外交事務檔案》。

➢ **相關重要人物的言論彙編**：《真納的演講和聲明 (1937-1948)》、《獨立及此後：尼赫魯重要演講選，1946 年 9 月到 1949 年 5 月》、《甘地和真納關於印巴分治的辯論》、《尼赫魯關於喀什米爾的言論選》、《穆罕默德·阿里總理在 1955 年喀什米爾所有政黨會議上的公開發言》和《佐·阿里·布托在安理會的演講》。

2. 自傳和回憶錄

國家不像一般的自然人那樣，不能自為意思表示，而必須由有權代表的機關，如國家元首、持有全權證書的代表等，代為意思表示。國家作為一個集合體，在本質上是一個抽象的概念，其行為得由具體的人來執行。因此，其構成人員執行國家職能的活動，他們事後的回憶，以及他們行為的觀察者所留下的記錄，是研究相關事件的重要資料。與本主題相關的這方面的英文資料主要有如下一些：《隨蒙巴頓出使記》、《卡蘭·辛格自傳》、《邊疆的形成：喀什米爾北部地區的五年經驗和冒險》、《白宮歲月：季辛吉回憶錄》；中文或已經翻譯成中文的有如下一些：《查謨史》、《西藏奏疏》、《喀什米爾：它的歷史、地理概況，軍事力量以及工業和貿易》、《甘地自傳》、《尼赫魯自傳》、《赫魯雪夫回憶錄》、《鮑爾斯回憶錄》、《耿飆回憶錄》、《滄桑九十年：一個外交特使的回憶》（楊公素著）、《喋血孟加拉》、《艾森豪威爾回憶錄》、《葛羅米柯回憶錄》，等等。

3. 他傳和論著

他傳的作者有些是歷史事件的直接親歷者，有些不是。即便不是事件的親歷者，作者對於相關事件還是有許多了解和描述。與本文相關的重要英文他傳有《喀什米爾土邦的創建：古拉伯·辛格大君傳》和《謝赫·穆罕默德·阿卜杜拉：政壇不死鳥》。已經翻譯成中文的還有更多，包括《偉大領袖真納》、《蒙巴頓傳》、《阿古柏伯克傳》、《阿尤布·汗：巴基斯坦首位軍人統治者》和《英迪拉·甘地傳》。自傳、回憶錄和他傳的主角都是南亞和喀什米爾歷史事件的當事人，其本人的歷史就是南亞和喀什米爾歷史的一部分。

喀什米爾的民族民主運動對喀什米爾問題產生了重大影響，這方面的論著主要有如下一些：柏勒姆·納什·巴札的《喀什米爾的文化和政治自由鬥爭史：從上古到當前》，該書對喀什米爾的自由鬥爭做了全景式的考查，再結合印度分裂之前兩個世紀的歷史，得出了喀什米爾爭端的根源在於其歷史當中的結論。善圖什·考爾的《查謨和喀什米爾自由鬥爭》，該書分析的面相對要窄一些，分析重點放在英國統治時期，故而其研究有相對的侷限性，對問題的闡釋並不是很具體明白。穆罕默德·亞辛和蒯尤姆·拉菲齊主編的《查謨和喀什米爾的自由鬥爭史》是一本論文集，它的整體系統性不是很強，但其中有的文章還是很有價值，如希耶德·賈摩爾·烏丁的《從教派政治到民族政治，1930-1940 年的喀什米爾》，分析了喀什米爾民族主義運動的轉變過程；皮爾·傑雅蘇丁的《喀什米爾自由鬥爭史的主要趨勢》，研究了喀什米爾長期鬥爭中的主要潮流，及其對喀什米爾問題產生的影響。

聯合國在喀什米爾問題中扮演了一個重要的角色，除了關於聯合國通過的關於喀什米爾問題的決議的彙編之外，還有研究它們關係的著作。拉馬圖拉赫·汗的《喀什米爾和聯合國》出版於 1965 年，他回顧了聯合國在喀什米爾問題上的作用，尤其是它在 1965 年印巴戰爭中的表現，感嘆它只能做一些象徵性的舉措，而不能根除喀什米爾危機。聯合國無力解決國際間的領土

爭端，而各種勢力也只是利用這一舞台謀求自己的利益。蘇雷斯·K·夏馬與S·R·巴克希主編的《喀什米爾和聯合國》，蒐集了聯合國與喀什米爾問題相關的一些重要的文獻，如印度著名外交家 V·K·克里希納·梅農在聯合國的演講，M.C. 昌格拉在安理會的演講和奎希姆對聯合國大會的演說；該書的第一章分析了第一次印巴戰爭是如何爆發的，喀什米爾問題怎樣提交給聯合國，以及由此產生的後果；另外，它還收錄了 J.K. 班納吉在 1948 年撰寫的《聯合國和強權政治與喀什米爾分裂》，分析了相關各方在第一次印巴戰爭中的立場和政策及其對喀什米爾問題的影響。

4. 網站、報紙和雜誌

www.kashmir-information/com/historicaldocments

www.kashmir-information/com/LegalDocs

中國人大網·文獻資料：www.npc.gov.cn。

上述三個網址存放了一些與喀什米爾問題相關的重要的歷史和法律文件。報紙也可以是歷史研究的資料來源，本書關於中華人民共和國政府對喀什米爾問題的相關政策或聲明，多從《人民日報》（電子版）直接引用。此外，本書還徵引了一些前人的論文，它們主要刊載於《南亞研究》、《南亞研究季刊》、《中國邊疆史地研究》和《歷史研究》。

六、主旨和結構

根據地緣政治理論，某些地區由於其特殊的地理位置而在國際關係的交往中具有策略重要性，甚至直接成為地區大國和世界強權角力的競技場所。例如，麥金德認為，世界霸權的興衰是海洋勢力和陸地勢力的「雄雌」之爭，對爭奪世界霸權的大國而言，控制「心臟地帶」是最重要的。斯皮克曼則認為，「邊緣地帶」對世界霸權爭奪者才是至關重要的。麥金德把世界大致分成心臟地帶、內新月地帶和外新月地帶，斯皮克曼則大致對應地把世界

導言

分為內陸、邊緣和島嶼。通過對歷史進行考查，我們可以發現，在這三種地帶的交匯處，尤其是麥金德的「心臟地帶」和斯皮克曼的「邊緣地帶」的交錯處，散布著許多策略據點，成為地區大國和世界強權爭奪或競力的場所。非常有意思的是，我們可以發現，亨廷頓所謂的文明斷層線也基本與這些據點串成的鏈條相吻合。這些據點由於其特殊的地理位置注定成為地區大國和世界強權爭奪的對象，而喀什米爾恰好就位於其中。

麥金德和斯皮克曼的地緣政治理論是從全球爭霸的角度來分析地理對政治的重要性，其論證的是一個從政治到地理的過程。本書則相反，分析的是一個小地方的政治演變，所闡釋的是一個從地理到政治的過程。地緣政治首先注意的是地理因素，然後在這個基礎上去關注歷史、政治、軍事、外交、經濟、社會等因素的影響。地理對喀什米爾的社會和政治歷史的影響非常巨大，就如米拉什說：「喀什米爾人的性情和生活在相當程度上是由喀什米爾谷的河流和春天、土壤和氣候、山川和關隘在漫長的歲月裡塑造而成的。」本書所欲證明的是，喀什米爾問題如何因其特殊的地理位置而產生，隨後又如何在地緣政治作用下而發展演變。作為一篇歷史學的論著，本書按照事件發生的先後順序來展開論述，具體的篇章結構安排如下：

導論討論主要是對本書的研究主題、將要運用的主要概念進行界定和闡釋，對相關學術研究成果進行述評，提出需要重新研究的問題，介紹本書的思路，說明本書擬採用的論述方法，介紹本書的資料來源和篇章安排。

第一章英印帝國裡的喀什米爾（1822-1947）本章主要敘述在地緣政治的作用下，查謨和喀什米爾土邦是怎樣建立和定型及其對喀什米爾問題的影響。然後再概述查謨和喀什米爾土邦在英印帝國中的法律地位，分析喀什米爾問題產生的法律背景。

第二章南亞博弈中的喀什米爾（1947-1949）本章主要闡釋喀什米爾怎樣由一個潛在的問題變為現實的衝突，以及喀什米爾問題為何被提交聯合國調解。

第三章冷戰陰影下的喀什米爾（1949-1966）喀什米爾問題提交聯合國之後，很快捲入並成為世界冷戰的一部分。本章主要闡明 1949-1966 年間全球尤其是亞洲地緣政治形勢的巨變如何影響了喀什米爾問題的發展。

第四章孟加拉戰爭與喀什米爾（1966-1974）1971 年的孟加拉戰爭是第二次喀什米爾戰爭的延續。本章主要闡明孟加拉戰爭對南亞地緣政治的衝擊，以及由此對喀什米爾問題造成的影響。

結語這一部分對前面的內容作總結，並提煉出本書的觀點：喀什米爾處在國際地緣政治的策略要衝，在前現代時期形成了特殊的民族版圖和政治結構，在當地地緣政治的作用下，喀什米爾問題在 1947 年產生，並在 1974 年之後進入一個新的發展階段。

導言

第一章
英印帝國裡的喀什米爾（1822-1947）

　　喀什米爾問題雖然產生於 1947 年，但知曉喀什米爾過去尤其是此前一百多年的政治發展狀況，對於理解它何以產生和怎樣發展是必不可少的。正如印度學者巴扎茲所說：「當前印度和巴基斯坦因為爭奪喀什米爾而引起的爭端，其根源在於喀什米爾過去的歷史之中。因此，除非人們能夠相當熟悉該土邦早期和中世紀的文化和政治的發展演變，否則他就難以理解潛藏在喀什米爾加入爭端（註：指 1947 年 10 月 26 日喀什米爾申請加入印度自治領）之下的潮流和逆流。」

　　喀什米爾在南亞體系中顯得頗為特殊，連尼赫魯也說：「喀什米爾有自己的靈魂，它有自己的特質。」喀什米爾的特性首先來自於其地理位置，它不僅處於草原游牧區向平原農耕區的過渡地帶，還位於世界三大文明，即印度文明、伊斯蘭文明和中華文明（註：拉達克長期屬於中華文明區）的交匯處。從地緣政治的角度來看，長期以來各種文明勢力以此為競技舞台，使喀什米爾的政治格局多變。在漫漫的歷史長河中，它有時是個獨立王國，有時又成為周邊帝國的一部分，造成它的疆域變動不居。它保有獨立地位的時間長，即便在成為周邊帝國一部分時其獨立性也比較大。

　　整體而言，南亞民族不太注重歷史記載，喀什米爾卻是一個稀有的例外，其較為豐富的文獻記載使後人得以勾勒出它的歷史輪廓。根據喀什米爾政治的發展脈絡，可以把喀什米爾的歷史分成五個階段：第一個階段是神話傳說的遠古時期，從遠古到西元前 3 世紀；第二個階段是佛－印教徒統治時期，從西元前 3 世紀到 1339 年；第三個階段是穆斯林統治時期，從 1339 到 1819 年；第四個階段是錫克‐多格拉人統治時期，從 1819 到 1947 年；第五個階段從 1947 年至今，這是印巴對峙的喀什米爾分裂時期。前三個階段是喀什米爾的古代歷史，第四個階段是它的近代歷史，最後一個階段是它的現當代歷史。

第一節　查謨和喀什米爾土邦

貝赫拉說：「印度無疑是世界上最多元化的社會。它的多樣性包括 25 種得到憲法承認的語言和 2,000 種其他語言，大約 2,000 個種姓，至少 15 種較大的宗教，以及 2,800 多個族裔共同體。查謨和喀什米爾土邦作為非同尋常的種族、部落群體、語言和宗教的混合物，成為印度的一個微縮體。」

從歷史角度而言，查謨和喀什米爾土邦是多格拉霸權的人為製造。查謨和喀什米爾土邦的形成是一個異常複雜的問題，許多著作對此進行了論述。通常的文獻都把查謨和喀什米爾土邦的建立定在 1846 年，因為在這一年，英國東印度公司與多格拉貴族查謨王古拉伯·辛格簽訂了《阿姆利則條約》，把第一次英錫戰爭中從錫克國那裡獲得的戰利品喀什米爾賣給了他，確認了查謨和喀什米爾土邦的主權地位，並正式把它納入大英帝國的殖民體系。這是西方中心主義史觀的一個體現，是從英國的視角來看問題，並不能準確地反映查謨和喀什米爾土邦的完整歷史。因為，多格拉人的查謨政權建立於1822 年，並且，在《阿姆利則條約》簽定之前，它就已經兼併了基希德瓦爾、拉達克、巴爾蒂斯坦等許多地區。所以，把查謨和喀什米爾土邦的肇始定在 1822 年比較妥當。

一、古拉伯·辛格的受封和早期擴張

喀什米爾位於興都庫什山脈的薩特萊傑河流域。1587 年，蒙兀兒帝國的阿克巴皇帝征服喀什米爾，使它成為蒙兀兒帝國的一部分。隨著蒙兀兒帝國的衰弱和分裂，其駐喀什米爾總督日益恣意妄為，欺凌百姓。喀什米爾與崗德赫拉（Gandhara，包括英屬印度的西北邊境省和阿富汗東部）地區的人民數千年來一直有著密切的文化和政治連繫，彼此把對方看作甘苦與共的平等朋友，並且都信奉伊斯蘭教。因此，喀什米爾人向阿富汗國王艾哈邁德·沙阿·杜蘭尼求助。1752 年，阿富汗出兵喀什米爾，把它置於杜蘭尼帝國的統

治之下。到 19 世紀初，杜蘭尼帝國的管轄範圍已經擴展到整個印度河流域，包括木爾坦、白沙瓦以及附近的山區省縣。

蒙兀兒帝國衰落後，印度北部旁遮普地區的錫克人逐步壯大崛起。錫克人傳統的統治方式是分為 12 個戰士社團，由各自的酋長來管轄，處於分裂狀態。其中之一的蘇卡爾恰基亞社團在蘭吉特・辛格統治時期（1799-1839）日益強大。蘭吉特・辛格在 1799 年從阿富汗的杜蘭尼王朝獲得王的爵位；1801 年占領拉合爾城，把它定為錫克國的首都，並自封大君。蘭吉特・辛格逐步結束了旁遮普錫克人政權林立的狀況，統一了薩特萊傑河以北至印度河地區。在他統治時期，錫克國因其強大又被稱作錫克帝國。

蘭吉特・辛格把自己的領主杜蘭尼王朝趕出印度河流域之後，又把目光對準了附近的喀什米爾。他利用阿富汗內亂的機會，在手下大將古拉伯・辛格（Gulab Singh, 1792-1858）的主攻下，在 1819 年 7 月 19 日攻入喀什米爾谷，把它併入錫克帝國。古拉伯・辛格是喀什米爾南面查謨地區的印度教徒，屬於拉吉普特（Rajput，意思是「王的子孫」）種姓米恩系的多格拉族，在 1809 年投奔蘭吉特・辛格，並把自己的兩個弟弟迪雅恩・辛格和蘇其特・辛格引薦給他。這三兄弟全都足智多謀、驍勇善戰，為錫克國的攻城略地立下汗馬功勞，長兄古拉伯・辛格尤富城府、深沉陰險。

1819 年是多格拉家族發展史上重要的一年。在這一年，古拉伯・辛格幫助蘭吉特・辛格征服了尤素福部族，奪取了印度河流域的策略重鎮白沙瓦；迪雅恩・辛格被任命為王室總管，後來又出任首相，具有重要的決策影響力。為了獎賞多格拉家族為錫克國作出的貢獻，蘭吉特・辛格在 1822 年 6 月封古拉伯・辛格為查謨王，迪雅恩・辛格為蓬奇王，蘇其特・辛格為拉瑪納嘎王。這三個兄弟諸侯都附屬於錫克帝國，在拉合爾朝廷中位高權重。

查謨是個窄小貧瘠的地方，只有一千多平方公里，其中很多地方還是山區。它作為一個領土政治概念並逐漸發展成為查謨王國，其邊界是經過逐步

而持續地兼併周邊地區而形成的。古拉伯‧辛格也是一個野心勃勃的君主，夢想建立一個強大的中亞帝國，受封後就開始籌劃對外擴張，他到 1825 年已經征服了查謨境內的所有山區；到 1827 年的時候，他已經控制了查謨北邊的利亞茲、基希德瓦爾、拉佐里、薩馬斯和阿納斯，加上蘇其特‧辛格的采邑拉瑪納嘎，迪雅恩‧辛格的采邑蓬奇，以及迪雅恩‧辛格的長子希拉‧辛格的采邑迦什羅塔，查謨與喀什米爾谷之間的所有地區都處在多格拉家族的有效控制之下。

　　掃平了通向喀什米爾的道路之後，古拉伯‧辛格轄地的南面是英屬印度，西面和北面是其領主錫克帝國的版圖。所以，他就把目光對準了基希德瓦爾東北面的拉達克。拉達克是中國西藏阿里地區西邊以列城為中心的一個王國，屬於阿里三圍之一，當時被西藏地方當局轄制。拉達克的北部是喀喇崑崙山脈，西邊是吉爾吉特和阿斯托里，居民信仰藏傳佛教，尊奉達賴喇嘛為宗教領袖。這裡氣候寒冷、地廣人稀，在歷史上是連接中亞和南亞、中國和印度之間的貿易樞紐。當時聞名世界的奢侈品喀什米爾披肩的原料，就來自於西藏西部的山羊細絨。因為拉達克重要的地理位置和富饒的物產礦藏，古拉伯‧辛格對它垂涎三尺。

　　19 世紀 30 年代初，英國人在薩特萊傑河上游的科特噶爾建立了一家紡織廠，拉達克人便把山羊細絨直接賣給他們，減少了協議中的輸給查謨的數量。羊絨貿易可以帶來巨額的收入，而且據傳拉達克的魯赫塔克蘊藏著豐富的黃金、硼砂、硫磺和礦鹽，並且還有繁榮的貿易市場，每年吸引大量來自中亞各地的商人。因此，古拉伯‧辛格決心兼併拉達克。1834 年 7 月，他以拉達克違反羊絨協議為名，派心腹索熱瓦爾‧辛格將軍帶兵入侵拉達克。為此，他祕密地諮詢英國東印度公司的意見，被告知英國政府對他們的遠征並不反對。配備優良武器之後，索熱瓦爾‧辛格率領一萬多人入侵拉達克的普日，廢除了拉達克王。

　　蘭吉特·辛格大君對古拉伯·辛格侵略拉達克十分反感，指使錫克國駐喀什米爾的省督米罕·辛格煽動拉達克人起義，多格拉人在蘇魯的駐軍也被殲滅。據藏文資料記載，索熱瓦爾·辛格察覺到事情的複雜性，決定低調行事，「他在拉達克立傀儡官員歐珠丹增為王，並與古拉伯·辛格商量派人繳納了三萬盧比的貢賦，這樣蘭吉特·辛格才承認了古拉伯·辛格對拉達克的征服」。1839 年 6 月 27 日，蘭吉特·辛格去世，索熱瓦爾·辛格才派軍隊去拉達克粉碎敵視多格拉人的勢力，牢牢地控制了拉達克的政權。拉達克人多次起義反抗多格拉人的征服，從 1834-1840 年，多格拉人經過四次反覆的入侵和鎮壓，最終兼併了拉達克。

　　拉達克遭受入侵時，曾向當時的西藏地方當局求援。時任駐藏大臣文蔚（1834.9.24 － 1836.2.9）和關聖保（1836.9.5 － 1839.12.4）拒絕發兵援助，終於使西藏的西面門戶拉達克落入多格拉人之手。

　　占領拉達克後，古拉伯·辛格又把目標瞄向了拉達克北面的巴爾蒂斯坦。巴爾蒂斯坦，即唐代的大勃律，在漢文古籍中的名稱有八底、巴勒提、巴爾替、罷蒂等，波斯文及烏爾都文多以 Tibet-i-Khord 相稱，意即「小西藏」或「小圖伯特」，當地有些波斯文手抄本則徑稱其為 Tibet，首府是斯卡杜。巴爾蒂斯坦和拉達克在地理和人種方面都非常接近，但到 19 世紀中葉的時候，巴爾蒂斯坦的居民普遍地信奉伊斯蘭教。1840 年，巴爾蒂斯坦王室發生內亂，被廢黜的王儲穆罕默德·沙阿向索熱瓦爾·辛格求助。索熱瓦爾·辛格率領由查謨人和拉達克人組成的軍隊開進巴爾蒂斯坦，打敗時任國王穆罕默德·阿里·汗（穆罕默德·沙阿的同父異母弟弟），支持穆罕默德·沙阿奪得王位，並借此機會在巴爾蒂斯坦駐軍，兼併了這一地區。

　　拉達克和巴爾蒂斯坦的相繼得手，使古拉伯·辛格獲得大批軍隊和其他資源，滋長了他進一步侵略中國領土的野心。據後來被抓捕的拉達克俘虜供認，古拉伯·辛格本來想先侵略新疆，後侵略西藏。據時任駐藏大臣孟保

（1839.12.4 － 1842.12.4）記載：「因拉達克部落與葉爾羌連界，意欲前往滋事。嗣因葉爾羌路途稍遠，遂有拉達克領導古朗堪商同借朝雪山為名，先占得唐古特金廠，再占前後藏地方。彼時糧草更必豐足，再往葉爾羌滋事。森巴頭人倭色爾遂調該賊本部落並拉達克、八底部落數千賊眾、大小賊目五十餘人，俱聚集於拉達克協裡地方。於上年（註：1840 年）四月間，先派馬隊四五百人前來，各賊目復帶賊眾分占唐古特地方五處。」古拉伯·辛格想掠奪西藏財富和壟斷羊絨貿易，阻止羊絨運入拉達克南邊的英屬印度領地巴沙赫。此外，蘭吉特·辛格去世後，他擺脫了政治制約，並控制了拉達克和巴爾蒂斯坦等地；其次，他還企圖吞併西藏以及新疆的葉爾羌，在中亞建立一個獨立的王國；此外，他與英國之間也有矛盾。當時英國的勢力已經向旁遮普滲透，古拉伯·辛格企圖在拉達克至尼泊爾之間建立一系列要塞，並竭力勸說尼泊爾參與這一事業，以便抗拒英國勢力的侵入。

　　1941 年 5 月，古拉伯·辛格派索熱瓦爾·辛格率領由多格拉人、拉達克人和巴爾蒂斯坦人組成的聯軍共七千多人，假借朝拜雪山聖湖的名義，分三路侵入阿里地區。西藏人稱多格拉人為 singpa 或 sengpa，漢文譯作「森巴」，所以他們對西藏的侵略在歷史上叫做「森巴戰爭」。查謨軍隊很快推進到阿里地區，「占去堆噶爾本、茹妥營官寨二處，並稱西藏所屬之芒玉納山以外皆系拉達克從前所管界址，是其意在得此望彼。唯查芒玉納山距藏三千餘裡，芒玉納山以外距拉達克部落以前七百里。」戰爭初期，由於缺乏準備、武器落後和力量懸殊，藏軍屢遭敗績，查謨人則迅速推進，幾乎占領了整個阿里地區。但隨著藏人整軍反擊，以及駐藏大臣孟保的積極援助，西藏官兵同仇敵愾，憑藉數九寒天連降大雪的佑助，在瑪旁雍錯湖（即聖湖）南面的多玉設下埋伏。1941 年 12 月 10 日，雙方展開大戰，12 日藏軍刺死索熱瓦爾·辛格，大敗查謨軍隊，直追擊到列城附近的頓姆熱才安營紮寨。多玉之戰後不久，多格拉王室又派遣索熱瓦爾·辛格的妻子再度進軍阿里，又

一次遭到慘敗，索熱瓦爾·辛格的妻子被迫要求停戰講和。

英國政府對古拉伯·辛格侵略西藏到底持何種態度，中外學者有不同的看法。印度學者帕尼卡爾認為：「當索熱瓦爾·辛格進軍西藏時，英國政府變得憂慮起來。因此，他們請拉合爾王謝爾·辛格要求古拉伯·辛格撤出拉薩領土。1841 年 12 月 10 日，英國駐拉合爾代理的副手亞歷山大·肯寧漢上尉被挑選前往拉達克，以便監督查讚軍隊撤離西藏領土。但在命令到達之前，索熱瓦爾就失敗身亡了。」恰克拉瓦提認為：「這一事實在某種程度上表明，英國人為何在（後來的）《阿姆利則條約》中會限制古拉伯·辛格隨意進行擴張。很明顯，東印度公司決心不以西藏為代價，而讓古拉伯·辛格把他的統治擴展到那裡。為了防患於未然，英國成立邊界委員會劃定喀什米爾和中國西藏的邊界。」但中國學者陸水林認為：「古拉伯·辛格對西藏的侵略，是他賣身投靠英國殖民者的表現，在英帝國主義許可下進行的，配合了英帝國主義正在中國東南沿海的侵略。」

這兩種觀點看似針鋒相對，其實並不矛盾，而是它們所講事件發生的時間不同。英國人應該是在早期縱容古拉伯·辛格侵略西藏，後來又想阻止它，兩個行動的目標是一致的。推測英國起初支持古拉伯·辛格侵略西藏的依據有二：其一，正如前文所述，英國曾經支持他侵略拉達克，向他提供了先進武器。其二，1846 年 4 月 29 日，第二次英錫戰爭還在進行時，廓爾喀國王在給駐藏大臣的信中說：「英吉利同森巴打仗，前已打過數次，刻下英吉利勝過森巴一次。想小的與森巴乃是臨封，若英吉利再勝，將森巴之地占去，那時只剩小的的極小之地，恐他還有貪想大皇帝中國地方。況此前五六年上，有英吉利在中國中住的頭人名哈雜薩納，向小的回稱，我們幫你四千兵馬，你們去取西藏地方。」按時間來推算，「此前五、六年」剛好是第一次鴉片戰爭和森巴戰爭期間。英國人既然願意支持尼泊爾侵犯西藏，當然也會支持古拉伯·辛格。同時，古拉伯·辛格與英國還有衝突，所以，英國並

不希望他取得太大的勝利，影響自己的全球布局，而是希望把事態置於自己的控制之下。從時間上看，英國是在 1841 年 12 月 10 日派亞歷山大·肯寧漢前往拉達克執行命令，這時鴉片戰爭已經接近尾聲。1841 年 5 月 37 日，英國已經和清政府簽訂了《廣州和約》，基本實現了它當時的目標，鴉片戰爭本來應該就此結束，只是英國後來貪心不足又反悔，把戰爭又延續了一段時間，最後以簽訂《南京條約》作結。所以，英國應該是起初縱容古拉伯·辛格發動森巴戰爭，從西部侵犯騷擾中國，以策應它在中國東南沿海發動的鴉片戰爭。英國確信鴉片戰爭勝利之後，又派人去阻止古拉伯·辛格，以防他取得過大的勝利而損害自己在中國的利益，只是由於索熱瓦爾·辛格過早地失敗而作罷了。

索熱瓦爾·辛格的妻子率軍侵犯西藏失敗之後，查謨當局又對西藏進行了幾次小規模的騷擾，都遭到失敗。這使古拉伯·辛格終於認識到，在遙遠的冰雪覆蓋的西藏作戰，不僅耗資甚巨，而且所得不抵所花費的人力和物資。他也似乎覺悟到，西藏作為中國的一個省，對它的干涉將冒犯中國人，其結果將是自己被逐出拉達克。此外，拉合爾的錫克人這時似乎依然完整無損，其政敵的影響日益上升，這使得他在遠離自己基地的地方捲入軍事冒險變得不利且失策。因此，古拉伯·辛格放棄了在越過拉達克之外地方的軍事行動，開始與中國皇帝的代表西藏地方當局進行談判。1842 年 9 月 17 日，查謨和西藏代表正式簽訂和約。

在一百多年後中印邊界衝突期間，印度以查謨和西藏簽訂的和約作為一項法律文件，妄圖以此證明其對阿克賽欽主張的合法性，使它成為中印領土爭端中的一個大問題。鑒於查謨和西藏簽署的這項條約在查謨和喀什米爾土邦形成過程中以及中印關係史上的重要性，筆者試著把它翻譯出來。筆者掌握該協議的藏文英譯本、波斯文英譯本、波斯文漢譯本三種譯本。波斯文的正文部分應該比較簡單，因為其英譯本和漢譯本的內容都比較簡略。以波斯

文漢譯本為參照，筆者試著把另外兩個版本翻譯出來。藏文英譯本轉漢譯的內容如下：

在毗訖羅摩紀元 1899 年頗濕婆庚閣月二日（注，即西元 1842 年 9 月 17 日）這樣一個吉祥的日子，神聖的達賴喇嘛及其官員的代表，中國皇帝的軍官索康嘎倫和筆喜戴蚌為一方，古拉伯·辛格大君的代表，哈里·昌德丞相和拉塔努將軍為另一方，在拉薩討論了相關措辭並簽訂了本項協議。雙方一致同意並在三寶面前發誓：

締約雙方決定摒棄過去的分歧和不愉快，並著眼於在兩王之間建立永久的友誼和團結。尊貴的古拉伯·辛格大君和尊貴的拉薩領袖喇嘛簽訂的本項和平條約恢復了他們原有的關係，今後雙方將沒有理由在各自的邊疆上相互敵對。尊貴的大君主公宣布，並請求三寶作他的證人，他將不會違背本協議中的條款。雙方一致同意，拉達克的兩位兄弟國王和王后應該平安地留住在拉達克，但他們不能沉湎於任何陰謀詭計當中，除非是促進西藏和查讚兩個民族之間發展友好的關係。拉達克人將一如既往、永不中斷地按期向神聖的達賴喇嘛進奉年貢，而尊貴的大君將不得干涉此項安排。雙方的商品如茶葉、羊毛等出口不得受到限制，兩地之間的貿易應按舊有既定傳統來進行。拉達克政府應該一如既往地向西藏政府的採購員提供交通運輸便利和食宿供應，而西藏政府也將為來西藏進奉年貢的拉達克人做同樣的事情。雙方一致同意，拉達克今後不應再給西藏政府惹麻煩。我們將遵守我們向三寶和迦特裡女神許下的諾言，由此尊貴的大君主公和拉薩政府將維持兄弟般的友好關係。與藏文英譯本比較而言，波斯文英譯本也相對簡略，而且稍有出入。為了能對該歷史性文件有全面了解，現在也把它的正文部分翻譯如下：

雙方一致同意並在神面前發誓：古拉伯·辛格大君與中國皇帝及拉薩領袖尊貴的喇嘛將保持友好直至永遠：不違反既已達成的協議，並請神做監督，而且我們將尊重拉達克與西藏之間古已確定的邊界，目前及將來不得對此持有異議。今後，我們仍將取道拉達克來進行披肩、羊絨和茶葉貿易；若

有尊貴的大君的敵人進入我方領土和散布反對大君的言論，我們將置若罔聞並且不允許他留在我們國內；凡是拉達克商人進入我方領土，將不會受到阻撓。關於拉達克的固定邊界以及保持披肩、羊絨和茶葉的貿易商道暢通之問題，我們將只按本次會議規定的方法來執行。我們請求神來為本協議監證，米恩・庫肖爾・查將軍（Wazir Mian Khushal Chu，此處甚有疑義。漢文本譯作聖湖「瑪旁雍錯湖」，藏語的意思是「不可戰勝之湖」。根據上下文背景，漢文譯法似乎較為可信）可以作證。

從這兩個文本來看，查謨和西藏的和約更像是一個停戰協定，著重強調了貿易互惠，但沒有涉及領土劃分的問題，它代表著森巴戰爭正式結束。

古拉伯・辛格征服西藏的狂想雖然慘遭破滅，失去了進軍拉薩的機會，但印度歷史學家還是熱情洋溢地為他歌功頌德：「在冰天雪地裡連續進行六次戰爭之後，他征服了拉達克和巴爾蒂斯坦。這是印度歷史上無可媲美的開疆拓土。」由於這是印度人第一次把拉達克和巴爾蒂斯坦納入自己的統治，從這個角度看來，古拉伯・辛格的業績的確影響深遠。頗為反諷的是，正是古拉伯・辛格的巨大成就為一百多年後的印巴戰爭埋下了種子，也為中印衝突增添了催化劑，極大地惡化了印度的國際環境，從而延遲了它的現代化建設。

二、英錫戰爭與喀什米爾土邦的確立

1839 年蘭吉特・辛格大君去世之後，錫克帝國陷入宮廷陰謀和軍閥混戰之中。古拉伯・辛格是個善於把握時機的亂世梟雄，在他的兩個弟弟宰相迪雅恩・辛格和大將蘇其特・辛格的協助下，利用甚至製造各種陰謀，使錫克帝國連年陷入戰爭，最後成功地瓦解了它，取而代之的是多格拉家族的查謨和喀什米爾土邦。

第一次英阿戰爭爆發之後，戰鬥主要在阿富汗境內進行，英國當時在印度的行政中心還在加爾各答，它的後方基地距離前線很遙遠。錫克國恰好位於英印帝國和阿富汗之間。1841 年，英軍在賈拉拉巴德被阿軍圍困，英國政

府向錫克國求援，但拉合爾政府不願意提供幫助。古拉伯・辛格預見到英國人將成為南亞次大陸的新霸主，知道這是獲得英國堅固友誼的良機，因此急切地向英國政府表示，他個人願意向英國提供所有幫助，條件是由此而得的恩惠只回報給他個人，而不能給拉合爾政府。身處困境的英國人緊緊地抓住他伸出的友誼之手。古拉伯・辛格利用自己的權力和影響，不僅使原來積極反英的錫克軍隊改守中立，還為英軍獻計獻策，提供物資援助。英印政府為此在 1842 年 4 月 8 日向他頒發獎狀，並考慮酬謝他。古拉伯・辛格由此與英國人建立了友好關係，他們開始合作上演了一出經典的現代國際版「假道伐虢」大戲。

　　1843 年兼併信德之後，英國人把征服矛頭指向印度最後一個獨立國家錫克帝國。1845 年 11 月，英國發動了第一次英錫戰爭（1845-1846），開始渡過薩特萊傑河進攻旁遮普。帕蒂亞說：「英國人征服印度更多的是依靠陰謀詭計來實現目標，而非單純地使用他們的軍事力量。」他們在兼併錫克帝國的過程中無疑很嫻熟地使用了這一策略，與古拉伯・辛格相互勾結，順利地瓦解消滅了它。錫克帝國的棟梁之材都在宮廷陰謀和軍閥混戰中紛紛死去，其中包括迪雅恩・辛格和蘇其特・辛格，古拉伯・辛格成為碩果僅存的豪強之士。當戰局陷入困境的時候，拉合爾王室被迫邀請古拉伯・辛格在 1846 年 1 月 27 日就任首相。西瓜偎大邊，古拉伯・辛格相機背叛舊領主，效忠新霸主。拉克罕帕爾說：「在（就職）第二天的阿利沃爾戰爭之後，他向錫克人強調與英國人保持和平的必要性，從而使處於劣勢的英國人贏得喘息的機會；他還建議，錫克人擊潰英國人最好的方式是，讓強大的錫克步兵團離開防護戰壕，同時調離騎兵去向德里進攻，從而使錫克步兵團置於英國人的火力攻擊之下，慘遭失敗。」這種舍長用短的戰法無異於送肉上砧。其實，古拉伯・辛格與英國早就達成諒解，以消極抵抗的方式支持他們攻入拉合爾，事成之後幫助他脫離錫克國。就是在這種可恥的叛國背景下，素伯龍戰爭在 1846 年 2 月 10 日爆發了，英國人在 2 月 15 日大獲全勝。

第一次英錫戰爭以錫克人的失敗而告終，但錫克國並未被消滅，其實力尚存。1846 年 3 月 9 日，英國東印度公司與錫克國簽署了《拉合爾條約》。其中對喀什米爾問題有重大影響的有如下幾條：

> **第 3 條**：拉合爾大君向東印度公司永久地割讓，位於畢斯河與薩特萊傑河之間全部的要塞、領土、河谷沖積地和鄉村的權利以及山丘和平原的主權。

> **第 4 條**：因為英國已經要求拉合爾邦賠償戰爭的喪失，除割讓第 3 條所記述的領土外，還需支付 1,500 萬盧比的補償；並且由於拉合爾政府沒能在此時全數支付，或向英國政府對其最終支付作一個令人滿意的安全保證；作為 1,000 萬盧比的等價替代物，大君將畢斯河與印度河之間山區國土中的要塞、領土、權力以及利益，包括喀什米爾省和哈扎拉省，全都永久地割讓給東印度公司。

> **第 12 條**：考慮到查謨王古拉伯·辛格向拉合爾邦提供的服務，促成拉合爾和英國政府之間恢復了親善的關係，（拉合爾）大君因此同意承認古拉伯·辛格王的獨立主權，這些山區中的領土和轄縣也將通過古拉伯·辛格王和英國政府之間締結的單獨協定而轉交給他，由於從已故卡拉克·辛格大君時他就已經存在的對英國的依附關係；以及考慮到古拉伯·辛格王的良好操行，英國政府也同意承認他在這些版圖上的獨立地位，並且同意他具有與英國政府締結單獨條約的特權。

這樣，錫克王室不僅向英國割讓了大批領土，還被迫承認查謨是一個主權國家。當然，英國也承認查謨的主權地位。英國打算把從《拉合爾條約》第 4 條中獲得的領土等價轉賣給古拉伯·辛格，但後來又將其中的庫魯和曼德置於自己的控制之下，減少了四分之一的要價。1846 年 3 月 16 日，英國政府正式與古拉伯·辛格簽訂《阿姆利則條約》，其中前四條內容如下：

> **第1條**：英國政府以獨立占有的方式向古拉伯・辛格大君及其男性繼承人轉讓和移交，位於印度河東部和拉維河西部之間的全部丘陵或山區國土以及它們的附屬地，包括昌巴但排除拉胡爾。根據 1846 年 3 月 9 日《拉合爾條約》第 4 條的規定，拉合爾政府向英國政府割讓了領土，上述地區是其中的一部分。

> **第2條**：前述條款轉讓給古拉伯・辛格大君地域的東段邊界，應該由英國政府和古拉伯・辛格大君各自任命專員，經過勘查之後進行標明，雙方將以單項約定的方式予以劃界。

> **第3條**：考慮到前述條款規定的適用於古拉伯・辛格大君及其繼承人的轉讓，他將向英國政府支付總額為 750 萬盧比的資金，500 萬在本條約批准之時交付，250 萬在本年度即 1846 年 10 月 1 日之前付清。

> **第4條**：沒有英國政府的協作，古拉伯・辛格大君的領土範圍在任何時候都不得予以更改。

《阿姆利則條約》是《拉合爾條約》的續約，代表著第一次英錫戰爭結束，英國人正式把喀什米爾等地賣給古拉伯・辛格。通過這兩個條約，英國確立了查謨和喀什米爾土邦的主權地位，扶植了一個脫離錫克帝國的親英政權。這樣，英國人把印度教徒的統治強加在穆斯林頭上，從而在次大陸的英國權力的兩個繼承者之間撒下了激烈爭吵的種子。

儘管拉合爾王室被英國政府逼迫把喀什米爾等地區賣給了古拉伯・辛格，但錫克國駐喀什米爾的省督謝赫・伊馬目烏德丁拒絕接受這一改變，數次打敗古拉伯・辛格派去的接收官員。直到 1846 年 11 月 9 日，古拉伯・辛格才在英國和拉合爾王室的軍隊幫助下，建立起對喀什米爾的有效控制。因此，不僅他對喀什米爾的頭銜，而且他對喀什米爾的實際擁有，都完全是在英國的幫助下才實現的。第二次英錫戰爭（1848-1849）之後，錫克帝國徹底瓦解。1849 年 3 月 29 日，英國宣布把旁遮普併入英印領地，成為英屬印度

的一個省，由印度總督直接統治。

　　隨著錫克帝國的瓦解，多格拉王室逐漸取代錫克人，成為喀什米爾的實際統治者。英國無意占領喀什米爾而把它賣給古拉伯‧辛格，這是基於多種因素考慮的。首先，在英國對阿富汗用兵和兼併旁遮普的長期戰爭中，古拉伯‧辛格多次幫助它，對於它取得勝利居功甚偉。英國曾經答應酬謝他，喀什米爾就是其中的交易品。所以，轉售喀什米爾只是英國兌現承諾而已。其次，因為長期的征服戰爭，英國在財政上已經難以支撐新的軍事行動，至少暫時要避免再進行戰爭。第三，當時旁遮普還沒有完全被征服，錫克人還有一定的實力。英國此時的主要目的是分裂錫克帝國，把其領土的山區部分從平原部分割裂出去，以此削弱它。

　　其實，最重要的一點是，喀什米爾山高路險、易守難攻，距離英軍基地和英印行政中心加爾各答非常遙遠，中間還隔著查謨和旁遮普，英國如果在沒能控制這兩個地區的形勢下對喀什米爾用兵，不但難以取得預期目標，還很可能損失既得成果。所以，當時英國駐印度總督哈丁勛爵曾經說：「如果我們去占領喀什米爾，會有多方面的不利。這會使我們和許多有勢力的酋長發生衝突。為著要進行這樣的戰事，勢必要在遠離我們的後方省份和軍事資源中心的地方布置大規模的軍事機構。這樣做會使我們邊界線的長度，照目前的規模加倍也不止。我們要處處設防，而且絕難防守。用這樣的辦法去大量增加領土，結果會得不償失。」為了避免因吞併喀什米爾而樹立強敵、花費金錢和增加責任，時任印度總督甚至認為，誰企圖併吞喀什米爾，就應當「受到懲罰，而不是封官晉爵」。

三、查謨和喀什米爾土邦的最終形成

　　蓬奇曾經被蘭吉特‧辛格大君封賜給迪雅恩‧辛格。迪雅恩‧辛格在軍閥混戰中死去之後，他的財產被錫克國收回了。《阿姆利則條約》簽訂之後，古拉伯‧辛格重新獲得這些地區，把迪雅恩‧辛格以前的財產分給他的二兒

子莫蒂‧辛格和三兒子賈瓦希爾‧辛格。1852 年，莫蒂‧辛格和賈瓦希爾‧辛格認為，蓬奇本來就是他們父親迪雅恩‧辛格的采邑，而且他們的父親和哥哥希拉‧辛格為查謨和喀什米爾土邦的建立犧牲了生命，要求分得更多的多格拉家族財產。雙方為此爭持不下，官司提交英國人裁決。英國駐拉合爾高級官員亨利‧勞倫斯做出了有利於古拉伯‧辛格的仲裁，重新確認蓬奇為莫蒂‧辛格的采邑，面積約為 1,600 平方英里，賈瓦希爾‧辛格的采邑包括濱伯爾、柯特利和邁普爾，面積約為 2,000 平方英里。因此，多格拉王朝的這兩個分支關係一直不和睦。1857 年，古拉伯‧辛格去世，其子蘭比爾‧辛格繼位。賈瓦希爾‧辛格企圖搶奪蘭比爾‧辛格的大君之位。蘭比爾‧辛格在英國政府的支持下，打敗了賈瓦希爾‧辛格，兼併了他的所有采邑。莫蒂‧辛格沒有參與此事，蓬奇王國一直留存下來，成為查謨和喀什米爾土邦的附屬國。

　　《阿姆利則條約》確認古拉伯‧辛格既已擁有的（查謨）合法化，把喀什米爾省轉給他，與之隨行的是使他新獲得了對吉爾吉特的主權，儘管從字面上來解釋該條約的第一條，吉爾吉特或許會被排除在外。吉爾吉特，即中國古書上所說的小勃律，其東邊是被稱作大勃律的巴爾蒂斯坦，西邊是奇特拉爾、達勒爾、坦吉爾，北邊是坎巨提、那噶爾和帕米爾，南邊是奇拉斯。吉爾吉特及其周邊地區即古代的轄䩆斯坦。這些地區以及附近的山區邦國位於印度河的西邊，並不在印度河與畢斯河之間。所以，根據《阿姆利則條約》，這些地區並不歸多格拉王室管轄。在 19 世紀後半期，吉爾吉特由以下酋長國組成：吉爾吉特本區、坎巨提、那噶爾、奇拉斯、普尼亞爾、雅辛、柯赫 - 吉札爾和伊希柯曼。這裡被群山峻嶺包圍著，是阿富汗、俄羅斯、中國和印度領土的交匯處。古拉伯‧辛格在 1848 年和 1852 年曾經兩次派軍隊去進攻這些地區，都失敗了。蘭比爾‧辛格繼位之後，在 1860 年派遣德維‧辛格上校率領一支強大的軍隊，攻占了吉爾吉特。然後以它為基地，利用離間計，逐步占領了雅辛、普尼亞爾，使得整個轄䩆斯坦都屈服於喀什米爾大君的淫威。

　　占領吉爾吉特之後，多格拉王室的轄區就與通常而言的查謨和喀什米爾土邦大致相吻合了，也就是包括北部的吉爾吉特和巴爾蒂斯坦、中部的喀什米爾、南部的查謨以及東部的拉達克。但南亞次大陸北部的這個小帝國具有濃厚的南亞傳統特色，其政體不是垂直型的中央集權統治，而類似於一種鬆散的邦聯體制。其中一些地區與多格拉王室的關係甚或可以說是一種強制的朝貢關係，但它們自認為是主權國家，不是查謨和喀什米爾土邦的一部分，僅僅向它朝貢而已。就如蘭姆所說：「雅辛、洪查、那噶爾、吉爾吉特和奇特拉爾，其中有些到 19 世紀 70 年代已經在名義上隸屬於喀什米爾，有些同阿富汗及其他鄰近地區（中國的新疆和西藏等）具有複雜的、不太被人了解的關係。」

　　查謨和喀什米爾土邦不僅僅內部的關係比較含混，與外部的關係也很複雜。19 世紀末，愛德華・弗雷德里克・奈特在遊歷中亞的時候，曾經把喀什米爾稱作「三大帝國會合處」，也就是大英帝國、沙俄帝國和中華帝國勢力交匯的地方，喀什米爾的發展也深深地鑿上了這三大帝國的印痕。中華帝國自唐代以來就在喀什米爾地區產生了重大影響。到 19 世紀上半葉，該地區的許多邦國與清政府有著朝貢和宗藩關係，其中有些還把自己看作是西藏或者新疆的一部分。但到 19 世紀中葉，腐朽的封建制度已經使龐大的中華帝國變得外強中乾。清朝在經歷了聲勢浩大的白蓮教起義（1796-1804）、天理教起義（1813）和太平天國運動（1851-1864）之後，已經是元氣大傷、國力大衰。所以，面對著沙皇俄國和大英帝國兩大貪得無厭的新秀在中亞咄咄逼人的攻勢，滿清政府可謂「只有招架之功，毫無還手之力」，更悲慘的境遇是「人為刀俎，我為魚肉」，祖先的家業不斷遭到蠶食鯨吞。

　　著名的中國陸地邊疆專家美國學者歐文・拉鐵摩爾說：「邊界是近代歐洲國際關係中的新生物，對於 19 世紀的亞洲國家來說，它是陌生甚至是格格不入的。亞洲的傳統認為，一個國家的主權伸展到無人地帶就逐步消失了，從而形成一個使雙方隔離而不是相互接觸的邊境。這就造成了邊疆和邊界的

區別。」隨著歐洲帝國主義的到來，亞洲地區模糊的邊疆也開始向明晰的邊界過渡。

中印戰爭專家內維爾‧馬克斯維爾說：「征服一地之後，就有必要征服更多的地方，這就是促使英俄兩大帝國向前推進的同一公式。」小小的莫斯科公國在急遽的擴張過程中，把自己的觸角直接伸向世界四大洋是歷代沙皇的夢想，也是他們永續不輟的政策，南下印度洋是這一龐大策略的重要組成部分。沙俄的南下策略是彼得大帝首先規劃的，他設想的南下路線有三條：一條是通過征服奧斯曼帝國控制黑海和黑海海峽，進入地中海；另一條是通過對南北高加索的占領，經伊朗進入波斯灣和阿拉伯海；第三條是通過從中亞經阿富汗侵入印度，進而控制印度洋。彼得一世宣稱，當俄國可以自由進入印度洋的時候，它就能在全世界建立自己的軍事和政治統治。

到 19 世紀中期，俄國已經在地中海、北冰洋、大西洋和太平洋擁有港口，為了實現在四大洋擁有港口的目標，它迫切地希望進入印度洋。英國針對沙俄的南進政策一貫實行全面的對抗。因此，俄國甚至在相當長的時期內妄圖武裝入侵印度，推翻英國在那裡的殖民統治。他們認為印度人仇恨英國統治，只要俄國人進攻印度的一處邊境……就會引起遍及印度全國的總起義，導致英帝國的瓦解。在這種情況下，英國加強了對喀什米爾的控制。1852 年，英國以照顧日益增多的歐洲遊客為名，在喀什米爾派駐一名季節性英國官員。但它的真正目的是監視帕米爾另一側沙俄軍隊的動向。自這年起，每年夏天都有一名英國官員派駐喀什米爾的首府斯利那加，但無權干涉喀什米爾的內部事務。

在 1853-1856 的克里米亞戰爭中，俄國被英法聯軍打敗，它向西南方向擴張的態勢遭到遏制。克里米亞戰爭還暴露了沙俄政治制度的落後。於是，沙皇亞歷山大二世在 1861 年進行了農奴制改革。俄國由此實力大增，南下擴張速度也隨之加快。俄國在 1865 年占領了塔什干，1868 年占領布哈拉，

1873 年征服希瓦，1876 年征服浩罕。英國學者約翰‧勞爾說：「俄國這一階段在中亞的擴張是對克里米亞戰爭受挫的反應。」經過長期的擴張，兩個龐大帝國一南一北，英國從海洋進軍完成對印度平原的兼併，俄國從內陸出發結束對中亞草原的征服，終於在強大鄰國抵抗、自然天險阻擋的情況下近距離對峙。在兩大帝國的勢力範圍之間，形成了一條以中國的新疆和西藏、喀什米爾、阿富汗和伊朗為隔離的弧形緩衝地帶。

在沙皇俄國南下擴張的衝擊下，喀什米爾的策略地位日益重要起來。為了加強對喀什米爾的控制，英國在 1864 年限制了拉達克地區披巾業所需的羊絨貿易；1867 年又派駐了一名商務代表。英國人對喀什米爾大君的種種限制和制約，使他們關係更加惡化。古拉伯‧辛格曾經打算向沙皇俄國求援，以抵抗英國的霸權。蘭比爾‧辛格繼位後，在 1865 年和 1869 年兩次派使團前往俄國突厥斯坦的首府塔什干，要求與俄國人聯合抗英。代表團告訴俄國當局，喀什米爾是一個獨立的國家，喀什米爾大君每年僅向英國政府送上一些象徵性的貢奉而已。……並明確告訴俄國當局，蘭比爾‧辛格大君與英國人的關係並不好，連副王梅奧勛爵 1869 年 3 月在安巴拉召集的會議都沒有去參加，而那次會議是阿富汗國王謝爾‧阿里‧汗都去參加了的。俄國政府基於其他因素的考慮，沒有答應蘭比爾‧辛格的請求。

1865 年 4 月，浩罕人阿古柏利用中國新疆南部軍閥混戰的機會，扶植大和卓的曾孫布素魯克‧汗建立了以喀什為中心的「哲德沙爾國」；1867 年初，他廢除哲德沙爾國，建立自己的「洪福汗國」，逐步統一南疆，並向北疆擴展勢力。英國殖民主義的辯護士包羅傑說：「阿古柏是英國人在喀什米爾以北土地上所樹立的英雄。」英國人為了把喀什納入中立地帶，從而把他們的印度領土與俄國人的土爾克斯坦領地隔開，就向阿古柏供應武器，派遣軍事教官……在英國人的幫助下，阿古柏大大改善了其軍隊的組織、裝備和訓練工作。1874 年 2 月 2 日，雙方簽訂了《英國與喀什噶爾條約》，規定互派大

使，英國在新疆獲得特殊地位。1875 年 5 月，左宗棠率領湘軍進入新疆，清軍收復新疆之戰開始。1877 年 5 月 29 日，阿古柏猝死於喀拉沙爾，洪福汗國隨後灰飛煙滅。

　　為了防止多格拉王室與俄國政府勾結反英，加上洪福汗國的覆滅，英國在新疆失去了勢力範圍，它開始加速控制吉爾吉特、奇特拉爾、坎巨提等策略要地。1877 年，印度總督李頓在吉爾吉特設立英國政治代理處，對吉爾吉特的軍隊進行整編，建立了一支由英國軍官訓練的軍隊，修築通向吉爾吉特的策略公路。

　　1881 年，俄國攻占中亞最後一個獨立王國土庫曼的首府格奧克城，將土庫曼併入俄國；1884 年吞併麥爾夫。1885 年 5 月，沙俄占領阿富汗的庫什卡要塞，恰巧這一年蘭比爾‧辛格大君去世，其子普拉塔普‧辛格繼位。英國借喀什米爾王位更迭之機，採取措施加強了對喀什米爾的控制。他們不顧普拉塔普‧辛格大君的反對，在喀什米爾派駐了一名政治代理。1889 年，英國的帕裡‧尼斯比特少校揭露，他掌握了普拉塔普‧辛格寫給俄國沙皇的具有反叛性質的信件。儘管普拉塔普‧辛格對此予以否認，英國人仍然剝奪了他的一切權力，在喀什米爾建立了一個部長會議，由英國在斯利那加的常駐代表掌握實權。

　　俄英兩國為了避免在中亞地區直接接觸，通過談判在 1885 年簽訂條約，規定俄國與阿富汗之間的邊界，使俄國獲得大部分有爭議的領土。1887 年，又勉疆界劃定了阿富汗與喀什米爾的邊界。緊接著，英俄又在帕米爾展開了激烈的爭奪戰。1890 年，沙俄軍隊進軍帕米爾。1891 年，俄國派遣約諾夫上校率領一支由 300 人組成的騎兵隊入侵帕米爾，俄侵略軍沿途設立木桿，作為界樁，公然張貼告示，宣稱這一地已經屬於俄國。沙俄武裝入侵帕米爾，驅逐英國代表榮赫鵬，逮捕戴維遜，勾引坎巨提投靠俄國，使英國當局深感焦慮和不安。英印政府擔心坎巨提國王賽夫德爾‧阿里可能將俄軍引進坎巨

提，決定對坎巨提訴諸武力，命令駐吉爾吉特的英軍司令杜蘭上校向坎巨提發出最後通牒，要求有權進入坎巨提領土，修築一條從吉爾吉特至坎巨提的軍用公路，以鞏固印度的北部邊防。英印政府估計坎巨提國王可能進行武力抵抗，這樣就可以此為藉口把他趕下台。果然，坎巨提國王賽夫德爾‧阿里拒絕接受英印政府的武力要求。1891 年 12 月，數千英軍入侵坎巨提，賽夫德爾‧阿里抵抗失敗後逃走，坎巨提被英國占領。

　　19 世紀末，因為德國崛起所造成的共同威脅，英俄兩國的矛盾有所緩和。1895 年初，中國海陸軍在甲午戰爭中俱敗，清廷被迫派李鴻章赴日求和，英俄利用清政府戰敗處於困難之際，在 1895 年 3 月簽訂瓜分帕米爾的補充協定。英國承認俄國占有帕米爾大部分地區，俄國則將興都庫什山北面通道留歸阿富汗，實際上由英國控制，英國使沙俄盡可能地遠離興都庫什山的策略目的基本達到，英俄在帕米爾的矛盾和鬥爭暫時和緩。協定將瓦罕山區劃給阿富汗，作為英俄之間的緩衝地帶，由於其地形狹長而被稱為「瓦罕走廊」。瓦罕走廊最窄處相距不超過十英里，喀什米爾與 廣袤的中亞大草原的交通紐帶也就此被切斷了，它們具有相同的宗教、類似的文化和密切的貿易，在歷史上有著長期的緊密關係。喀什米爾從此就更加緊密地與南亞次大陸連繫在一起，日益結成新的共同體，而與北方的利益連繫體疏遠脫節了。

　　1917 年俄國「十月革命」之後，蘇維埃政權迅速獲得鞏固並得到快速發展。革命成功之後，蘇聯政府號召進行世界革命，列寧呼籲東方穆斯林進行起義，反抗帝國主義的壓迫。1917 年 12 月 3 日，蘇維埃人民委員會通過的《告俄國和東方全體穆斯林勞動人民書》宣布，蘇聯將在平等、相互尊重和友好以及俄國各族人民聲援並全面支持各被壓迫民族的解放鬥爭的基礎上同東方各國建立關係，同時呼籲正在鬥爭的各族人民也支持俄國各民族的革命鬥爭。俄國社會主義革命和建設的成功改變了中亞地區原有的地緣政治形勢。

　　1933 年 11 月，英國利用中國新疆南部重鎮喀什四派軍閥之間的混戰，

扶植其中的沙比提大毛拉建立「東突厥斯坦伊斯蘭共和國」。以後，到 1994 年中國第六屆全國政協副主席兼中國伊斯蘭教協會名譽會長包爾漢回憶說：「這個偽政權是英國對新疆傳統侵略政策和亞洲總體策略的產物，為分裂中國統一，侵略中國邊疆而炮製的一個傀儡國。」蘇聯學者曾著文揭露英國的陰謀，說它在印度北部的吉爾吉特設置了軍事機構，以便煽動印度、阿富汗的伊斯蘭教徒叛亂；策劃南疆獨立，最終將南疆和印度、阿富汗、伊朗等國聯合建立大伊斯蘭國，其首都設在吉爾吉特。在新疆各族人民和中國政府的反對下，東突厥斯坦伊斯蘭共和國很快就在 1934 年 2 月遭覆滅，叛亂首領多逃亡喀什米爾、吉爾吉特和坎巨提等地。

　　1930 年代初，軍閥盛世才逐漸在新疆執掌大權。起初因為國民黨政府對他不信任和甘肅軍閥馬仲英入疆對他構成嚴重威脅，為了鞏固自己的地位，盛世才與蘇聯發展親密關係。當時新疆在蘇聯外交事務中處於特殊地位，由副外交人民委員專管。蘇聯當時駐烏魯木齊總領事格奧爾金‧阿布拉莫維奇‧阿普列祥被稱為蘇聯在新疆的實際統治者，史達林的私人翻譯瓦列金‧別列什科夫說，他與新疆的統治者「督辦」盛世才建立了友好關係，結果使後者將中國的這個省變為蘇聯的一個區。盛世才多次攜家人來蘇聯治病和渡假，多次見到「各族人民領袖」史達林。有一次，「督辦」請求接受他為聯共（布）黨員。「您可以認為自己是蘇聯布爾什維克共產黨黨員，」史達林慷慨地說，「但是，出於政治上的考慮，目前不宜談這件事。」於是，這位「督辦」真的把自己看作蘇聯的人，他曾是位紀律性很強的黨員，以絕對服從的方式執行了莫斯科的指示，將這個富饒地區的自然資源交給蘇聯使用。

　　盛世才在 1934 年明確提出反帝親蘇的執政方針，曾經兩次提出要將新疆劃為蘇聯領土，英國駐新疆的政治代理也被他驅逐出境。所有這些都給英印政府造成極大震動，當時印度的民族主義運動已經如火如荼地進行著。為了阻絕當時盛行的社會主義潮流對印度次大陸的直接衝擊和便於干涉中亞事

務，1935 年 4 月 3 日，英國駐印度副王與喀什米爾政府在德里簽定《吉爾吉特租約》，同年 8 月 1 日生效。依據這項條約，英國政府從喀什米爾大君手裡強行租借了策略要地吉爾吉特以及附近的坎巨提，租期為 60 年。

莫蒂・辛格在 1852 年被英印政府確立為蓬奇王，他在 1897 年去世，由其子拜德維・辛格繼位。拜德維・辛格在 1918 年去世，由其子蘇克德維・辛格繼位。蘇克德維・辛格在位期間，查謨和喀什米爾土邦與蓬奇土邦之間發生了一件大事。查謨和喀什米爾土邦的第三任大君普拉塔普・辛格在 1925 年去世，他沒有兒子，他弟弟艾馬・辛格的兒子哈里・辛格被立為大君繼承人。哈里・辛格是個花花公子，普拉塔普・辛格大君對他非常不滿意，生前廢黜了他的王位繼承人資格，另外選中了蓬奇王蘇克德維・辛格的弟弟和繼承人賈噶特德維・辛格為「喀什米爾的精神繼承人」。普拉塔普・辛格的這一決定得到印度王公議院的同意，但是被英印政府的政治部否決了。英國政府選中了名聲不佳的哈里・辛格作為普拉塔普・辛格大君的繼承人，以便今後控制他。哈里・辛格繼位之後，一直把賈噶特德維・辛格看作潛在的威脅。蘇克德維・辛格在 1927 年去世，賈噶特德維・辛格繼位為新的蓬奇王。哈里・辛格想盡辦法為難賈噶特德維・辛格，並抓住一切機會收縮他的權力，並最終在 1936 年使蓬奇王室服從於查謨和喀什米爾高級王室。賈噶特德維・辛格在 1940 年去世，由其未成年的兒子拉坦德維・辛格繼位，哈里・辛格乘機剝奪了蓬奇土邦的所有自治權。

兼併蓬奇是查謨和喀什米爾土邦進行的最後一項領土兼併工作。1947 年 8 月 1 日，在印巴分治前夕，英國政府出於特殊考慮，提前終止應該於 1995 年到期的《吉爾吉特租約》，把租借的吉爾吉特和坎巨提交給哈里・辛格大君。至此，通常意義而言的查謨和喀什米爾土邦才最終形成，不過，查謨和喀什米爾土邦可真稱得上是莊子所說的「方生方死，方死方生」之物，隨即就因為第一次印巴戰爭被分裂而告終結，走向了另一次重生。此一過程也同

樣漫長，至今尚未結束。

查謨王室建立於 1822 年，查謨和喀什米爾土邦正式確立於 1846 年，形式上結束於 1952 年，當中經過五傳：第一代大君是古拉伯·辛格，1822-1857年在位。第二代大君是蘭比爾·辛格，1857-1885 年在位；第三代是普拉塔普·辛格，1885-1925 年在位；第四代大君是哈里·辛格，1925-1949 年在位；第五代大君是哈里·辛格的兒子卡蘭·辛格。1949 年，哈里·辛格遜位之後，卡蘭·辛格繼位攝政；1952 年 11 月 14 日，喀什米爾制憲議會廢除喀什米爾的君主制，卡蘭·辛格當選為喀什米爾歷史上僅有的一任元首；1965 年，印度改印控喀什米爾為普通邦，卡蘭·辛格改任印控喀什米爾的第一任邦長；1967 年，他辭去印控喀什米爾的邦長之職，入印度內閣擔任高職。

多格拉家族以查謨為基地，以喀什米爾為中心，經過一百年精心營造建立起查謨和喀什米爾土邦。由於地理上差別巨大、歷史上多動盪變化和社會經濟文化發展水準落後，查謨和喀什米爾土邦的人口構成極其複雜，境內住著講多種語言、信仰不同宗教和處於不同社會發展階段的許多民族和部族。查謨和喀什米爾土邦的末任大君卡蘭·辛格說：「根據宗教信仰，喀什米爾的居民可以分為伊斯蘭教徒、印度教徒、喇嘛教徒和錫克教徒。印度教徒多格拉族集中在查謨，印度教徒潘迪特族集中在喀什米爾谷；錫克教徒主要分散在查謨和喀什米爾谷；喇嘛教徒集中在拉達克，他們屬於蒙古人種，尊奉達賴喇嘛為宗教領袖；其餘地區是穆斯林占多數，其中在喀什米爾谷主要是遜尼派和少量什葉派，從穆扎法拉巴德到邁普爾的西部地帶是旁遮普穆斯林，在吉爾吉特、斯卡杜和卡爾吉爾是什葉派。」

根據 1941 年的人口普查，喀什米爾的人口總數是 4,021,616，其中有3,101,247 個穆斯林和 920,369 個非穆斯林。因此穆斯林以占人口 77.11％的比例占壓倒性多數，非穆斯林人口的比例是 22.89％。因為查謨和喀什米爾土邦在地理上被分為三個自然單位，即喀什米爾、查謨以及拉達克和吉爾吉特邊境地區。喀什米爾省的人口數是 172,8705，其中穆斯林人數是 1615478，

占總數的比例是 93.46％；非穆斯林是 113,227，占總數的比例是 6.54％，喀什米爾谷總的非穆斯林人口中，喀什米爾潘迪特約占 3％。查謨省的人數是 1,981,433，其中穆斯林是 1,215,676 人，所占比例是 61.36％，非穆斯林是 765,757，所占比例是 38.64％。拉達克、阿斯圖里、吉爾吉特（包括租區和專區）和卡爾吉爾邊境地區的總人口是 311,478 個，其中穆斯林是 270,093 人，所占比例是 86.72％；非穆斯林人口（絕大多數是佛教徒）是 41,385 人，所占比例是 13.28％。這些數據有助於人們理解一些歷史事件，比如說拉達克和巴爾蒂斯坦為何會輕易被多格拉人征服；第一次喀什米爾戰爭之後，印度和巴基斯坦在查謨和喀什米爾土邦的軍事控制線為何會是那樣一個走向。

四、喀什米爾土邦的民族民主運動

20 世紀上半期喀什米爾興起的民族民主運動對後來的喀什米爾問題有重大影響。錫克人和查謨人控制喀什米爾的政權之後，大量錫克教徒和印度教徒從印度平原進入喀什米爾謀求發展，喀什米爾的軍隊和政府機關的職位，大多由他們把持。與此同時，大批穆斯林因遭迫害而遷出喀什米爾，流落到印度其他地方，尤其是毗鄰的英屬印度旁遮普省和西北邊境省。喀什米爾的下層穆斯林遭受多重壓迫，生活極為困難和貧窮。曾在喀什米爾政府擔任高職的印度基督教徒阿爾伯堅‧班納吉說：「查謨和喀什米爾土邦非常落後，大量穆斯林是絕對的文盲，在飢餓和惡劣的條件下勞作，他們居住在鄉村，實際上被當作會說話的牲畜來管制。政府和人民之間沒有連繫，人民沒有適當的機會傾訴冤屈。對於人民的渴望和冤屈，政府不予以同情。喀什米爾的行政機制自身應該從上到下進行翻修，以便有效地適應現代的條件。」

普拉塔普‧辛格大君在 1889 年被褫奪權力後，英國殖民政府在喀什米爾大力推行西化政策。哈里‧辛格曾經在英國留學，1925 年繼承大君位之後，他在查謨和喀什米爾土邦發起了大規模的教育和經濟改革。與此同時，自 19 世紀下半期以後，印度的西式教育也獲得很大發展，尤其是阿里加穆斯林大

學創辦之後，喀什米爾的穆斯林大學生越來越多。他們有知識，覺悟高，但在喀什米爾找不到工作。在旁遮普的穆斯林影響下，喀什米爾的穆斯林開始建立組織進行政治活動，斯利那加的穆斯林閱覽室是他們早期進行活動的最重要據點。

第一次世界大戰爆發之後，印度的民族民主運動高漲起來，帶動了喀什米爾的民族民主運動發展。俄國「十月革命」和中國軍閥盛世才投靠蘇聯之後，英國加強了對喀什米爾西北地區的控制，強行租借了吉爾吉特等地區，這招致了喀什米爾大君的不滿。在 1931 年的倫敦圓桌會議上，哈里·辛格大君反對英國人企圖從他那裡攫取策略要地吉爾吉特，雖然他允許他們控制而非擁有它。大君甚至要求廢除英國駐吉爾吉特的政治代理。大君和英國之間的敵對使得後者同情穆斯林。

1931 年 6 月初，喀什米爾的查謨省發生了政府官員打斷穆斯林禮拜進程和侮辱神聖《可蘭經》的事件。消息傳到斯利那加後，這事逐漸演變成大規模遊行示威和反抗大君統治的運動，並在 7 月 13 日的警察和群眾衝突中，導致 22 名示威者和至少 1 名警察死亡。這一天後來被確立為喀什米爾的「烈士節」。10 月 19 日，喀什米爾的穆斯林向大君政府提交了一份請願書，要求建立對人民負責的民主政府，以及保障其演講、輿論和集會自由等權利。11月 12 日，喀什米爾政府成立了由 J·B·葛蘭西為主席的調查團，以期制定相關政策順應形勢的發展，但這並未能滿足穆斯林的政治要求。

喀什米爾早期的穆斯林運動處在旁遮普穆斯林領袖的指導和實際控制之下，他們成立了一個叫做「喀什米爾委員會」的小團體，給負責該土邦事務的人士提供建議。在這個委員會的指示下，8 月 14 日被全印穆斯林遵守為「喀什米爾日」，這一天要舉行會議、通過決議對穆斯林在 1931 年 7 月 13日戰火中的受害者表示同情。為了順利地開展政治活動，喀什米爾的穆斯林在 1932 年組織成立了穆斯林會議黨，並在 10 月 15 到 17 日召開第一次代表

大會。穆斯林會議黨的階級基礎是穆斯林中上層人士，比較偏重於維護穆斯林中上層階級的利益。

　　喀什米爾的自由運動興起之後，除了穆斯林運動之外，其他大量的學生運動、工人運動和婦女運動等也相繼展開，成立了大量的學生組織、工人組織、印度教徒組織以及其他群體的組織。一些開明的穆斯林領袖認識到團結全體人民的重要性，以黨主席謝赫·阿卜杜拉為首的部分穆斯林會議黨領袖開始強調為全體查謨和喀什米爾土邦的人民爭取權益，而不是僅僅維護穆斯林的利益。1938 年 3 月 28 日，他在一次歷史性的演講中說：「我們必須終結教派主義，當我們討論問題的時候，必須停止以穆斯林和非穆斯林的方式來進行思考……我們必須把大門打開，向所有的印度教徒和錫克教徒開放，他們同樣愛我們，相信自己的國家將從為所欲為的統治下解放出來。」此外，謝赫·阿卜杜拉認為查謨和喀什米爾土邦的穆斯林分成許多宗派，不能僅僅依靠宗教將他們團結起來，強調政教分離的重要性。他曾經說：「如果伊朗國王沙阿·巴列維將政治服從於宗教……他是否會成功？……一個國家的真正進步只能依賴於政教分離。」

　　1939 年 6 月 11 日，謝赫·阿卜杜拉率領巴克希·吳拉姆·穆罕默德、米爾扎·阿弗澤爾·貝格和吳拉姆·穆罕默德·薩迪克等人，從穆斯林會議黨中脫離出來，正式成立國民會議黨，包容喀什米爾的穆斯林、印度教徒、佛教徒和錫克教徒，他們被稱作民族主義派。原來的穆斯林會議黨繼續存在，由喀什米爾人米爾瓦札·穆罕默德·尤素福·沙阿和查謨人喬杜里·吳拉姆·阿巴斯領導。

　　查謨和喀什米爾土邦的兩大政黨，穆斯林會議黨把自己看作是穆盟在喀什米爾的延伸；國民會議黨則被看作是國大黨在喀什米爾的變體，它的綱領、包括民主、世俗主義、社會和經濟改革、以及經濟計劃，被認為是國大黨在喀什米爾的縮小版。謝赫·阿卜杜拉把穆盟看作是教派主義政黨，認為

巴基斯坦運動是真納一手促成的，沒有他就不會建立巴基斯坦國。他認為巴基斯坦國對解決印度穆斯林問題而言無疑是一個瘋狂的方案，而且是不公正的。穆盟主席真納希望喀什米爾的全體穆斯林能夠團結一致，他曾為此多次調解穆斯林會議黨和國民會議黨之間的矛盾。真納希望國民會議黨能夠接受穆斯林會議黨的領導，這引起謝赫・阿卜杜拉的極度不滿。1944 年 6 月 20日，他公開警告：「如果真納不拋棄干涉我們政治的習慣，他想以體面的方式回去將是困難的。」6 月 25 日，真納離開斯利那加後在巴拉穆拉發表演講時，遭到民族主義派的磚塊襲擊。

為了適應政治形勢的發展，哈里・辛格大君在 1943 年 7 月 12 日頒布了一項王室公告，任命了一個權限很大的王室調查團，調查土邦憲法的施行情況和國民的社會經濟狀況。他還指示調查團為喀什米爾的政治改革提供建議，為改善土邦人民的生活獻計獻策。這個高級調查團的成員多為皇親國戚、封建貴族和大君的親信死黨，他們的任命激起了土邦內各政治組織的不同反應，穆斯林會議黨在其中沒有代表，它號召全體穆斯林聯合起來抵制調查團的調查。

1943 年夏天，查謨省的糧食價格上漲很快。喀什米爾政府沒能及時提供足夠的糧食，導致該省物價全面上漲而陷入饑荒。查謨城尤其嚴重，人們成百上千地死去。哈里・辛格大君政府不願意查謨的饑荒問題政治化，對該事件處理不力，引起民眾的極大不滿。王室調查團的國民會議黨代表吳拉姆・穆罕默德・薩迪克和米拉扎・阿弗澤爾・貝格，在 1944 年初宣布退出調查團。隨後，調查團成員英國人弗蕾黛・貝蒂女士建議國民會議黨領導人給調查委員會提出一項關於該土邦經濟重建和政治改革的全面計劃。國民會議黨提供給弗蕾黛・貝蒂了一些相關材料，她據此整理出一份建議，在 2 月 27日提交給國民會議黨供其考慮。9 月 29 日，國民會議黨在斯利那加舉行的年會上以「新喀什米爾」（Naya Kash mir）的名稱通過了該計劃，它的主要內

容是：在喀什米爾土邦建立一個政府機構，土邦主是法律上的邦首腦，政府由土邦立法會組成，反過來也對立法會負責。國民會議黨還向大君政府建議成立國民議會，在普遍成人選舉權的基礎上，每4萬人選舉一名土邦議會代表。單獨選舉被廢除，但作為過渡，將給喀什米爾的潘迪特、錫克人和哈里真社團的代表權予以保留。「新喀什米爾」被稱作南亞最具社會主義性質的政治綱領，它的進步主張使國民會議黨獲得大量民眾支持。

1945年1月，穆斯林會議黨在蓬奇舉行年會。為了對抗「新喀什米爾」口號的吸引力，黨主席米爾瓦札·尤素福·沙阿提出了「自由喀什米爾」（Azad Kash mir）的口號。會議散發了一本名為《自由喀什米爾》的宣傳小冊子，闡述了穆斯林會議黨的理想和組織安排，以及經濟和政治重建計劃；認可穆盟為印度穆斯林建立一個單獨祖國的要求，並承認喀什米爾的穆斯林是印度穆斯林民族不可分割的一部分，將為實現巴基斯坦國而奮鬥。會議還通過了一系列決議，主要內容是：

➢ 在喀什米爾土邦建立一個責任政府，擴大選舉權適用人口範圍；

➢ 修改印度教徒個人法，以免他們從印度教改信伊斯蘭教後被沒收財產；

➢ 按土邦人口的比率，為穆斯林在政府機關僱員中保留名額。

在第二次世界大戰中，丘吉爾任首相的英國保守黨內閣加強對印度的控制，這激起聖雄甘地在1942年8月發動新的文明不服從運動「退出印度」（Quit India），旨在採用和平手段結束英國的殖民統治，實現印度獨立。戰爭結束後，印度的民族獨立運動蓬勃發展，其趨勢不可遏制。1945年7月，英國工黨上台執政，對結束英國在印度的殖民統治持積極態度，派出一個內閣使團出訪印度，與當地政治領袖協商英國撤離的辦法。內閣使團表示，在英國撤離印度之後，英國政府將不會保留對印度土邦的最高權力。內閣使團提議在德里召開全印土邦人民會議。謝赫·阿卜杜拉代表查謨和喀什米爾土邦參加，他在會上宣稱眾土邦人民具有如下權利：

➢ 有權參加制定印度聯盟憲法，有保留自治的、社會的、文化的和政治的
　身分的權利；

➢ 在民族性的基礎上有自決的權利；

➢ 承認他們在文化上的、社會學上的和心理學上的身分；

➢ 有權加入或不加入未來的印度聯邦；

➢ 土邦在加入印度聯盟之後有權脫離它。

　　1946 年 5 月 3 日，謝赫·阿卜杜拉參加完會議後回到斯利那加。他告訴同僚們，內閣使團建議由王公們決定土邦是否參加制憲議會，這樣的結果將導致印度分崩離析，土邦的王公專制也將永久化。謝赫·阿卜杜拉說他贊同尼赫魯的主張，在印度土邦發起一場運動，要求土邦人民有權派代表參加制憲議會。5 月 15 日，他在一次會議上把王公制度描述為英國在印度殖民主義的外延，號召喀什米爾人民開展「滾出喀什米爾」（Quit Kashmir）運動，結束多格拉的封建統治。他宣稱：「解除王公秩序是『滾出印度』政策的合理擴展。當自由運動要求英國權力完全退出時，極其符合邏輯的是英帝國主義的配角也應當隨之而去，而把權利歸還給它的真正主人，即人民。」穆盟領導的巴基斯坦運動主要是通過法律手段來進行的，這使得他們積極與統治階級合作，爭取他們支持。因此，穆盟和穆斯林會議黨認為，「滾出喀什米爾」運動將把哈里·辛格大君推向國大黨和印度一方，對此持反對態度。謝赫·阿卜杜拉說：「穆罕默德·阿里·真納先生反對我發起的『滾出喀什米爾』運動，宣稱它是少數變節者的運動，穆斯林與之無關。穆斯林會議黨對此採取了同樣的立場，反對我的運動，並宣布忠於喀什米爾王公。……我和我的政黨從來不相信穆斯林和印度教徒構成兩個單獨民族的提法。我們不相信兩個民族理論，也不相信教派仇恨或教派主義。我們認為，政治中沒有宗教的立足之處。」

　　哈里·辛格大君對謝赫·阿卜杜拉發起的「滾出喀什米爾」運動極為憤

怒，在 5 月 20 日逮捕了他和其他一些國民會議黨領導人。尼赫魯一向與謝
赫·阿卜杜拉親善，毫不掩飾自己對哈里·辛格大君的厭惡，認為喀什米爾
人民的自由鬥爭和所遭受的殘酷壓迫是印度解放鬥爭的象徵。1946 年 6 月 14
日，他在給哈里·辛格大君一封措辭嚴厲的電報中說：「為了參加謝赫·阿
卜杜拉的庭審，我將帶律師在 6 月 19 日到達斯利那加。我依然希望，就相關
各方的利益來考慮，應該放棄對謝赫·阿卜杜拉的審訊，並釋放他和他的同
事。這樣一個步驟將會使喀什米爾所面臨的嚴峻問題得到和平解決。我樂意
為實現此任務而提供幫助，並為此目標與你會晤，假如你也這樣想的話。」
哈里·辛格大君同樣憎惡尼赫魯，尼赫魯一進入喀什米爾境內就被他逮捕。
卡蘭·辛格認為：「尼赫魯的被捕無疑是查謨和喀什米爾土邦歷史上的轉折
點。」在社會各界的壓力下，喀什米爾政府於三天後釋放了尼赫魯，並且允
許他與謝赫·阿卜杜拉在監獄中進行晤談。

第二節　喀什米爾問題產生的法律背景

　　喀什米爾爭端具有濃厚的法律主義氣息。阿拉斯太爾·蘭姆說：「原初
的喀什米爾爭端在本質上是領土爭端，爭論產生於 1947 年英國移交權力的前
夕，在某種法律標準的基礎上，人民意志的表達以及與之相伴隨的誰應該擁
有整個查謨和喀什米爾的所有權。即便是公民投票的觀念被注入該爭端時，
它也依然被人們高度地用法律主義的方式來看待。」因此，對喀什米爾問題
產生的法律背景進行細緻的考查就並非一項可有可無的工作。

　　從法律角度來論述喀什米爾問題的著作有，印度學者善圖什·考爾撰寫
的《喀什米爾的憲法地位》、蘇雷斯·K·夏馬與 S·R·巴克希主編的《喀什
米爾：它的憲法地位》和古魯拉賈的《從法律方面來看待喀什米爾問題》。
這三本著作都是從印度角度來分析與喀什米爾相關的法律文件，一個共有的
特點就是在列舉大量法律文件之後再稍作分析，在論述印度是否有權占有喀

什米爾時偷換了一個重要的概念，把《1935 年印度政府法》（1947 年修訂版）當作喀什米爾大君簽署《加入證書》的法律依據。這種說法不能成立，因為《1935 年印度政府法》（1947 年修訂版）並不是印度土邦歸屬的法律依據。巴基斯坦學者伊伽茲‧侯賽因的《國際法視角中的喀什米爾爭端》具有特殊的價值。由於這方面的論著通常來自於印度作家，該書就為讀者提供了一個難得的巴基斯坦立場。他駁斥了印度占領喀什米爾已經完成了法律程式的觀點，但由於作者沒有揭示喀什米爾土邦主的權力來源，因而沒能對喀什米爾問題產生的法律原因做出很好的解釋。本節試圖在這些論著的基礎上，再考諸史實，與相關事件進行比較研究，然後就喀什米爾問題產生的法律背景提出自己的見解。

一、查謨和喀什米爾土邦的法律地位

英國在印度建立的殖民體系被稱作英印帝國，它是英國最大最重要的海外非移民殖民地，大致包括現在的印度、巴基斯坦、孟加拉和緬甸。這一體系分作英屬印度和印度土邦兩部分，兩者雖然都以英國國王為最高元首，卻是不同的政治實體。到 1947 年，印度的王公議院已經由 562 個土邦代表組成。在英國統治印度逐步擴張的過程中，通過談判或強加的條約或協議，眾土邦與英國政府建立了多種多樣的關係。

1846 年的《拉合爾條約》和《阿姆利則條約》確立了查謨和喀什米爾土邦的主權地位，其中也充滿了英國政府對多格拉王室權力的限制和制約。例如，《阿姆利則條約》第二條規定，要著手劃明喀什米爾與中國西藏之間的邊界線，第四條規定多格拉王室不得隨意擴張領土。英國政府之所以如此，是因為條約簽訂時，英國在第一次鴉片戰爭中已經取得勝利，並且通過 1841 年 5 月 27 日的《廣州和約》和 1842 年 8 月 29 日的《南京條約》，實現了當時侵略中國的主要目的。而且，英國人對古拉伯‧辛格勢力壯大也頗為忌憚，加之此時英國已經與中國清政府處於鴉片戰爭後的和平時期，不願因

為古拉伯・辛格挑起衝突而妨礙自己向中國內地的滲透。所以，當時英國擔心：「掠奪的希望和復仇的願望也許會引誘他重複 1841 年那樣進攻拉薩的領土，看來這並非不可能的事。這樣的事立刻會停止織圍巾的羊毛輸入我們的領土，使我們諸邦同西藏的一點點商務全部中止。我們同中國皇帝的和平關係，也可能由於中國皇帝陛下不明白印度的統治者和喀什米爾的統治者之間有何區別而發生相當的麻煩。……英國政府決定消除在東方一切爭端中最普遍的原因 —— 懸而未決的邊界。」

　　英國希望這段邊界的劃定，應由英國、中國以及查謨和喀什米爾土邦三方派人一起進行。因此，1846 年 8 月，印度總督哈丁先通過英國駐香港總督德庇時向清朝兩廣總督者英轉呈了要求劃定拉達克和西藏的邊界和修改 1842 年多格拉與中國西藏停戰協定中有關全部商品通過拉達克轉賣的條文的信函。同時，英印政府又通過所屬巴沙赫土邦的一名官員，將哈丁同樣內容的信交給西藏噶大克噶本，轉呈駐藏大臣。

　　1847 年 2 月 5 日，兩廣總督者英、廣東巡撫黃恩彤上奏清廷說：「接據英酋德庇時來文，以該夷與西刻（錫克）夷人構兵，據有加治彌爾（喀什米爾）山地，交夷酋珋拉升管理。其地及該夷所管之地，均與後藏交界，業經兵頭哈丁備文，派遣夷目前往拉薩城，請中國辦事大臣明定界址。……伏查西藏與加治彌耳等處是否毗連，臣等雖無憑遙揣，但既有相沿界址可循，自應各守舊疆，無庸再行堪定。……臣等已備文照復，將所請定界、通商之處，概行駁斥。」此後英國人又多次通過不同方式表達了相同的願望。但耆英等稍後奏稱：「細核該夷酋來文之意，所重者不在定界而在通商，苟使通商之請不行，則定界之議或可中止。」駐藏大臣琦善在奏摺中也說：「披愣（註：英國，疑為 Britain 之音譯）（於英錫戰爭中）戰勝，森巴已經歸附，並將所屬之拉達克、喀什米爾分與管轄。又欲想唐古特交易，定有章程，不準再由拉達克轉賣，令派人前往會議等語。」英國人當時的主要目的確乎在於商業貿易。

　　英國政府雖然明文限制喀什米爾大君隨意擴張領土，但實際上是根據本國利益來予以干涉，並不是一味地進行箝制。1865 年 4 月，阿古柏在喀什建立「哲德沙爾國」，引起新疆動亂。喀什米爾大君蘭比爾・辛格看到這是擴大政治影響和更大地攫取印度同新疆的貿易支配權的機會，在當年派遣了一小支軍隊越過喀喇崑崙山口到它北面靠喀喇喀什河下游岸邊的賽圖拉，在那裡建築了一個堡壘。這一行動明顯違背了《阿姆利則條約》禁止多格拉王室隨意擴張領土的約束，當時英國人並沒有正式對他的行動提出抗議，因為他這個行動很符合他們為英屬印度和中亞細亞之間開闢商路而正在執行的政策。然而，到了 1885 年，印度政府就決定反對喀什米爾政府重提它對於賽圖拉的任何企圖。……印度政府在 1888 年，以後又在 1892 年，堅定地告訴喀什米爾政府，賽圖拉必須被認為是在中國領土之內。

　　《阿姆利則條約》第 10 條還明確查謨和喀什米爾土邦為英國的保護國，說：古拉伯・辛格大君承認英國政府的至上權威，並願意每年向英國政府納貢 1 匹馬、6 對產細絨的良種山羊和 3 雙喀什米爾披肩，作為這種承認的確認方式。儘管如此，但卡雅蘭・馬達亞・潘尼迦認為：「和英國與其他印度土邦簽訂的條約相比較，《阿姆利則條約》建立在不同的基礎上。喀什米爾大君獨立地擁有移交給他的領土，並被承認為這塊領土的統治者。雖然英國政府的至上權威得到承認，但並沒有同意東印度公司來保證查謨和喀什米爾土邦的內部安全，條約的第九條只是限定英國政府向古拉伯・辛格大君提供援助，保護他的領土免受外部的侵略。」

　　1857 年印度民族大起義爆發之後，英國國王在 1858 年從東印度公司手中接管了印度政府的控制權。東印度公司對印度的統治轉由英王來實行，此後印度土邦被看作是英王的附屬國，由副王代表英王行使最高權力，具體事務由副王參事會政治部負責。這就把所有印度土邦變成了英王的臣屬，從而確立了英王的最高權力。東印度公司與查謨和喀什米爾土邦的原有關係也隨之轉移給英國國王。儘管《阿姆利則條約》自身使喀什米爾土邦的領導人承

認英國的至上權威，英國人對喀什米爾的最高權力卻如同印度其他土邦一樣，是通過 1876 年《英王稱號法》才正式建立起來的，而印度土邦原本是東印度公司的盟國。拉克罕帕爾認為：「依據該法，英國維多利亞女王獲得印度皇帝的稱號，從而成為所有印度土邦的領主，它們反過來也變成了她的封臣。那也就授權英國干涉土邦的內部事務。」第一次世界大戰之後，印度的民族主義運動高漲，《蒙塔古 - 切姆斯福德報告》對設立由各土邦代表組成的協商機構提出了明確的建議。1921 年 2 月 8 日，英王下詔成立印度王公議院。王公議院是一個協商機構，不是一個執行機構，由各土邦的各階級代表組成，以副王任主席，議長和副議長每年從議員中選任。對於英屬印度與土邦共同有關的印度土邦領土問題等，副王可隨意與該院常務委員會交換意見。但王公議院不能討論土邦的內政和它們的王公的事務，不能討論它們與英王的關係，也不能以任何方式干涉各土邦的現有權利或義務，或者限制它們的行動自由。

　　1935 年 7 月，英國議會通過《1935 年印度政府法》，8 月 2 日法案獲得英王批准。《1935 年印度政府法》為印度土邦和英屬印度建立憲政體制的聯邦關係提供了法律基礎。就英屬印度的各省而言，加入聯邦是自動的，對各土邦來說則是自願的。當某個土邦主簽署了一項加入證書，而且它得到國王陛下的正式批准，則他的土邦就被認為加入了聯邦。該證書將授權聯邦政府、聯邦議會、聯邦法院和任何其他聯邦行政機關，執行《1935 年印度政府法》所授予它們的與該邦有關的各項職能；但是，當局的權力受到限制。印度土邦即使加入了聯邦，也享有與英屬印度各省不同的地位：各土邦享有主權，有自己的政府，只是外交、國防等事務方面受英國政府控制，處於半獨立的地位；英屬印度的各省不享有主權，通過英國駐印度總督受英國政府直接統治，是完全的殖民地。各土邦在立法會中的代表由它們的政府指派任命，英屬印度各省則由選舉產生。因此，從法律角度講，各印度土邦與英屬印度同為英印帝國內自成體系的享有主權的行政單位，它們是地位平等的成

員。就好比現在的聯合國裡面，諸多成員國雖有大小強弱之分，但就主權地位而言都是平等的。即便如此，在英印帝國裡面，查謨和喀什米爾土邦的地位也尤為特殊，甚至於它在 1939 年對轄區公民所頒發的護照上，印度與英國、法國、德國等國家一道，被列為外國。由此可見，喀什米爾作為一個主權土邦，處於世界地緣政治的策略要衝，在英印帝國中具有特殊的地位。

二、《內閣使團備忘錄》對土邦政策的闡述

第二次世界大戰結束之後，印度不僅上層人士在積極爭取早日實現獨立，下層百姓也積極參與這一進程。英國保守黨政府對印度爭取獨立的民族運動持反對態度。日本潰敗以後，印度激進民族主義領導人蘇巴斯·錢德拉·鮑斯組織的印度國民軍向英國人投降，其中許多軍官以叛國罪在印度受審。這使得印度國民群情激奮，許多城市舉行示威，反對英印政府審判印度國民軍。1946 年 2 月 18 日，皇家印度海軍入伍士兵公開嘩變，幾天以後參加的人數越來越多。英國工黨上台之後，對印度獨立運動持開明態度。工黨首相·克萊門特·艾德禮一貫真誠地堅信印度需要實現自治，並決心盡其所能去實現這個目標。2 月 19 日，艾德禮首相宣布，將派三位內閣成員組團訪問印度，與當地公認的領袖們協商，促成印度早日實現完全自治。

出使印度的三位內閣成員分別是印度事務大臣帕希克·勞倫斯，貿易局主席斯塔福·克里普斯和海軍大臣 A·V·亞歷山大，他們的任務是協助印度總督解決英國撤離的問題。在這一過程中，英國首要關注的是自己如何全身而退，因此把主要精力放在英屬印度的分裂上，而把土邦問題放在次要位置。英國內閣使團在 3 月 24 日到達印度，在與印度主要政治勢力協商之後，他們先後提交了兩份解決問題的建議報告，即《內閣使團備忘錄》和《內閣使團方案》。

《內閣使團備忘錄》的全稱是《內閣使團在 1946 年 5 月 12 日提交給王公議院主席閣下關於土邦的條約和最高權力的備忘錄》，共有五條內容。這

是英國政府在結束對印度殖民統治之前，專門闡述解決印度土邦問題的唯一文件。鑒於這份備忘錄與喀什米爾問題直接而又重要的關係，現把它的正文翻譯如下，並對其內容逐一進行分析：

➤ 在英國首相最近在下院發表聲明之前，（英國政府）就已經向各王公們保證，就英國國王而言，他不願意在沒有得到王公們的同意下，就對他們與國王之間得到條約保障的關係和權利、以及自己的諾言做任何的改變。它同時還宣稱，王公們所同意的任何改變 —— 或許是協商的結果，則不會得到無理的拒絕。王公議院主席此後還證實，眾土邦和印度國內其他人一樣，都享有要求印度儘快獲得自己的完全地位的願望。陛下政府現在已經宣布，如果英屬印度的續任政府要求獨立，英國政府將不會為此設置任何障礙。這些宣告的結果是，所有與印度未來有關的土邦，都希望在英聯邦之內或之外實現獨立。代表團來此就是為了幫助解決橫亙在印度實現這一理想之路上的困難。

➤ 在過渡時期，即在新的憲政機制 —— 英屬印度在此結構下取得獨立或者完全自治 —— 開始運行之前，最高權力仍將運行。但是，在任何情況下，英國政府都不能也不會把最高權力轉移給某個印度政府。

➤ 同時，在印度的新憲政體系中，印度土邦將具有重要的地位，而且眾印度土邦已經告知陛下政府，他們期望為建立這一新體系做出貢獻 —— 他們自己的利益和印度整體的利益都迫使他們這樣做，並在完成時在其中取得相應的地位。為了促進實現此目的，他們無疑將竭盡所能地加強自己的地位，以確保自己的行政權力符合這一最高標準。如果在國家現有辦法之內不能完全實現這些標準，他們將無疑會做出一些相應的安排，以便組織或者加入某些足夠大得符合新憲政體系要求的行政單位。在此規劃過程中，如果迄今還沒有行動的各土邦政府，應該採取積極的步驟，通過代議制的方式，使自己和本邦的公眾意見保持親近而持續的連

繫，那將會加強土邦的地位。

➤ 在過渡時期，眾土邦有必要與英屬印度就如何處理共同關注的未來可能遇到的問題進行協商，尤其是經濟和財政領域。無論這些土邦是否願意加入新的印度憲政體系，這樣的協商將是必要的，並將花費相當一段時間。而且，由於某些協商直到新體系開始運行時也不能達成一致，為了避免出現管理上的困難，將有必要在這些土邦與那些可能控制續任政府的機構之間達成諒解，以便在新的協議達成之前，現有的安排能夠繼續處理共同關注的問題。在這一問題上，只要有需要，英國政府和國王代表就將提供支持。

➤ 當一個或更多個新的完全自治或者獨立的政府在英屬印度形成時，陛下政府的權力將不再能使它們履行對最高權力的義務。而且，他們也不能期望英國軍隊會為此目的而繼續留在印度。因此，作為一個合理的結果，和考慮到出於眾印度土邦的利益而向他們表述過的意願，陛下政府將終止行使最高權力的權利。這意味著眾土邦源於它們與英國國王之間關係的權利將不再存在，所有眾土邦以前交付最高權力的權利都回歸它們自己。眾土邦與英國國王之間的政治安排也將結束。此一空缺將由下面方式來填補：土邦與英屬印度的繼任政府結成聯邦關係，如果這也不能實現，就與它或它們締結特別的政治安排。

《內閣使團備忘錄》第一條內容的主要意思是，在英屬印度準備獨立的情況下，英國政府對土邦主們保證，如果沒有得到他們的同意，英國政府不會做出對眾土邦不利的事情。第二條的主要意思是，在印度獨立之前的過渡時期，英國國王仍然保持對眾土邦的最高權力。在任何情況下，英國不會強迫印度土邦加入印度或者巴基斯坦，即所謂的「英國政府不能也不會把最高權力轉移給某個印度政府」。第三條的主要意思是，設計印度獨立的方案中，會對土邦問題予以重要考慮。各土邦今後可以單獨或者通過合併的方

式，加入到獨立後的印度或者巴基斯坦，「以便組織或者加入某些足夠大得符合新憲政體系要求的行政單位」其實就是這個意思。第四條的主要意思是，在英屬印度分治的過渡時期，眾土邦有必要與國大黨和穆盟，即條款中所說的「那些可能控制續任政府的機構」進行協商和合作，解決共同面對的困難，以免出現管理上的問題。第五條的主要意思是，當印度和巴基斯坦獨立後，英國國王對眾土邦的最高權力將會終結，各土邦與英國之間所締結的條約也將作廢，兩者之間由法律約束的關係將不復存在。因此，各土邦應該與印度或巴基斯坦建立聯邦，或者其他方式的政治關係，也就是條款中所說的「土邦與英屬印度的繼任政府結成聯邦關係，如果這也不能實現，就與它或它們締結特別的政治安排」。

簡單地說，《內閣使團備忘錄》的含義是，在印巴分治過程中，如果沒有得到眾土邦的同意，英國政府不會出賣它們的利益；各土邦應該與國大黨或者穆盟合作，以免出現管理上的危機。印度和巴基斯坦獨立之後，英國對各印度土邦的最高權力也隨之終結，它們可以自由地與印度或者巴基斯坦締結新的關係。

提交《內閣使團備忘錄》之後，英國內閣使團隨後又在 5 月 16 日提交了針對整個印度問題的《內閣使團方案》。它的主要內容是，在英國結束對南亞的殖民統治之後，在印度建立一個包括英屬印度和印度土邦在內的印度聯邦，中央只掌管外交、國防和交通，其餘權力通通留給各省和土邦；聯邦制憲會議由英屬印度代表和土邦代表組成……在憲法制定前的過渡時期，英屬印度成立受各主要政黨支持的臨時政府，由總督在改組行政會議的基礎上組成。穆盟起初接受《內閣使團方案》，但在隨後組建的臨時政府中與國大黨的矛盾尖銳得不可調和，最後撤消對它的接受，也不參加制憲會議，訴諸直接行動以求建立巴基斯坦國。在這種形勢下，印度教徒和穆斯林之間的教派流血衝突和仇殺逐漸蔓延開來，印度的局勢處於失控的危險之中。

三、《蒙巴頓方案》重申對土邦問題的立場

　　英國急於結束對印度的殖民統治，除了日趨嚴重的南亞危機之外，還有著深刻的國內因素。蘭姆說：「英國人花了300多年建立他們的印度帝國，但他們在1947年僅僅用了70多天就拆散了它。按照當前（註：20世紀80年代末90年代初）東歐所發生的事情來衡量，如此之快的帝國結構的崩潰幾乎不會使人感到吃驚。雖然歐洲的帝國在1947年看起來依然是足夠堅固的大廈，但英國情形的真正脆弱並不廣為人知。實際上，度過1946-1947年那個艱難的冬天之後，英國已經處在財政災變的邊緣了。1947年2月，艾德禮內閣採取了一項急遽消減海外責任的政策。這導致它放棄在希臘對抗共產主義，以及支持土耳其的經濟。它決定停止繼續協調巴勒斯坦委任統治的阿拉伯人和猶太人，這是一項吃力不討好的工作，而是在1948年6月把它退還給國聯的繼承者聯合國。最後，它在同一天宣布，它將把權力移交給印度次大陸的繼承政權。正是在這個背景下，蒙巴頓副王在1947年3月22日到8月15日期間不僅終結了英印帝國，而且目睹了印巴之間喀什米爾爭端的第一個階段。」

　　英國撤離南亞次大陸是以印巴分治的方式來完成的，這加劇了印度社會中久已固存的教派衝突；國大黨和穆盟在許多問題上發生激烈爭執，使局勢顯得更加危險。英國工黨政府意識到印度事態的嚴重性，加快了撤離的步伐。1947年2月20日，艾德禮首相在下院宣布：英國政府決定採取必要措施，以便最遲不晚於1948年6月把政權移交給印度人；屆時如果印度還沒有制定憲法，就將把英屬印度的政權移交給某種形式的中央政府，或者在某些地區，移交給現存的省政府。這是對國大黨和穆盟施加壓力，要求它們儘早達成協議，但也反映了英國急於脫身的心態。

　　國大黨對魏菲爾副王很不滿意，認為他偏袒穆盟，尼赫魯曾公開地批評他。因此，英國工黨政府採取的另一項重要措施是，任命前東南亞盟軍統帥路易斯·蒙巴頓接替魏菲爾，擔當英國駐印度的末任副王，負責英國的撤離

工作。1947 年 3 月 22 日，蒙巴頓正式就任印度副王。蒙巴頓的傳記作者菲利普·齊格勒說：「到 4 月中旬，他已經肯定分治是不可避免的。只是到底實行什麼形式，怎樣去實現分治，心裡還沒有譜。……沒有真納的同意，印度的統一隻能依靠武力解決。」蒙巴頓與印度各主要政治勢力協商，制定了印巴分治的政策，在 1947 年 6 月 3 日公布了《關於分治的白皮書》（即俗稱的《蒙巴頓方案》），規定印度和巴基斯坦在 1947 年 8 月 15 日獨立，比英國政府原來預定的最後期限提前了將近一年。

蘭姆說：「《蒙巴頓方案》只是強化了將穆斯林占人口多數的地區從非穆斯林地區中分割出來這一核心原則，但它是如此的模糊，以至於難以成為對旁遮普和孟加拉進行劃分邊界實際操作的憑據，更不用說去考慮確立國界賴以劃定的地緣政治原則了。」《蒙巴頓方案》總共有 21 項條款，主要闡述英屬印度如何分治，與土邦問題相關的只有第 18 條，其內容是：（英王）陛下政府願意使之明確，上述宣布（關於分治）的決議只適應於英屬印度，1946 年 5 月 12 日的《內閣使團備忘錄》所包含的對印度土邦的政策保持不變。這就表明，《蒙巴頓方案》對於印度土邦問題並沒有新的政策，只是重申舊有的立場依然保持不變。

與「巴爾幹計劃」和它的變體，即把英印帝國按其無數的構成部分而進行碎分相比較，印巴分裂還是被廣泛地認為更加可取。所以，方案公布之後，印度的兩大主要政黨很快就對此作出正面的反應。6 月 9 日，穆盟在其決議中說：「陛下政府 1947 年 6 月 3 日的聲明設計了把權力移交給印度民族的方案，穆盟理事會在對它進行充分的斟酌和考慮之後，滿意地注意到 1946 年 5 月 16 日的《內閣使團方案》將不再執行，它已經被拋棄了。唯一可行的路線是印巴分治，就像陛下政府 1947 年 6 月 3 日的聲明現在所建議的那樣。」與穆盟的積極反應相比，國大黨的態度頗為勉強，但還是接受了它：「考慮到穆盟拒絕接受（1946 年）5 月 16 日的方案，也不參加立憲議會，並且進

一步考慮到國大黨的政策，即『它不能考慮壓迫任何單位領土上的人民違反他們自己既已宣布和建立的意願而繼續留在印度聯邦內部』，國大黨接受 6月 3 日公告所列出的建議——它設計了確認相關人民意志的程式。」《蒙巴頓方案》與喀什米爾問題有密切關係，以至於有人說喀什米爾問題是由它造成的，甚至於印巴分治也是如此。這就倒果為因了，因為《蒙巴頓方案》不過是為勢在必行的即將到來的印巴分治進程提供建議而已。打個比方說，它只是一個家庭內不能和平相處的兩兄弟分家的協議書，而非挑撥他們關係的離間書。從穆盟和國大黨對《蒙巴頓方案》做出正面反應並接受它這一點來看，也不能說其中隱藏了製造喀什米爾問題和印度分裂的陰謀。毫無疑問，英國殖民統治是印巴分治的兩大主要原因之一，但它只是喀什米爾問題在當時產生的間接因素，而非直接推手。其實，方案本身就是英國政府與印度主要政黨協商的結果，而非英國單方面制定強加給印度的。但《蒙巴頓方案》的確給人以喀什米爾應該歸屬巴基斯坦的印象，因為它所確定的英屬印度的分裂原則是，按所在地主體居民的宗教信仰決定歸屬，不能確定者再由公民投票來決定。方案中闡述錫爾赫特縣歸屬的解決辦法的第 13 條就非常鮮明地體現了這一原則，其內容如下：

儘管阿薩姆是一個非穆斯林占壓倒多數的省，但與孟加拉省毗鄰的錫爾赫特縣是一個穆斯林占絕大多數的地區。在對孟加拉進行分裂的情況下，有人要求應該將它與孟加拉的穆斯林地區進行合併。因此，如果決定孟加拉應該進行分裂，就應該在總督的保護下舉行公民投票，並與阿薩姆省政府進行協商，決定錫爾赫特縣是應該繼續成為阿薩姆省的一個組成部分，還是與新的東孟加拉省合併，如果那個省同意的話。如果公民投票的結果贊同與東孟加拉合併，那就要成立一個類似於旁遮普和孟加拉所具有的邊界委員會，為錫爾赫特穆斯林占多數的地區，以及臨近縣中穆斯林占多數地區進行劃界，它們將轉歸東孟加拉。

　　按照錫爾赫特的這種解決辦法，喀什米爾的居民多達 77% 是穆斯林，它似乎應當直接歸屬巴基斯坦，如遇麻煩則應舉行公民投票來決定。但土邦畢竟不是英屬印度，而是在法律上與它地位平等的邦國，方案關於英屬印度分裂的原則並不適用於它，其歸屬的解決辦法只能援引方案中闡述土邦問題的第 18 條，即《內閣使團備忘錄》中的辦法，土邦通過某種方式加入獨立後的印度或者巴基斯坦。

　　印度主流學者認為：「《蒙巴頓方案》是一份很無奈的文件，公眾以百感交集的心情接受了這個歷史性的公告，覺得它有缺憾，不過一般都認為，新方案對解決印度問題提供了在那時能夠設想的、最好的、切實可行的辦法，因而國大黨和穆盟都予以接受。」的確是這樣，就像真納在 1947 年 6 月 3 日所說的那樣：「很明顯，該方案與我們的觀點在某些重要方面並不相符合，而我們也不能說或覺得我們是滿意的，或我們同意該方案對某些問題的處理方式。現在我們應當考慮，我們是否應該接受陛下政府提交給我們的這項方案，無論是作為一項妥協還是和解。……我必須說，我覺得副王已經非常勇敢地與各種勢力做了鬥爭，留在我心中的印象是他以高度的公平和公正感來行事，現在輪到我們來減少他工作中的困難，並盡我們最大的能力來幫助他，以便他可以按照和平與有序的方式來履行把權力移交給印度人民的使命。」

　　毫無疑問，《蒙巴頓方案》是英國政府與印度主要政治勢力協商的結果，因此相關各方都以正面的姿態來作回應。但是，當時蘇聯政府難以理解以宗教為基礎來分裂一個國家，認為這違背了馬克思主義原理。蘇聯明顯地把《蒙巴頓方案》看作英國政府施展的政治伎倆，企圖使印度和巴基斯坦繼續依附於他們，從而永久地維護他們在次大陸的政治和經濟利益。

　　1947 年 7 月 25 日，蒙巴頓在王公議院發表講話。他說：「眾土邦已經普遍接受 5 月 12 日的《內閣使團備忘錄》，而且當各政黨接受 6 月 3 日的聲明時，他們就已經認識並接受最高權力的喪失將使眾土邦重新獲得完全主

權。……現在，《印度獨立法》免除了眾土邦對英國國王的義務。眾土邦將有絕對的自由，從技術和法律上講，它們變得獨立了。」

四、《印度獨立法》對土邦問題的迴避

《蒙巴頓方案》只是一項計劃，並非印巴分治的法律依據。以它為基礎發展而來的《印度獨立法》於 1947 年 7 月 15 日在英國下院通過，16 日在上院通過，18 日由英王正式批准成為法律，這才是印巴分治和印度土邦歸併的法律依據。與《蒙巴頓方案》一樣，《印度獨立法》也主要是闡明英屬印度如何分治，以及分治之後印度或巴基斯坦的國家機構如何構建。法律中涉及土邦問題的內容很少，直接相關的只有第二條和第七條。

第二條的標題是「新自治領的領土」，共有四款內容。第一和第二款規定了英屬印度的領土哪些地區分別屬於印度或者巴基斯坦。第三和第四款的內容涉及土邦問題，其內容如下：

第三款：本條的所有內容在任何時候都不會阻止任何地區包括在兩個新自治領之內，或者被排斥在它們之外，但更明確地說是：

➢ 沒有自治領的同意，本條第一和第二款中明確界定的領土組成部分之外的任何地區，都不得包括在該自治領的領土範圍之中。

➢ 沒有自治領的同意，本條第一和第二款中明確界定的領土組成部分之中的所有地區，也都不得從該自治領中排斥出去。

第四款：本條內容將不得被解釋為阻止眾印度土邦加入兩個新自治領之一，這並不損害本條第三款的分項內容之通則。

所謂「本條第一和第二款中明確界定的領土組成部分」，指的是分治之後的英屬印度，也就是土邦歸併之前獨立的印度和巴基斯坦的領土；「本條第一和第二款中明確界定的領土組成部分之外的任何地區」，指的是英屬印度之外的數百個土邦。所以，這一條款的意思是，沒有獨立後的印度或者巴

基斯坦的同意，各土邦不得加入印度或巴基斯坦的領土之中；沒有它們的同意，第一款和第二款中規定的英屬印度中分別屬於它們的領土，也不得從中分離出去。

　　第七條的標題是「新自治領建立的後果」，其中第一款的第二項針對的是土邦問題，其內容是：「從指定日（註：即 1947 年 8 月 15 日）起，陛下政府對印度土邦的宗主權就失效，並且由於此，所有陛下政府和印度土邦統治者之間自簽訂之日起就生效的條約和協議，所有自那日起陛下政府應該對印度土邦執行的職責，所有陛下政府自那日起對印度土邦或土邦統治者執行的義務，以及其中所有自那日起陛下政府依據條約、特許權、習慣法、默許或其他方式而對土邦所執行的權力、權利、權職和權限全都失效。」

　　除了第一條規定印度和巴基斯坦在指定日分治之外，上引兩條款是《印度獨立法》中直接涉及土邦問題的所有內容。與《內閣使團備忘錄》相比，它的立場發生了某種程度的弱化，從原本就模糊的立場上再弱化要求，也就使得它近乎完全迴避了印度土邦的歸屬問題。

　　通過上述的考查和分析可知，英國在結束對印度殖民統治過程中所制定的土邦政策，從《內閣使團備忘錄》到《印度獨立法》的立場是，在英屬印度分裂基礎上成立的印度和巴基斯坦獨立之後，各印度土邦將脫離英國的控制，英國對它們的宗主權將結束。《印度獨立法》則近乎迴避了這一問題，只是籠統地說，在獨立後的印度或者巴基斯坦同意的情況下，各土邦可以加入它們二者之一。在這種情況下，如果印巴兩國對單個土邦自己的選擇沒有異議，並接受它們歸併的後果，那將不會有什麼問題。但是，如果它們對某個土邦的選擇有異議，就會帶來問題，就像在查謨和喀什米爾土邦所發生的那樣。

　　英國政府可以迴避土邦歸屬的問題，但新獨立的印度和巴基斯坦馬上就得面對它。在喀什米爾歸屬的問題上，它們分別為自己的行動尋找相關的法理依據。巴基斯坦根據《蒙巴頓方案》和《印度獨立法》闡述的關於英屬印

度分裂的原則，以查謨和喀什米爾土邦的絕大多數居民是穆斯林為理由，要求獲得查謨和喀什米爾土邦。印度則從《1935 年印度政府法》中尋找到了對自己有利的條款。在 1947 年修訂後的《1935 年印度政府法》第六條第一款規定，倘若自治領的總督簽署了某一土邦統治者遞交的加入證書，這個土邦即被視為加入該自治領。印度以出兵保衛喀什米爾為由，迫使喀什米爾土邦主簽署了加入證書，哈利·辛格大君在簽署加入印度證書時也明確地說，他是依據修改過的《1935 年印度政府法》來簽署《加入證書》，宣布查謨和喀什米爾土邦加入印度。

　　《1935 年印度政府法》雖然是一部法律，但它並不是英屬印度分治和印度土邦歸併的法律依據。《印度獨立法》的前言部分明確地指出：「由於《1935 年印度政府法》中的某些條文已經不再滿足新形勢的發展，為著適應建立印巴自治領及其產生的後果，所以才制定獨立法。」因此，《1935 年印度政府法》對印度土邦的歸併，或者具體到喀什米爾問題上的作用，就如同《蒙巴頓方案》一樣，並不具有法律效力。印巴兩國獨立之初在查謨和喀什米爾土邦的行動，也就因此而缺乏明確的法律依據。它們的行動雖然未必合法，卻也難說違法了，因為根本就沒有相關的明確法律規定。

　　英國撤離印度過程中，印度土邦歸屬的法律依據是如此的模糊，以至於各方看似皆有所本，實際上都無所適從，這就為喀什米爾問題的產生埋下了惡因。普雷斯科特說：「完全建立在法律依據基礎上的領土爭端是相當罕見的……絕大部分領土爭端都缺乏任何有意義的法律成分。」這個論斷可以適用於印巴之間的喀什米爾之爭。因此，喀什米爾問題在本質上不是一項法律爭端。

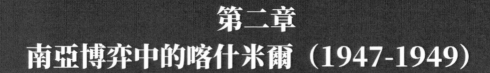

第二章
南亞博弈中的喀什米爾（1947-1949）

　　查謨和喀什米爾土邦獨特的地理位置及其由此而形成的獨有政治格局，雖然為日後的印巴爭端埋下了種子，但它畢竟只是某種歷史條件，是一個潛在的問題，並不一定會導致衝突，也就是說它只是喀什米爾問題產生的充分條件，而非主要條件。那麼，喀什米爾是怎樣成為一個現實中的問題的呢？

　　「秦失其鹿，天下共逐之，於是高材疾足者先得焉。」蒯通的這番高論套用於印巴兩國的喀什米爾之爭也是非常形象貼切的。英國撤離南亞次大陸之後，由於印度土邦的歸屬處於無法可依的混亂狀態，巴基斯坦與印度對喀什米爾的爭奪也就類似於項羽與劉邦逐鹿中原的楚漢之爭，成為一場純粹的實力和智力較量。喀什米爾由一個潛在的問題轉變為現實的衝突，是由於國大黨 / 印度與穆盟 / 巴基斯坦的喀什米爾政策相衝突，以及喀什米爾自身的原因導致的。本章將詳細地闡釋此一過程。

第一節　波譎雲詭的戰前局勢

　　菲利普・齊格勒說：「國大黨和穆盟都從來沒有想過，印巴分治即將面臨的是什麼局面，這不能不說是一個悲劇。原來在他們心目當中，贏得獨立，決定分治，說明問題已經解決。現在他們認識到，這些竟是問題的開端。」英國決定匆忙實現印巴分治，這使英印統治（British Raj）的兩個繼承國遭受嚴重的問題折磨，其中一個副作用是次大陸教派衝突的惡化導致範圍廣闊的大屠殺和人口遷移；另一個問題是，一系列的爭端導致了印巴爭奪喀什米爾的衝突。

一、爭議不休的拉德克李維線

　　《蒙巴頓方案》公布之後，由於把原計劃分治的最後期限提前了將近一年，印度分治的工作也就快馬加鞭地全方位展開。為了分治工作順利地進行，1947 年 6 月底印度成立了一個有廣泛權力的劃分委員會，負責各個方面

的劃分工作。英國法官西里爾‧拉德克李維被邀請來主持旁遮普和孟加拉的邊界委員會的工作，英屬印度這兩個省的最後分割線因此被稱為「拉德克李維線」。拉德克李維在 7 月 8 日抵達新德里，他對印度一無所知，全憑地圖來劃界，以確保工作的公正性。需要劃分邊界的地區雖然僅僅侷限於英屬印度，但由於查謨和喀什米爾土邦與旁遮普省相連，兩地長期以來一直存在著緊密的地理、民族、經濟和政治等方面的連繫，故旁遮普的拉德克李維線走向影響了此後喀什米爾局勢的發展。

蘭姆說：「較之其他任何單個因素，在旁遮普施行的分裂機制為喀什米爾爭端製造了最直接的背景。」旁遮普的拉德克李維線數十年來一直爭議不休。因為從理論上講，所有毗鄰穆斯林核心區的穆斯林人口占多數的縣都應該歸巴基斯坦，但最後穆斯林占多數的哥達斯普爾縣的三個區被劃給了印度，使它借此擁有通向喀什米爾谷的公路。關於哥達斯普爾歸屬的判決，主要有兩種觀點，一種說法有利於巴基斯坦，另一種有利於印度。

以有利於巴基斯坦方面為代表的看法認為，尼赫魯通過蒙巴頓向拉德克李維施加了壓力，迫使他把哥達斯普爾判給了印度。根據計劃，拉德克李維裁決書要在 1847 年 8 月 13 日公布。隨著印巴分治日的臨近，相關地區的教派緊張關係不僅在持續發展，還有加劇甚至失控的趨勢，在穆斯林、印度教徒和錫克教徒比較集中的旁遮普地區尤其如此。旁遮普的省督埃文‧詹金斯爵士為了能夠採取預防措施，以免在裁決書公布後爆發公眾騷亂，在 8 月初拜訪蒙巴頓時要求預先獲得關於邊界裁決書的訊息。蒙巴頓答應了，並指示他的私人祕書喬治‧艾貝爾收到裁決書之後送一份複印件給詹金斯。

8 月 8 日，拉德克李維的助手克里斯多福‧彪蒙特將一幅描繪分界線的地圖交給艾貝爾。艾貝爾執行蒙巴頓的指令，將一份旁遮普劃界地圖的複印件送給詹金斯。同一天，詹金斯將劃界裁決書給他的五名縣務委員每人送去一份，其中四名是英國人，但哥達斯普爾縣的那位是一名印度教徒，他迅速將一份邊

界裁決書的複印件送給尼赫魯。在這份地圖中，哥達斯普爾縣劃給了西旁遮普，因此將歸巴基斯坦。尼赫魯一直狂熱地要求把喀什米爾包括在印度境內，立即向蒙巴頓施壓，要求把哥達斯普爾縣的帕坦科特區劃歸東旁遮普。

這事被傳出去了，鬧得沸沸揚揚。蒙巴頓意識到自己闖了大禍，在 9 日把他的工作人員召集到一起，指示艾貝爾發電報給詹金斯，要他把所收到的邊界資料包括地圖全部予以銷毀。儘管有蒙巴頓的命令，詹金斯仍然沒有銷毀邊界委員會的所有資料和地圖，最後把一份複印件傳交給他在西旁遮普（注，將歸巴基斯坦）的省督接任者弗朗西斯・穆迪爵士。

拉德克李維裁決書在 8 月 12 日交到蒙巴頓手中，按計劃應該在次日公布。蒙巴頓身邊的人對裁決書的公布時間有三種觀點：一種認為應該馬上公布，以免生出事端；一種認為應該在獨立日 15 號公布，喜慶的氣氛會讓人忽視邊界劃分問題；一種認為應該在獨立日之後，以免影響獨立的喜慶氣氛。為了自己的榮譽不受到影響，蒙巴頓採用了第三種意見，在 8 月 16 日把裁決書送給印度總理尼赫魯和巴基斯坦總督真納，17 日正式公布。

巴基斯坦方面對旁遮普的劃界非常不滿意。1947 年 10 月 30 日，真納說：「邊界裁決書是一份不公正、不可理解甚至是有爭議的裁決書。它可能是錯誤的、偏袒的和有爭議的，並且它或許是一份政治而非法律的裁決書。」他們認為，蒙巴頓之所以延遲公布拉德克利夫裁決書，是為了讓邊界得以按有利於印度的利益來進行修改，從而使巴基斯坦在旁遮普喪失了如下穆斯林占人口多數的縣和區：哥達斯普爾縣、阿姆利則縣的阿傑納拉區、霍希亞普爾區、達蘇亞區、納科達爾區、賈朗達爾區、費羅茲普爾區、齊拉區，和拉合爾縣卡蘇爾的一部分。由於獲得這些地區，印度就可以通過公路進出喀什米爾谷，後來正是通過這條公路把軍隊運往那裡，改變了那裡的戰局。

巴基斯坦的觀點由於蒙巴頓與國大黨和穆盟的不同關係而得到許多人的認同。蒙巴頓對印巴分治持反對態度，他說：「我越考慮印度問題，就越覺

得把國家分裂是一種瘋子行動。要不是宗教狂熱逼得我無路可走，我絕不會同意把一個國家分裂。」他還被公認為具有非常明顯的親印度傾向。印度和巴基斯坦獨立後，都作為自治領繼續留在英聯邦內，蒙巴頓渴望繼續同時擔任兩個獨立國家的第一任總督。由於真納堅持自己要擔任巴基斯坦的首任總督，蒙巴頓對此感到極度的失望。1947 年 7 月 4 日，他在發給倫敦的報告中寫道：「我問真納，『你知道你的要求要花多大代價嗎？』真納用悲傷的口氣答道：『我大約會失去幾千萬盧比吧？』我酸溜溜地告訴他：『你會失去所有的資產和巴基斯坦的前途。』」

　　另外一些學者尤其是印度學者反對上述觀點。印度學者普勒姆‧香卡‧傑哈認為，哥達斯普爾的三個區被判給東旁遮普，是由拉德克李維獨自作出的決斷，他沒有受到外界的干擾和壓力。之所以這樣判決，是基於錫克人因素來考慮的。英屬印度領土分割並非嚴格地按照主體居民的宗教信仰來決定某地的歸屬，還會考慮其他諸如宗教、經濟等因素。例如，孟加拉省的吉大港山區地帶雖然只有少量的穆斯林，但基於經濟因素而判給了東孟加拉（註：將歸巴基斯坦）。哥達斯普爾位於阿姆利則的東邊，阿姆利則是錫克教最重要的聖地，錫克教的金廟也在這裡。因為錫克教徒要求留在印度境內，阿姆利則就應該劃歸東旁遮普（註：將歸印度）。由於阿姆利則西邊的縣區要判歸西旁遮普，如果東邊的這些縣區再劃歸西旁遮普，錫克教的這個聖地將被巴基斯坦的領土包圍。為了給阿姆利則留有寬闊的與母體連接的地帶，哥達斯普爾的這三個區就被判歸東旁遮普了。詹金斯所得到的那些資料，只是拉德克李維的草稿圖案，並非最後的定稿。

　　蘭姆認為，拉德克李維在劃分旁遮普的邊界時，喀什米爾問題起的作用非常小。而且，他還考證，當蒙巴頓的前任魏菲爾勛爵在 1946 年 2 月考慮旁遮普分割的問題時，英印政府就已經接受，錫克人絕對不會容忍穆斯林控制哥達斯普爾在拉維河東邊的任何地方。1947 年 6 月 4 日，蒙巴頓也在一次記者招

待會上說：「邊界委員會將不可能把整個哥達斯普爾縣劃歸穆斯林主導區。」

　　拉德克李維在完成工作之後就迅速離開印度回英國了。他在 1977 年去世，生前對自己在印度的工作一直保持沉默。他到底是否受到蒙巴頓的壓力而修改了對旁遮普的劃界，別人無從得知。所以，哥達斯普爾的裁決問題還將繼續爭論下去。普勒姆·香卡·傑哈認為，英國當時是站在巴基斯坦一邊，反對查謨和喀什米爾土邦加入印度。這種觀點或許還值得商榷。1948 年 2 月 27 日，英美兩國官員就喀什米爾問題在紐約進行會談，在存檔的備忘錄中說：「美國代表同意，喀什米爾是一個引發了印巴爭端的土邦。儘管如此，代表們聲明這並不足以否定喀什米爾加入印度的合法性。最後，英國代表同意美國方面的觀點，英美兩國今後將基於如下假定而行事：無論如何印度擁有對喀什米爾的合法權限。」這份備忘錄離喀什米爾問題產生的時間很近，從其內容來分析，巴基斯坦懷疑蒙巴頓與尼赫魯勾結，把查謨和喀什米爾土邦併入印度的觀點並非毫無依據。儘管如此，但無論是根據印度還巴基斯坦的觀點，有一點可以確定無疑的是，喀什米爾問題最初是在外部因素影響下爆發的。

二、自由受限的土邦選擇

　　喀什米爾問題一直受到世人關注，但它在印巴分治過程中並不是一起孤立的事件。在英國撤離印度的過程中，印度土邦是一個獨特而極其複雜的問題。在英印統治時期，特別是在 1857 年印度民族大起義爆發之後，英國保留了許多印度土邦，以之作為牽制印度民族運動的力量。隨著英國結束對印度的殖民統治，這些土邦都面臨著選擇歸屬。從前文的考證中可以看出，印度土邦可以自由地選擇自己的未來，在法律上存在獨立的可能性。然而，眾多土邦的經驗表明，土邦獨立的自由選擇即使在理論上是可行的，在實際中也被排除在外。

　　《蒙巴頓方案》制定之前，國大黨在 1947 年初就已經與一些土邦達成協

議，同意土邦出席印度制憲議會的代表一半由土邦立法機關選出，一半由王公指派。結果，有一批土邦如比卡索爾、帕提亞拉、巴羅達等參加了制憲會議。《蒙巴頓方案》把原計劃的印巴分治時間提前了約 10 個月，從而也使得土邦問題更加凸顯出來。蒙巴頓召開了土邦的談判委員會會議，該委員會是王公議院的一個執行委員會。在長時間的辯論中，委員們提出了各種意見。一些委員要求在權力移交以前，應該廢除最高權力，以便各土邦自由地作出自己的決定，而另一些委員持相反的意見。蒙巴頓認為，在最高權力廢除以後，各土邦可以完全自由地決定他們願意加入哪一個制憲議會。

　　1946 年 5 月 16 日的《內閣使團方案》公布之後，海德拉巴土邦的尼扎姆（Nizam，即土邦主）查特裡在 5 月 17 日求見印度副王魏菲爾，表示海德拉巴希望繼續與英國保持連繫，對聲明中提到的基本權利、聯邦中央政府的財政權力、比拉爾的歸屬等問題提出了疑問。同一天，王公議院主席博帕爾土邦的納瓦布（Nawab，即土邦主）給魏菲爾副王寫了兩封信，對《內閣使團方案》中有關土邦的地位和權力等方面的條款提出不同的看法，對方案沒有給予土邦以足夠重視和恰當安排表示異議。

　　穆盟與國大黨在判斷最高權力廢除後的形勢上有分歧。《蒙巴頓方案》在 1947 年 6 月 3 日公布之後，蒙巴頓在 6 月 13 日召集穆盟和國大黨的領袖開會，討論這個棘手的問題。真納、利雅格特‧阿里‧汗和薩達爾‧尼什塔爾代表穆盟出席會議。真納認為，最高權力結束以後，各土邦就是獨立自主的，它們可以選擇不加入印度或者巴基斯坦，但尼赫魯持完全相反的見解。為了避免過渡時期在行政管理領域出現混亂，蒙巴頓叫人起草了一份《保持原狀協定》，要求土邦的歸屬正式確定之前，與成立中的印度或巴基斯坦簽訂協定，保持雙方的既有關係。這次會議成立了土邦部取代原有的英屬印度政治部，由它來掌管印度土邦的歸屬問題，分為印度斯坦土邦處和巴基斯坦土邦處，分別由薩達爾‧帕特爾和薩達爾‧尼什塔爾來領導。1947 年 8 月 2 日，印度土邦部正式制定出一份詳細的《加入證書》，要求主權土邦的統治

者簽署之後加入印度，把國防、外交和交通三項權力上交中央政府，其餘所有職權依舊留歸土邦政府掌管，中央不干預。

《蒙巴頓方案》公布之後，土邦王公中出現少數人策劃土邦獨立的陰謀。國大黨堅決反對分裂圖謀。1947 年 6 月 15 日，國大黨全印委員會通過決議，要求未參加制憲議會的土邦參加制憲議會，並宣布絕不承認任何土邦搞所謂的獨立。尼赫魯警告一切外國不得插手分裂印度。聖雄甘地在一次與蒙巴頓會談中說，王公土邦是英國人留下的產物，是他們為了削弱印度對大英帝國的抵抗而建立的。克里普斯沒有把它們納入中央政府的領導而造成了目前的問題。只要蒙巴頓鼓勵王公們獨立，國大黨就會認為，蒙巴頓是在通過把印度的合法領土巴爾幹化，並允許王公土邦這種人為製造的、不民主的時代產物來破壞新獨立的印度。

在英王的最高權力終結之後，國大黨不承認印度土邦具有獨立的權利；相反，穆盟認為印度土邦自此具有主權地位，可以保持獨立。1947 年 6 月 17 日，真納宣布：「隨著最高權力的終結，印度土邦將可以自由地加入印度斯坦制憲會議或者巴基斯坦制憲會議，或者保持獨立。……從憲法和法律角度講，隨著最高權力的終結，印度土邦將成為獨立的主權國家，它們自己將可以自由地採用任何它們喜愛的方式；它們可以不受限制地加入印度斯坦制憲會議，或決定保持獨立。穆盟的政策從一開始就是明確的。我們不想干涉任何土邦的內部事務，因為它是個首先應該由土邦的統治者和人民之間解決的問題。那些根據其自由意志而希望加入巴基斯坦制憲會議，並要求與我們討論和協商的土邦，將會發現我們已經作好準備了並願意如此行事。如果它們希望保持獨立，以及希望與巴基斯坦進行協商或調整任何政治或其他相似的比如貿易或經濟之類的關係，我們將樂意與它們進行討論，並將達成一項對雙方互惠的安排。」到 1947 年 8 月 15 日印度和巴基斯坦獨立時，在地理位置上處於印度自治領中間的土邦，除海德拉巴以及西印度卡提阿瓦半島的朱

納加德、馬納瓦達爾和曼格羅爾以外，都加入了印度自治領，與巴基斯坦交界或在其境內的土邦巴哈瓦普爾、凱爾浦爾、卡拉特共 10 個土邦加入了巴基斯坦。朱納加德和海德拉巴的土邦主是穆斯林，他們拒絕加入印度。

　　朱納加德的領土約為 3,000 平方英里，不超過 100 萬人口，距離巴基斯坦當時的首都卡拉奇約 300 英里。因為朱納加德瀕臨印度洋，有漫長的海岸線，因此與巴基斯坦的連繫在理論上沒有任何阻礙。而且，國際上也有類似的例子，比如俄羅斯的加里寧格勒和美國的阿拉斯加，都距離本土遙遠。朱納加德有些孤立的小塊地區分散在其他的卡提阿瓦國家，它們已經加入了印度；在朱納加德內部還有國中之國，其中最大的是曼格羅爾，儘管它是朱納加德的附屬國，卻表達了加入印度的希望。按理說，曼格羅應隨朱納加德一塊加入巴基斯坦，但實際上並非如此，它們要加入印度。朱納加德的納瓦布在他的丞相沙阿・納瓦茲・布托（Dewan Shah Nawaz Bhutto，即後來巴基斯坦的總統和總理佐勒菲卡爾・阿里・布托的父親）的支持下，在 8 月 15 日的政府公報裡宣布朱納加德加入巴基斯坦。8 月 21 日，印度土邦關係部祕書 V・P・梅農寫信給巴基斯坦駐印度高級專員，指出朱納加德在地理上遠離巴基斯坦，而且其居民大部分是非穆斯林，抗議朱納加德納瓦布加入巴基斯坦的決定，說它缺乏人民意志的支持而無效。隨後，印度對朱納加德實行經濟封鎖，切斷交通往來。

　　真納及其政府把朱納加德邦看作是爭奪查謨和喀什米爾土邦最有力的一件武器。所以，朱納加德的納瓦布宣布加入巴基斯坦之後，巴基斯坦政府並沒有立刻接受他的加入。9 月 12 日，尼赫魯給巴基斯坦政府發去一份電報，表示印度準備接受通過公民投票來決定朱納加德土邦加入印度或者巴基斯坦結果。9 月 13 日，巴基斯坦政府最後通知印度，它已經接受朱納加德納瓦布加入巴基斯坦。卡提阿瓦半島的其他土邦主譴責朱納加德納瓦布加入巴基斯坦，當地局勢驟然緊張起來。印度政府派梅農到朱納加德，勸說土邦主撤銷

其加入巴基斯坦的決定。土邦主沒有接見他，梅農與沙阿·納瓦茲·布托丞相進行了會談。梅農威脅布托說，在加入的問題上，如果不在朱納加德整個土邦的範圍內進行公民投票，那麼將產生嚴重的後果。他說，人民不會像牲口一樣被趕往這個或那個國家，應該讓他們自己決定自己的前途。

1947 年 9 月 30 日，尼赫魯接受在朱納加德進行公民投票，邀請巴基斯坦政府把朱納加德的歸屬問題交由它的人民通過公民投票來解決。10 月 1 日，巴基斯坦總理雅格特·阿里·汗表示，巴基斯坦願意接受在朱納加德舉行公民投票來決定該土邦的歸屬，作為一項平衡，他要求在查謨和喀什米爾土邦也舉行公民投票決定該土邦的歸屬。隨著卡提阿瓦半島局勢的惡化，印度政府在 1947 年 10 月 25 日決定，干預曼格羅爾的形勢。這意味著印度實際上派軍隊穿過朱納加德的領土，從而故意侵略朱納加德。10 月 22 日，印軍占領馬納瓦達爾，11 月 1 日占領曼格羅爾，11 月 8 日占領朱納加德。11 月 11 日，利雅格特·阿里·汗發電報給印度政府，強烈抗議它占領已成為巴基斯坦領土一部分的朱納加德，要求印度把朱納加德政府歸還給土邦的合法統治者土邦主。

海德拉巴位於印度西部的內陸，是印度土邦中最重要的一個，當時有 1,600 萬人口，面積是 82,000 平方英里。它的統治者尼扎姆是蒙兀兒帝國的王公，也是一位穆斯林，拒絕加入印度。尼赫魯說：「像海德拉巴那樣的地方，四周全部被印度聯邦包圍，也沒有與世界其他地區連繫的出海口，它必須是印度聯邦的一部分。從歷史上和文化上說，它是印度的一部分，從地理和經濟原因來看更絕對是印度的一部分；無論某些特殊的個人或個人集團的意志是什麼，這些都是不能被忽視的。」1947 年 11 月 29 日，印度與海德拉巴簽訂了《保持原狀協議》。印度政府宣稱，根據保持原狀協議，海德拉巴不應與任何外國發展任何形式的外交關係。1948 年 9 月 11 日，巴基斯坦的締造者真納去世；9 月 13 日，印度大規模向海德拉巴進軍；9 月 17 日，海德拉巴投降，印度吞併了它。

三、疑竇叢生的部落民起義

蓬奇在 1936 年成為查謨和喀什米爾土邦的一部分，是它最後兼併的一塊領土。蓬奇的居民主要是穆斯林，占 42 萬總人口中的 38 萬，他們在傳統上與翻過皮爾本賈爾山脈的喀什米爾谷的穆斯林鄰居連繫甚少，更遑論查謨的印度教徒了，而與傑盧姆河對面尤其是西北邊境省的哈扎拉縣的居民連繫比較多。蓬奇的穆斯林對於自己的國土被查謨和喀什米爾土邦兼併感到怨恨，也從不認可自己對查謨和喀什米爾土邦的從屬地位，這種態度對 1947 年事態的發展產生了重大影響。

在第一次世界大戰和第二次世界大戰中，查謨和喀什米爾土邦的軍隊都被編進印度軍隊中加入到英國一方參與戰爭，哈里·辛格大君還被選為英國保守黨丘吉爾戰時內閣的成員。喀什米爾的參戰士兵大部分來自於蓬奇，第一次世界大戰時有兩萬多蓬奇士兵參加了戰鬥，第二次世界大戰時至少有六萬人參戰了。戰爭結束後，這些老兵回到家鄉。他們對蓬奇的政治變化作了消極的反應。隨著印巴分治的進行，蓬奇問題變得更加尖銳。1947 年 6 月，這裡的許多穆斯林部落民起來反抗查謨和喀什米爾大君的統治，這就是蓬奇起義的開始。到 7 月份的時候，喀什米爾政府已經認識到蓬奇存在有組織的反抗哈里·辛格大君統治的戰鬥，但他們並不願意與英國政府或其繼承者討論這一敏感的問題。到印巴分治的時候，蓬奇的騷亂已經擴大到邁普爾和查謨等地區，查謨和喀什米爾土邦沿著西旁遮普邊界的大片地區完全脫離了大君控制。蓬奇起義已經變得不可避免地與整個查謨和喀什米爾土邦的未來，無論是獨立還是加入印度或巴基斯坦緊密連繫在一起了。許多積極反抗哈里·辛格大君統治的人在此時都認為，巴基斯坦將能提供最好的拯救希望。

8 月 14 日是巴基斯坦的獨立日，這一天恰恰也是全印度穆斯林的「喀什米爾日」。斯利那加的穆斯林揮舞巴基斯坦國旗表示歡慶，喀什米爾政府派警察對此進行鎮壓，導致多人死亡。這次鎮壓行為使得蓬奇起義引發的騷亂

改變了性質。8 月 26 日，喀什米爾的警察向蓬奇省巴柯縣的一個公眾集會開槍。當地一名年輕的地主薩達爾‧阿布杜勒‧奎尤姆‧汗站出來領導穆斯林的反叛運動，他們開始建立組織機構，準備開展長期的鬥爭。他們的影響很快就擴展到邁普爾地區。

巴基斯坦人中瀰漫著一種對印度感到恐懼的思想。在印巴分治前後，印度的教派分子揚言要扼殺巴基斯坦，即便是溫和派也不希望巴基斯坦強大。在印度軍隊分割時，英國籍的許多軍官主張按未來印巴兩國的實際需要來分配英印帝國的遺產。以時任印度軍隊總司令奧欽萊克為首的英國軍事計劃制定者認為，獨立和分治沒有改變南亞次大陸所受威脅的基本性質。無論是帝俄還是蘇聯，依然像過去的數百年一樣，是次大陸最大的威脅。它像一個巨人般地矗立在北方，準備橫掃阿富汗的各個關隘，進入巴基斯坦和印度肥沃的平原地帶。所以，他們主張陸軍優先分給巴基斯坦，海軍優先分給印度，而不要按照教派比例的原則來進行分割。這個建議遭到國大黨領袖們的反對，他們認為這將有利於巴基斯坦，通過蒙巴頓施加壓力，最後把奧欽萊克給撤換了。

讓印度占領查謨和喀什米爾土邦，尤其是在蓬奇起義爆發之後，這是許多巴基斯坦人不能接受的，因為這違背了印巴分治理念。如果印度得到喀什米爾大君的支持，然後派軍隊去鎮壓在傑盧姆河另一邊的蓬奇起義，而河的這一邊是巴基斯坦的西旁遮普。這樣的衝突將對巴基斯坦的未來產生什麼樣的結果？難道這樣的戰爭不會擴展到巴基斯坦本土麼；而且，最糟糕的是，或許這將導致印度企圖在次大陸終結「兩個民族」的原則。在這樣的情況下，如果巴基斯坦和蓬奇內部的某些人滋事策應他們的話，這並非不切實際的。蓬奇和邁普爾一帶向來與巴基斯坦的旁遮普省和西北邊境省有著緊密的連繫，這些地區在民族、宗教、文化和經濟等方面幾乎不可分割。因此，喀什米爾穆斯林反抗喀什米爾大君的統治獲得許多巴基斯坦人的援助，到 10 月

初的時候，蓬奇反叛者和巴基斯坦之間已經建立了廣泛的連繫。其中尤以薩達爾·穆罕默德·易卜拉辛·汗最為活躍，他是查謨省的一名律師，也是喀什米爾立法會穆斯林會議黨的議員，他甚至還與巴基斯坦總理利雅格特取得連繫。蓬奇起義範圍逐步擴大，喀什米爾政府就收繳蓬奇及其附近地區穆斯林的武器。與之相反，它卻允許印度教徒和錫克教徒的武裝，包括印度教徒的極端軍事組織國民志願服務團（RSS：Rashtriya Swayamsevak Sangh, 1948年2月暗殺聖雄甘地之後遭禁止）從印度境內湧進查謨、利亞茲和邁普爾等地，對穆斯林進行大屠殺。

　　查謨和喀什米爾土邦的教派屠殺擴展開來之後，蓬奇起義者獲得巴基斯坦人更廣泛的支持，許多巴基斯坦西北邊境省和旁遮普省的穆斯林部落民在巴基斯坦政府的默認下，進入查謨和喀什米爾土邦進行反抗哈里·辛格大君的鬥爭。組織這次運動的西北邊境省的首席部長汗·阿布杜爾·奎尤姆·汗列出了一張暗殺名單，其中包括喀什米爾最有影響的政治人物謝赫·阿卜杜拉及其助手的名字。穆斯林反叛者在占領區建立自己的政權。10月4日，他們在拉瓦爾品第宣布建立喀什米爾共和國，首都定在穆扎法拉巴德，總統是穆罕默德·安瓦爾。這個喀什米爾共和國很快就由於不為人知的原因而湮沒無聞。10月24日，另一個政權自由喀什米爾政府正式宣告成立，其總統是薩達爾·穆罕默德·易卜拉辛·汗。

　　穆斯林部落民的進攻一度進展順利。由於他們的武器太落後，形勢很快發生了逆轉。蘭姆說：「假如蓬奇起義者即便擁有一支裝甲中隊，他們在10月22日晚就有可能出現在斯利那加，並已經控制斯利那的機場；從而喀什米爾爭端如果不是結束的話，也將發生根本的改變。沒有斯利那加機場，按傳統的觀點考慮，印度就無法長時間向哈里·辛格大君提供支持。因此，如果斯利那加機場在1947年10月25日之前被占領的話，印度幾乎沒有可能合法地把巴基斯坦趕出喀什米爾。」穆斯林部落民沒有裝甲車，他們輸送大量

帕坦部落民的工具是公共汽車和貨車，其中許多車的機械穩定性都很差。很有可能，帕坦人駕駛自己的運輸機上陣是決策背後的一項主要考慮，以僱用他們參與到這項軍事行動中來。在該事件中，對蓬奇起義而言，帕坦人的捲入導致了最不幸的後果。他們缺乏紀律，加上熱衷於戰利品和搶劫，不僅導致嚴重的延滯，還給公眾造成非常壞的印象。其結果是，戰爭優勢很快轉向印度一邊。

印度一直攻擊巴基斯坦，認為它策劃了部落民反抗哈里·辛格大君政府，把部落民的襲擊稱作巴基斯坦對喀什米爾的侵略，說：「大批西北邊境省的部落民進入喀什米爾，支持當地穆斯林兄弟的反抗鬥爭，巴基斯坦政府無疑成為了他們的同謀。英國籍軍官由於印度民族主義運動而失去了舒適的生活，他們具有反印情緒，也對此採縱容的態度。他們還由於與穆斯林在宗教上有更多的共同性，而對他們更為喜好、偏愛。」巴基斯坦總是對此予以否認，把穆斯林部落民的反抗看作對多格拉暴政的起義，自己與此沒有關聯。雙方都固執己見，而大致的實際情況是，儘管沒有由巴基斯坦政府的最高層支配的方案，但他們知道並默認了部落民的襲擊活動……而且巴基斯坦對他們的援助是至關重要的。有些巴基斯坦軍人以個人身分參與反抗戰爭，但英國駐印度高級專員格拉弗忒·史密斯在 1948 年 1 月 16 日給英聯邦關係部的報告中認為，這是可以忽略不計的。

═ 第二節　《加入證書》及其法律效力 ═

長期以來，印巴兩國總是各執一詞，宣稱自己應該得到喀什米爾，而對方的占領為非法，它們關於喀什米爾的爭論長期集中在一些法律問題上。那麼，從法律權利的角度來講喀什米爾應該屬於哪個國家，換言之，而不是根據地理、民族、經濟之類的特性來宣稱印度或者巴基斯坦更應當得到它。喀什米爾爭端中的一些重大問題，如印度和巴基斯坦先後出兵喀什米爾是否合

法等等，其實焦點都是對哈里・辛格大君在 1947 年 10 月 26 日簽署的《加入證書》的法律效力之爭，因為它才是那些紛紛擾擾的表層問題的源頭。對於這份《加入證書》是否具有法律效力，數十年來不同的學者從不同的角度出發得出不同的結論，有的甚至截然相對。本節力圖在理清歷史真相的前提下，在剖析《加入證書》內容含義的基礎上，再把《加入證書》的法律之爭放到同類事件之中進行比較研究，最後給出自己的看法。

一、印度的北部邊疆政策

獨立之後，整個印度外交的政策概括起來可以說是圍繞四個目標而轉：追求安全、謀求發展、地區霸權、探求國際作用。對於印度的外交風格，季辛吉曾經有這樣的評價：「印度外交政策在許多方面仍留有歐洲帝國主義全盛時期的遺風，並摻雜著自己古老文化的傳統。」作為一個歷史悠久、文明燦爛、人口眾多、國土廣袤的國家，印度社會雖然以觀念多樣化而著稱，但各派共有的一個策略信念是印度作為地區性大國有權利來統治南亞地區。

尼赫魯將如下信條作為他對古老印度的新發現：「印度成為一個強有力而統一的國家，成為一個和它的鄰邦密切連繫著並在世界事務發揮著重要作用的由許多自由單位組成的聯邦而湧現在我們面前。它是那些擁有能夠自立的豐富資源和能力的極少數國家之一。今天類似這樣的國家大概只有美國和蘇聯。……在將來，太平洋將要代替大西洋而成為全世界的神經中樞。印度雖然並非一個直接的太平洋國家，卻不可避免地將在那裡發揮重要的影響。在印度洋地區，在東南亞一直到中亞細亞，印度也將發展成為經濟和政治活動的中心。在那個正將要迅速發展起來的世界的一部分，它的地位在經濟上和策略上是有重要性的。」

為了實現尼赫魯所描繪的宏偉目標，新獨立的印度不僅在國內勵精圖治，在外交方面也表現得虎虎生威，甚至有些咄咄逼人。它力圖全面地繼承英印帝國的遺產。印度的民族主義者認為，巴基斯坦沒有依靠他們自己的努

力去獲得獨立，他們是借印度民族主義的成功而取得獨立。印巴分治前後，有些印度人認為：「巴基斯坦只是一個被割首的國家，現在的『脫離』是穆盟暫時的瘋狂行為招致的。巴基斯坦將不得不作為悔罪的、悔改的犯錯孩子重回聯邦母體，而『兩個民族理論』將對所有已經發生的事情負責。」

　　印度的民族主義者迫於無奈接受了印巴分治，對此憤恨不已，更使得他們對英印帝國的其他遺產錙銖必較。1952 年 8 月 7 日，尼赫魯在印度議會上說：「當英國人離開的時候，在我們同意的情況下，分治把一部分領土從印度分割出去；但是，印度的剩餘部分，包括印度土邦，繼續作為一個整體而保留下來。直到有人企圖把屬於其中一部分的土邦從印度分割出去。我們不像巴基斯坦那樣是因為分治而創造出來的。印度過去存在，印度持續存在，印度目前存在，印度還將存在。因此，在每個土邦作出相反的決議之前，它將與印度維持舊有的關係。」印巴分治前夕，蒙巴頓的副手伊斯梅勛爵要回倫敦述職。在離開印度前，他收到一封尼赫魯的信。信上說，國大黨希望英國政府宣布，在殖民地印度兩個新誕生的民族中，印度是英印帝國法統地位的唯一國際繼承者。由於國大黨不願意配合英國的外交政策而激怒了英國政府，這一要求遭到拒絕。

　　薩達爾·帕特爾在以前通常被認為是務實派的代表人物，主張作為權宜之計讓查謨和喀什米爾土邦平靜地轉給巴基斯坦。但是，當帕特爾的文件在 1971 年出版的時候，人們發現這位國大黨權勢政治家直接捲入了喀什米爾問題，他指導了所有使印度最終獲得查謨和喀什米爾土邦的相關計劃。尼赫魯對喀什米爾的興趣主要是感情型的，通過喀什米爾他在印度文明中發現了自己的根源。帕特爾對整個查謨和喀什米爾土邦的未來有著冷酷的地緣政治處理方法。它是印度通往中亞的潛在出口。如果喀什米爾掌握在印度手中，它將嚴重地壓縮巴基斯坦未來的國際活動自由性。更為緊要的是，如果得到了喀什米爾，印度就能直接進入帕坦人世界，這不僅僅是阿富汗的邊緣地區，還包括巴基斯坦的西北邊境省，該地區儘管多數居民是穆斯林，但國大黨依

然在那裡保持著特殊的影響；獨立之前西北邊境省由國大黨執政。如果有可能，就通過這裡直接向巴基斯坦施加壓力；如果有需要，就促使巴基斯坦瓦解。帕特爾好像在某些時候展現出與巴基斯坦妥協的姿態；但在把喀什米爾當作對付巴基斯坦的致命武器這點上面，他遠遠把尼赫魯拋在了後面。

關於國大黨主要領導人對查謨和喀什米爾土邦的看法有多種不同的觀點。那麼，他們在當時到底是如何看待這個特殊土邦的呢？1947 年 10 月 26 日，在哈里‧辛格大君與印度政府簽署《加入證書》的同一天，尼赫魯給英國首相艾德禮和巴基斯坦總理利雅格特發去一份電報，為印度出兵喀什米爾作辯護，由於時間上切近，它可能真實地反映了印度領導人當時的心聲。這封電報說：

> 我們已經收到喀什米爾政府求援的緊急呼籲。對於來自友邦的這樣的請求，我們將樂意給予友好的考慮。就像你們所知道的那樣，喀什米爾的北部邊疆與阿富汗、蘇聯和中國接壤。喀什米爾的安全對印度的安全而言是至關重要的，尤其因為喀什米爾的南部邊疆與印度接壤，但這必須建立在其內部保持安全和政府維持穩定的基礎之上。因此，幫助喀什米爾對印度民族利益而言是一種義務。我們正在緊張地思考，我們能向該土邦提供什麼樣的援助，以便它能夠自我防衛。

阿拉斯太爾‧蘭姆認為，這份資料接近於喀什米爾問題的實質，流露出新印度領導人更多的是考慮喀什米爾地緣政治的複雜性。他說：

> 它在許多方面指出了印度在查謨和喀什米爾土邦的根本利益的實質，不僅 1947 年是這樣，此後的 40 多年也是如此。這樣解釋是行得通的，對印度次大陸北部邊疆的防衛來說，查謨和喀什米爾土邦具有非常大的策略重要性。並且，因為不像巴基斯坦那樣，印度是南亞次大陸的真正捍衛者，使它免受蘇聯（或者隨後年月裡的美國和中國）的威脅，所以整個查謨和喀什米爾土邦必須納入印度。關於加入的法律理由是真正不相干的。巴基斯坦也許能或者也許不

能生存下去；但它不是英印統治的地緣政治繼承者，印度才是。因此，巴基斯坦無權來管閒事，瞎摻合到諸如查謨和喀什米爾土邦這樣具有策略重要性的地區的事務中來。正因為如此，本著印度外交部遣詞用句的精神，巴基斯坦在喀什米爾的行為便是「侵略」，這是對地緣政治自然法則某種形式的冒犯。……印度不接受真納的「兩個民族理論」。印度不僅是一個世俗的國家，是穆斯林和非穆斯林的民族家園，而且是有資格在次大陸占領任何空間和攫取任何權力的唯一國家。

蘭姆認為：「值得注意的是，在最初階段，印度並沒有把巴基斯坦稱作『入侵者』，儘管這種克制很快就被放棄了。……很顯然，證據表明，印度所感興趣的東西，遠不只是使《加入證書》作為一份合法契約在技術上得到承認：無論發生了什麼事情，不管有無《加入證書》，它想要的只是領土。」在 1947 年，通向拉達克東北部唯一可行的路徑是取道列城；從斯利那加出發到列城的路，先要翻過索吉隘口，然後穿過卡爾吉爾，沿路只能依靠山地牛拉車進行運輸。1947 年印巴分治之後，從印度到斯利那加的入口得穿過旁遮普的哥達斯普爾縣。僅僅是列舉這些地名就加強了這樣的懷疑，在 1947 年下半年為查謨和喀什米爾土邦而展開的戰鬥，早已存在於領導新印度政治建立的某些最主要人物的策略觀念之中，這也是為印度在中亞邊緣地區保留一塊立足之地的鬥爭。中亞被麥金德爵士的信徒稱作亞洲的「樞軸」或「心臟地帶」，是國際社會重大利益所在地。如果印度希望在次大陸北部邊疆問題上有任何發言權，以及保留一個陣地以觀測和影響中亞的政治發展，但是，不能確保控制包括坎巨提在內的吉爾吉特租區，到那時，與英印統治的晚期年月裡相比較，它將要花費大得多的精力去關注拉達克北部的那些邊疆地帶。

蘭姆的分析是精當而深邃的。1952 年 1 月 24 日，尼赫魯在印度議會中的講話為他的觀點提供了強有力的佐證。尼赫魯說：「查謨和喀什米爾土邦儘管是印度的一部分，實際上從地理角度來講，它卻是亞洲的心臟，數千年來無數的偉大商旅從印度取道該土邦前往中亞。非常重要的是，兩千年甚至

更長的時間以來，它在文化和政治上都與印度緊密地連繫在一起，同時與中亞也有著多種多樣的連繫。我懷疑，即便是現在到底有多少人認識到喀什米爾比西藏還更在北邊。所以，人們必須特別地根據其特殊的地理位置來思考喀什米爾。」

新印度欲繼承英印帝國的法統，其中一個重要表現是完全接受了英國人的喜馬拉雅山防線的觀念，甚至有過之而無不及。1949 年，印度利用錫金一個地方起義反抗國王的機會把軍隊開了進去，使錫金成為它的保護國，而且使錫金對它的依附程度超過了過去錫金在形式上對英國的依附關係。同年，印度與不丹簽訂條約，把英國指導不丹對外關係的權利接收過來。1950 年，印度政府協助尼泊爾國王結束拉納家族一個世紀之久的統治後，印度的勢力更加強了。就這樣印度接管並鞏固了寇松稱之為「保護國鏈條」的喜馬拉雅山區各小國。1950 年 12 月，尼赫魯在印度人民院論及印度與尼泊爾的關係時公開承認：「我們繼承了英國好的與壞的遺產。」爭奪喀什米爾是這一更大策略中的一部分，只是應該採取什麼方式來實現而已。

二、《加入證書》的簽署背景

國大黨的主要領導既然決心要繼承英印帝國的法統，打算把查謨和喀什米爾土邦納入印度版圖之內，因此他們千方百計地為著實現這一目的而努力。

卡蘭·辛格認為，印巴分治之後，次大陸有四股主要政治力量影響著喀什米爾局勢發展，而哈里·辛格大君與其中的每一股勢力都處於敵對關係。他說：

> 首先是英國人，最終準備放棄他們帝國皇冠上最耀眼的寶石。儘管直到最後他也不情願相信英國人的確要離開了，但我的父親還是一個充分的愛國者，打擊任何與英國人暗中勾結的行為。其次是國大黨，它受著甘地先生的激勵，而由尼赫魯、帕特爾、毛拉納·阿薩德和其他自由運動巨人來領導。主要是因為尼赫魯與父親最大

的對手謝赫·阿卜杜拉關係親密，他對國大黨持敵視態度。第三股力量是由穆罕默德·阿里·真納領導的穆盟。儘管該黨支持各個印度土邦的統治者有權決定本邦的命運，並在喀什米爾反對謝赫·阿卜杜拉及其國民會議黨爪牙，但我的父親是如此純色的一個印度教徒，以至於不能容忍穆盟的侵略性的穆斯林教派主義，並且這導致他唾棄來自巴基斯坦的誘人出價。最後是土邦內的主要政黨謝赫·阿卜杜拉領導的國民會議黨，數十年來我父親與他意見不合，因為父親把他看作是自己王位和多格拉統治的主要威脅。這一關係網導致的結果是，當關鍵時刻來臨之際，上述所有政治勢力都站在父親政治利益的對立面。此外，我的父親也不願意採取某種堅定的抉擇。這樣，他就發現，自己處於孤立無援的境地，而且費盡千辛萬苦才建立起來的多格拉政權大廈在歷經一個多世紀之後也要轟然倒塌了。

印度和巴基斯坦獨立之後，由於哈里·辛格大君與國大黨、穆盟和國民會議黨的複雜關係，他對查謨和喀什米爾土邦的歸屬難以做出抉擇。卡蘭·辛格這樣形容其父當時的艱難處境：

　　如果他加入巴基斯坦，土邦裡的許多人包括他的整個多格拉基礎將會憤怒；如果他加入印度，他就會有疏遠土邦內大量穆斯林國民的風險。獨立或許是一項誘人的主張，但執行該計劃需要精心的準備以及與相關政黨進行長時間的協商，還需要高超的政治和外交能力。蒙巴頓（1947年6月15日來訪）實際上是想說服我父親在8月15日之前就下定決心，並從印度領導人那裡帶來保證，只要是他認為合適的無論何種選擇，即便是喀什米爾加入巴基斯坦，他們也不會反對。作為一個典型的封建主，我父親非常傾向於逃避面對困難的形勢，對於蒙巴頓的來訪只是虛與委蛇。蒙巴頓輕易就識破了這種騙局，只好失望地返回德里。這樣，制定一項可行的政治解決方案的最後機會就喪失了。

《蒙巴頓方案》公布之後，坎巨提的米爾（Mir，即土邦主）、奇特拉爾的梅塔爾（Mehtar，即土邦主）和其他地方首領向哈里·辛格大君表示，查謨

和喀什米爾土邦唯有加入巴基斯坦，他們才會繼續忠誠於他。穆斯林會議黨
也敦促他加入巴基斯坦，並向他保證，加入巴基斯坦之後他將在內政方面享
有完全的自治。作為一個印度教徒，哈里・辛格不願意加入巴基斯坦，而且
他身邊的多數印度教徒權勢人物也不願意他那樣做。因此，哈里・辛格的確
嚮往查謨和喀什米爾土邦獨立。在英王的最高權力終結之後，穆盟和國大黨
之間的激烈競爭使得查謨和喀什米爾土邦的獨立有可能成為現實。

　　哈里・辛格的獨立想法得到當時的首相拉姆・錢德拉・卡克的支持。卡克
是一名學者，雖然是一位潘迪特，但並不是頑固的印度教徒。他對喀什米爾
人民有著深刻的了解，認為英國人離開之後，查謨和喀什米爾土邦最好是獨
立，或者與巴基斯坦維持某種特殊的聯盟關係。卡克首相是謝赫・阿卜杜拉
所發起的「滾出喀什米爾」運動的堅定反對者，與穆斯林會議黨關係良好，
嫻熟地利用國民會議黨和穆斯林會議黨之間的矛盾來鞏固多格拉政權的統治
地位。1947 年 1 月，查謨和喀什米爾土邦的人民院進行選舉。由於國民會議
黨抵制大選，穆斯林會議黨成為議會中的唯一大黨。如果假以機會的話，卡
克首相排除查謨和喀什米爾土邦加入印度的政策會得到穆斯林會議黨積極有
效的配合。1947 年 4 月，穆斯林會議黨的執行主席喬杜里・哈米杜拉・汗在
人民院聲明，如果哈里・辛格大君宣布，在英國人離開之後查謨和喀什米爾
土邦獨立，他以及他的政黨將以生命來捍衛多格拉王朝的主權完整。卡克排
除查謨和喀什米爾土邦加入印度的政策，遭到另一位潘迪特喀什米爾前首相
凱拉斯・哈克薩的堅決反對。凱拉斯・哈克薩與印度最著名的潘迪特賈瓦哈
拉爾・尼赫魯有姻親關係，得到後者的強有力支持。因此，卡克很快就被撤
銷了首相之職。

　　尼赫魯在喀什米爾的主要政治領導人當中全心全意地支持謝赫・阿卜杜
拉。作為與之對抗的是，哈里・辛格大君與印度副總理兼內政部長薩達爾・
帕特爾發展了親密的關係，在需要的時候就以他為靠山。按照當時的傳統，
將由各個土邦的統治者自己決定加入獨立後的印度或巴基斯坦。因為哈里・

辛格大君將決定查謨和喀什米爾土邦的歸屬，薩達爾‧帕特爾盡力平息因尼赫魯支持「滾出喀什米爾」運動在他內心裡產生的恐懼。7 月 3 日，他寫信給哈里‧辛格大君，敦促他不作任何拖延地加入印度。

尼赫魯對蒙巴頓 6 月份的喀什米爾之行沒能解決喀什米爾問題感到失望。自從 1946 年發動「滾出喀什米爾」運動被捕之後，謝赫‧阿卜杜拉和許多國民會議黨高級官員一直被關押在獄。隨著局勢的發展，尼赫魯認為哈里‧辛格大君難以支撐局面，打算再次親赴喀什米爾進行調解，讓謝赫‧阿卜杜拉出獄掌控局勢。哈里‧辛格大君堅決拒絕尼赫魯來喀什米爾。最後達成的妥協是，聖雄甘地代替尼赫魯前往喀什米爾，解決關押謝赫‧阿卜杜拉的問題。聖雄甘地抵達斯利那加之後，在 8 月 1 日與哈里‧辛格大君進行了會談。卡蘭‧辛格參與了當時的會見，據他回憶：「我從甘地的言辭中所能獲得的全部訊息是，他敦促我父親確定人民的意志，給他們予信心，在當前席捲全國的政治混亂中與他們結盟，而非反對他們。」巴基斯坦政府相信，由於蒙巴頓訪問了喀什米爾，他和國大黨領導人之間具有陰謀。他們指出，在甘地離開喀什米爾之後發生了許多蹊蹺的事情，其中之一就是決定修築直接連通印度到查謨的公路。

隨著英國移交權力日的來臨，喀什米爾政府在 8 月 12 日通知穆盟和國大黨，說準備與它們簽訂《保持原狀協定》。巴基斯坦在 8 月 14 日夜晚獨立，隨後在 8 月 15 日與查謨和喀什米爾土邦簽訂《保持原狀協定》。巴基斯坦官方認為，只要《保持原狀協定》存在，查謨和喀什米爾大君就不大可能加入哪個自治領，從而使他免受來自印度的糾纏。印度對於喀什米爾政府關於簽定《保持原狀協定》的要求採用了拖延推諉的手法，最後使這一問題不了了之。印度土邦關係部祕書 V‧P‧梅農對此的解釋是：「我們需要時間來考慮這種想法的意圖。……我們已經忙得不可開交，老實說，我簡直沒有時間來考慮喀什米爾問題了。」

9 月 13 日，薩達爾‧帕特爾接到喀什米爾政府的請求，要他派遣陸軍上校凱什米‧辛格‧卡圖希去做喀什米爾政府的軍事顧問。凱什米‧辛格‧卡圖希是一名在印度軍隊服役的軍官，還是當時喀什米爾首相賈納克‧辛格‧卡圖希少將的兒子，屬於多格拉族，是哈里‧辛格大君的親戚。薩達爾‧帕特爾把這一請求轉給印度國防部長薩達爾‧波德維‧辛格。凱什米‧辛格‧卡圖希很快就被送往斯利那加，他毫無疑問在即將到來的危機中扮演了重要的角色。

到 9 月中旬的時候，哈里‧辛格大君逐漸放棄了喀什米爾獨立的想法，準備加入印度。9 月 18 日，喀什米爾社會主義黨通過一項決議，表達了該黨對喀什米爾局勢的看法：「喀什米爾社會主義黨對喀什米爾應該加入印度或者巴基斯坦、或者保持獨立的問題做了合適而貼切的考慮。本黨的意見是，由於過去幾個月形勢的發展，該土邦應採取的自然且最佳的路線是加入巴基斯坦而非印度。基於明顯而實質的原因，本黨認為該土邦不能保持獨立。經過深思熟慮之後，本黨達成決議，為著貧窮和落後人民的最佳利益著想，加入巴基斯坦是比較理想的。本黨已經告知哈里‧辛格大君，他應該做出相應的宣告而不要再猶豫不決。」

隨著穆斯林部落民的進攻，查謨和喀什米爾土邦脫離政府控制的地區越來越多，尼赫魯向哈里‧辛格大君施加壓力，要他釋放謝赫‧阿卜杜拉以拯救局勢。9 月 27 日，尼赫魯在給薩達爾‧帕特爾的一封信中說：

冬季的到來將切斷喀什米爾與印度其他地區的連繫。唯一正常的路線將是取道傑盧姆河谷。查謨路線在冬季期間幾乎不能利用，空中交通也將中斷……我理解巴基斯坦的策略，它打算現在派人潛入喀什米爾，等冬天來臨喀什米爾與外界隔離後馬上就採取大規模的行動。

該策略成功與否取決於反對它的力量……我非常懷疑，如果沒有群眾的幫助，喀什米爾大君和土邦武裝力量僅僅依靠自己的力量能否應對這種形勢……很明顯，唯一能支持他們的主要團體就是謝赫‧阿卜杜拉領導下的國民會議黨。

9 月 29 日，謝赫‧阿卜杜拉獲釋，幾天之後，其他國民會議黨領導人也出獄了。但是，喀什米爾政府對穆斯林會議黨主席古拉姆‧阿巴斯及其同僚沒有採取任何紓緩措施，繼續把他們關在監獄裡。

尼赫魯的親密同事達瓦卡納什‧卡克魯 10 月初正在斯利那加，印度政府派他去探問了國民會議黨對喀什米爾加入印度的意見。卡克魯以不可質疑的口吻警告薩達爾‧帕特爾，除非印度採取決定性的措施，否則喀什米爾將滑入巴基斯坦的軌道。帕特爾對此兆頭做出的反應是，提名讓梅赫爾‧馬哈簡取代賈納克‧辛格，接任喀什米爾的首相。馬哈簡堅決主張喀什米爾加入印度，挑選他做首相具有深遠的意味。他是一名律師，旁遮普康格拉縣人，還是拉德克李維邊界委員會的兩名印度籍成員之一。薩達爾‧帕特爾要求哈里‧辛格大君以印度的利益為重接受梅赫爾‧馬哈簡做首相，這被看作是為了確保喀什米爾加入印度。1947 年 10 月 11 日，在正式就任首相執政前，梅赫爾‧馬哈簡赴新德里訪問，拜見了帕特爾、尼赫魯、甘地、蒙巴頓和 V‧P‧梅農等人。儘管注意到查謨和喀什米爾土邦與巴基斯坦之間在教派、經濟和地理方面具有明顯的連繫，梅農還是建議馬哈簡無論如何也要把該土邦加入印度。但是，在正式就職前，馬哈簡從來沒有想過與任何重要的巴基斯坦政治家或官員會見。

從 9 月 13 日起，印度開始向喀什米爾政府提供武器援助；大約在 10 月的第二個星期，印度政府決定向喀什米爾派遣軍隊和武器裝備，從帕亞拉土邦軍隊中抽調了幾支隊伍，至少運送了一個步兵營和山地砲兵建制的軍隊過去。到第三個星期的時候，帕特爾和波德維‧辛格已經採取了許多其他措施，使印度直接參與到喀什米爾土邦的軍隊中了。

10 月 15 日，梅赫爾‧馬哈簡正式就任查謨和喀什米爾土邦的首相。同一天，喀什米爾政府發電報給巴基斯坦政府，抗議巴基斯坦人滲透喀什米爾地區，電報警告巴基斯坦政府，喀什米爾政府「為了阻止巴基斯坦居民在我

們邊境上的侵略和不友好的活動，將不得不向外求援」。真納清楚地知道喀什米爾的局勢進入關鍵階段，發了一份措辭強烈的覆電，上面說：「獲得外援的威脅清楚地表明，貴政府政策的真正目的，是要尋求機會加入印度自治領，比如通過在該自治領的干涉和援助下搞政變的機會。這個政策自然會在你的臣民中，其中百分之八十五是穆斯林，產生強烈不滿和極大憂慮。我的政府提出同你的代表舉行會談的建議現已迫在眉睫。」真納重申巴基斯坦的建議，即由巴基斯坦和喀什米爾正式提名的代表公平地調查此事。這一建議沒有得到喀什米爾政府的同意。

10 月 18 日，梅赫爾·馬哈簡又寫信給巴基斯坦總督真納，指責巴基斯坦扣留運往喀什米爾的某些供應品，違背了《保持原狀協定》，企圖用經濟壓力迫使喀什米爾加入自己一方。10 月 26 日，真納在給喀什米爾大君的電報中對此答覆說，「指責巴基斯坦沒有遵守《保持原狀協定》是完全錯誤的。貴政府所感覺到的困難是由如下結果產生的：東旁遮普廣泛存在的動亂及其導致的交通中斷，特別是煤的短缺。……我的政府堅守這些保證並願意執行《保持原狀協定》中的每條意向協定。」反過來，真納對喀什米爾政府的圖謀予以揭發：「這些無根據的斷言和指控只是一個煙幕彈，旨在掩蓋貴政府政策的真實意圖。該政策近來的一個實例是對喀什米爾國民會議和穆斯林會議兩黨領導人之間的不同處理。一方面，貴政府釋放了謝赫·阿卜杜拉，他被審問並被定犯有叛國罪，解除對其同僚的監禁，並給予國民會議黨一個自由的天地以從事他們的宣傳。另一方面，古拉姆·阿巴斯先生及其同僚被宣判的罪僅僅是違反召開穆斯林會議的命令，卻依然被關押在獄，而穆斯林會議黨也不被承認有公民自由的基本權利。」

關於巴基斯坦執行《保持原狀協定》也是印巴喀什米爾爭端中一個重要爭議點。科爾威·帕特里夏·辛普森認為：「比較公允的看法是，巴基斯坦已經竭盡全力來遵守《保持原狀協定》，印巴分治所造成的後果妨礙了它（履

行責任）的效果。」

　　自由喀什米爾政府在 10 月 24 日正式宣告成立，這給印度造成巨大的威脅，就像尼赫魯在當年 12 月 12 日所說：「我們不能把烏合之眾的入侵者當作一個國家來處理。除了通過戰爭手段，任何政府都不能應對這樣的襲擊。」要合法地用軍事手段對付穆斯林部落民，就得先讓喀什米爾大君簽署加入印度的證書。在穆斯林部落民的反叛攻擊、喀什米爾政府中印度教徒高官的勸說慫恿以及印度政府的威逼利誘下，哈里·辛格大君最後屈服了，在 10 月 26 日簽署了《加入證書》，宣布查謨和喀什米爾土邦加入印度。卡蘭·辛格說：「加入證書簽署和印度軍隊進駐之後，哈里·辛格大君就失去了實權。」1949 年 6 月 9 日，哈里·辛格大君被迫遜位，由卡蘭·辛格任攝政王，但實權掌握在謝赫·阿卜杜拉手中。

　　查謨和喀什米爾土邦加入印度得到了謝赫·阿卜杜拉的真心支持和誠心合作。實際上，他是這一關係的主要建築師。真納原以為可以穩取查謨和喀什米爾土邦，但最終被挫敗了，因為他沒有考慮到其主人喀什米爾穆斯林的世俗特性，以及他們的領導人的政治技能。謝赫·阿卜杜拉後來承認，1947 年在德里討論喀什米爾加入印度時，他對蒙巴頓勛爵和尼赫魯說，由哈里·辛格大君單獨做決斷的作法，永遠得不到查謨和喀什米爾人民的承認，必須允許這些人民行使自決權。正是由於他的堅持，在公告中才包括了有關自決權的條款。1948 年 12 月 12 日，國民會議黨工作委員會投票，決定查謨和喀什米爾土邦加入印度。

　　謝赫·阿卜杜拉與真納和國民會議黨與穆盟之間無疑有著根本的分歧。謝赫·阿卜杜拉以如下的言辭來描述他們之間的矛盾：

　　我們與巴基斯坦之間一個巨大的根本困難在於它是神權政治國家，它的基礎是宗教。但是，我們並不認為喀什米爾僅僅屬於穆斯林，而認為它屬於每個喀什米爾人，無論他們是什麼樣的階級、信仰和膚色。簡而言之，儘管巴基斯坦的定向是神權政治或者宗教，但我們的取向是世俗主義。

神權政治並不是唯一的困難，還有嚴重的政治和社會考慮使我們反對加入巴基斯坦。神權主義的穆盟領導人總是親哈里‧辛格王公，他們從來也不親人民。真納先生一直激烈地反對我們擺脫大君的專制統治來獲得自由，他拒絕接受人民主權的觀念。印度在這點上就不同於巴基斯坦。國大黨的基礎是世俗化而非宗教。作為一個國家來說，印度也更為進步。是印度的而非巴基斯坦的領導人長期以來支持著人民的權利。國大黨不僅和我們發起的「滾出喀什米爾」自由運動打成一片，而且其中的一些最高領導人還因此遭到逮捕。哈里‧辛格大君的印度教徒屬性並沒有妨礙「印度教徒」的國大黨用最強烈的言辭去譴責喀什米爾政府的殘暴統治。

謝赫‧阿卜杜拉把穆盟領導的運動稱作神權政治，這就表現出他的偏見。巴基斯坦運動就其本質而言並不是神權政治，而是印度穆斯林的民族主義運動；真納也不是宗教狂，他是一位政治領袖。但是，這段話無疑體現了國民會議黨與穆盟之間的根本分歧，表明查謨和喀什米爾土邦的民族主義運動因此與印度的民族主義運動合拍共進，卻與它的穆斯林建國運動背道而馳。

三、《加入證書》的內容含義

加入證書是印度據以宣稱對查謨和喀什米爾土邦擁有主權的法律依據，而巴基斯坦方面卻否認它具有法律效力。既然如此，對其內容含義進行具體分析，就不失為解讀它是否具有法律效力的一條可行途徑。

加入證書只是一個籠統的說法，它實際上包括《加入證書》、《接受函》和《職權表》三個文件。這三份文件是喀什米爾問題發展史上的標誌性法律文件，此後印度和巴基斯坦之間的喀什米爾爭端以及印度和印控喀什米爾之間的喀什米爾危機，主要是圍繞它們來進行。鑒於它們具有重要的歷史地位，本文把其全部翻譯如下，然後進行分析。

《加入證書》的全稱是《查謨和喀什米爾土邦的加入證書》，其全文如下：

　　鑒於 1947 年的《印度獨立法》規定，從 1947 年 8 月 15 起將建一個獨立的人所周知的印度自治領，而《1935 年印度政府法》也將通過總督法令進行刪減、增加、改編或修正，以適用於印度自治領；並且，鑒於依總督法令修正過的《1935 年印度政府法》規定，某個印度土邦通過其統治者簽署《加入證書》的方式，該土邦就可以加入印度自治領：因此，現在，我，尊貴和偉大的眾羅闍之羅闍，查謨、喀什米爾、納勒什、塔特哈、圖伯特和德夏迪帕什的斯里·哈里·辛格吉，查謨和喀什米爾土邦的統治者（Shriman Inder Mahindar Rajrajeshwar Mahara jad hiraj Shri Hari Singhji Jammu Kashmir Naresh Tatha Tibbetadi Deshadhipathi，Ruler of Jammu and Kash mir State），行使著我對我所言之土邦的主權，特此簽署這份《加入證書》。

1. 我特此宣布，我加入印度自治領是希望印度總督、印度自治領立法會、聯邦法院以及所有其他為著印度自治領而建立的自治領權力機構，由於我的這份《加入證書》，但只能遵從其條款並出於為自治領的目的，應該行使由《1935 年印度政府法》（後文寫作「該法」）授予的與查謨和喀什米爾土邦（後文寫作「本土邦」）相關的職能，就如該法在 1947 年 8 月 15 日及此後在印度自治領所起的作用一樣。

2. 我借此承擔做出相應努力的義務，以便由於我的這份《加入證書》，該法的細則能因此而在本土邦內適用。

3. 我接受，職權表中所明確的問題作為印度自治領立法會今後為本土邦立法的職權範圍。

4. 我特此宣布，我加入印度自治領是因為我確信，如果印度總督和本土邦領導人達成一項協定，據此印度自治領立法會為本土邦有關行政而立法規定的職能，所有部分都應由本土邦領導人來執行，因此任何這樣的協定都應被認為符合該證書的內容，並作相應解釋，具有相應效果。

5. 我的這份《加入證書》的條款，不應該因為《1935年印度政府法》或1947年《印度獨立法》的修正案而加以改變，除非這些修正案被我以該證書補充文件的方式接受，它方可被修改。

6. 本證書的所有內容都不會授權印度自治領立法會，為本土邦制定批准它被迫地放棄土地的任何法律，無論這是出於什麼樣的目的。但我在此承諾，如果印度自治領為著在本土邦實行某部自治領法律的目標，認為有必要獲得任何土地，我會應其請求由他們付代價來獲得該地，或者如果土地屬於我，再按照所達成協定的條款將土地轉讓給他們，或者因達不成協定，就由印度首席大法官任命一位仲裁者來作決定。

7. 本證書的所有內容都不應該被認為，它使我以某種方式承擔接受任何印度未來憲法的義務，或者束縛我的抉擇，迫使我參與任何這樣未來憲法指導下成立的印度政府的安排。

8. 本證書的所有內容都不應該被認為，會影響我對本土邦的繼續統治，或者說，本證書並不影響我作為本土邦領導人而繼續保持我現在享有的權力、權職和權利，也不影響本邦目前所實行法律的效力。

9. 我特此宣布，我代表查謨和喀什米爾土邦的利益簽署本證書，本證書中論及我或說本土邦領導人的所有內容，將被解釋為適用於我的繼承者和接班人。

《接受函》的全稱是《印度總督對查謨和喀什米爾土邦加入證書的接受函》，它的正文只有簡單的一句話，即印度總督路易斯·蒙巴頓代表印度政府答覆哈里·辛格大君的加入申請，內容是：「我特此接受這份《加入證書》。」

《職權表》的全稱是《印度自治領立法會為查謨和喀什米爾土邦立法的事項職權表》，它的全文如下：

一、國防。

➢ 印度自治領的海軍、陸軍和空軍，以及所有該自治領供養的其他武裝力量；申請加入土邦的所有武裝力量，包括它所供養的武裝力量，將依附於該自治領的武裝力量，或與它協同運作。

➢ 海軍、陸軍和空軍武裝的運作，軍營地區的管理。

➢ 武器、火器和彈藥。

➢ 炸藥。

二、外交事務。

➢ 外交事務；履行和其他國家簽訂的條約和協議；引渡自首的罪犯和除印度之外其他的陛下自治領的嫌疑犯。

➢ 獲準進入、合法遷出以及被驅逐出印度，包括對印度境內人口流動的管理，居住在印度的英國公民和所有加入土邦的公民除外；到印度之外地區的香客。

➢ 歸化或移入。

三、交通。

➢ 郵政和電報，包括電話、無線電、廣播和其他類似的通訊方式。

➢ 聯邦鐵路；次要鐵路之外所有鐵路安全的管理，車速、票價、車站服務最終價格的上下浮動範圍，運輸互換以及作為貨物和乘客運載工具的鐵路管理責任；作為貨物和乘客運載工具的次要鐵路管理的安全和責任方面的規章條例。

➢ 海事運貨及航行，包括潮汐時期的運貨及航行；海軍的權限。

➢ 港口隔離檢疫。

➢ 主要港口，更確切地說是這種港口的報關和定界，以及那裡的港務局的構成及權力。

➢ 航空器和空中飛行；滑翔的規則；空中運輸和滑翔的規章及組織。

➢ 燈塔，包括為航船及航空器的安全行駛而設立的燈塔船、號誌和其他規則。

➢ 航空或航海對乘客和貨物的運輸。

➢ 鐵路區某單位之外其他單位的警察機關人員的權力和權限的延伸。

四、附則。

➢ 自治領立法會在土邦內的選舉，將根據《印度獨立法》以及依此制定的法令來進行。

➢ 對上述所有問題相關法律的冒犯。

➢ 旨在對上述任何問題進行的調查和統計。

➢ 所有法院關於任何上述問題的權限和權力，除非得到本加入土邦統治者的同意，否則不能賦予任何權限和權力給任何法院，平常在土邦內執行職權或與那個土邦有關係的法院不包括在內。

《職權表》規定，印度聯邦立法會為查謨和喀什米爾土邦立法的權限僅侷限於國防、外交和交通三方面，而且就每一項都明確了適用範圍。同時，這份文件也規定，印度中央機關擴展權力到查謨和喀什米爾土邦時，必須先徵得土邦同意。

《加入證書》的前言部分主要是講述哈里·辛格大君簽署該證書的法律依據。證書的九條款項主要闡述的內容是，在查謨和喀什米爾土邦，《加入證書》的地位優先於所有印度的法律，《印度獨立法》也不例外；印度在查謨和喀什米爾土邦的職能受到限制，應根據《加入證書》賦予的職權來行事；喀什米爾土邦主及其繼承人的既有權力不受到削弱，除非徵得他自己同意。

《加入證書》的前言部分說，哈里·辛格大君依據《印度獨立法》和《1935年印度政府法》（1947年修正版）來簽署該證書。但是，《印度獨立法》

中涉及土邦問題的條款只是含糊其詞地說，在獨立後的印度或者巴基斯坦同意的情況下，各土邦可以加入它們二者之一，對印度土邦的歸屬並無明確的闡述，也就是說，《印度獨立法》並沒有授權《1935 年印度政府法》（1947年修正版）成為印度土邦選擇歸屬的法律依據，《1935 年印度政府法》雖然是一部法律，但由於它並不是英屬印度分治和印度土邦歸併的法律依據。所以，它對印度土邦的歸併，或者具體到喀什米爾問題上的作用，並不具有法律效力。。因此，可以說哈里·辛格大君使用了障眼法，以一些似是而非的法律條文作為自己決策的法律依據，這是不能成立的。

　　喀什米爾問題的另一個爭論點是哈里·辛格大君是否有權簽署《加入證書》。由於就其本質而言，國家領土的統一體，以及因而國家的領土統一體，是法學上的統一體，而不是地理、自然的統一體。因為國家的領土事實上不過是名為國家的那個法律秩序的屬地效力範圍而已。國家的法律秩序屬地效力範圍的意思是：由該秩序規定的強制措施、制裁，只是為這一領土而必須建立並且也只是在這一領土內才必須執行。……國際法決定不同國內法律秩序的屬地效力範圍並從而劃定它們相互之間的界限。如果它們的屬地效力範圍在法律上不劃定界限的話，如果各國並沒有任何固定的疆界，那麼不同國內法律秩序，即許多國家，就不可能無衝突地共處。所以，在英國結束對印度的殖民統治、英王對印度土邦的最高權力終結之後，按照《內閣使團備忘錄》以及相關法律的規定，查謨和喀什米爾土邦是一個歸屬受限的主權獨立國家。因此，作為查謨和喀什米爾土邦的元首，哈里·辛格大君有權簽署《加入證書》。儘管如此，喀什米爾問題的關鍵顯然並不在於此。

四、《加入證書》的法律效力

　　關於哈里·辛格大君簽署的《加入證書》的法律效力，各方歷來眾說紛紜、莫衷一是。以古魯拉賈·拉奧為代表的印度學者認為：「當喀什米爾大君簽署《加入證書》且印度政府接受它時，喀什米爾土邦即已被認為完全而

且不能轉變地融入印度。印度同意在某個時期和某種條件下舉行公民投票，以之決定查謨和喀什米爾土邦的未來地位，這並不等於質疑該土邦是印度不可或缺之一部分的合法性。」他的依據是，「英國政府已經明確表示，《印度獨立法》所闡述的分治方案只侷限於英屬印度，它們處理印度土邦問題的政策依然保持不變，即按照1946年5月12日的《內閣使團備忘錄》來辦。……根據《內閣使團備忘錄》的相關條款，土邦被授權在英王的最高權力喪失之後，通過簽署加入證書的方式，併入印度和巴基斯坦兩個自治領之一。」

　　問題或許並不像古魯拉賈·拉奧說的那樣簡單。《印度獨立法》的確僅適用於英屬印度，但它並沒有授權《內閣使團備忘錄》成為印度土邦選擇歸屬的法律依據，儘管《蒙巴頓方案》重申了它的立場。退一步講，《內閣使團備忘錄》也沒有規定王公土邦必須得加入印度或者巴基斯坦。並且，備忘錄是否具有法律效力本身就是一個充滿爭議的問題。安托尼·奧斯特說：「如果國家間無意締結一項有法律約束力的文件，而只是一項備忘錄，它們就不用『應該』，而用一個少些義務語氣的詞語，如『願意』。」從備忘錄經常使用的場合來看，備忘錄類似於君子協定，只具有道德上的軟約束力，而無法律上的硬強制力。與違背君子協定要受到抨擊一樣，備忘錄相關各方如果不能履行承諾，也只是會遭到道德上的譴責。

　　對於印度的主張，巴基斯坦方面自然是不同意。它明確地宣稱，查謨和喀什米爾土邦加入印度並不是徹底的、最終的和不可逆轉的。哈里·辛格大君的舉措不過是一項特殊的臨時安排，而且應該服從於交由喀什米爾人民來作最終的處置。這與印度方面的觀點可謂針鋒相對，其實這也是印度政府曾經所主張的。1947年11月2日，尼赫魯在廣播講話中就公然宣稱：

　　　　我們決定接受喀什米爾的加入並用飛機運送軍隊到那裡去，但我們有一個條件，當喀什米爾的和平與秩序建立起來之後，該加入將必須由喀什米爾人民來加以判定。在當前的危機時刻，而且喀什米爾人民沒有充分的機會來表達他們的心聲，我們並不急於了斷任

何事情。唯有他們才能做最後的決定。……我們已經宣布，喀什米爾的命運將最終由當地人民來決定。我們已經對喀什米爾人民和世界做了那項保證，而且哈里‧辛格大君也對此予以支持。我們將不會也不能收回該項承諾。當和平與秩序建立之後，我們準備在聯合國之類的國際保護下舉行公民投票。我們希望，對人民而言這是公平和公正的公民投票，並且我們將接受他們的裁決。我不能想像出有比這更公平和公正的建議了。

巴基斯坦與查謨和喀什米爾土邦締結了《保持原狀協定》。有學者據此認為：「根據這項協定，巴基斯坦對喀什米爾承擔了從前英王政府或者分治以前印度政府所承擔的責任。……喀什米爾除了巴基斯坦以外不同其他國家建立任何關係；負有加入巴基斯坦的義務。這就使喀什米爾加入印度一事成為無效。」其實，喀什米爾和巴基斯坦之間簽署的《保持原狀協定》只談及繼續保持雙方的既有關係，並沒有涉及查謨和喀什米爾土邦的未來歸屬。此外，喀什米爾政府當時還打算與印度締結相同的協定，只是因為印度的狡黠而未果。倘若印度當時爽快地與喀什米爾簽訂了《保持原狀協定》，那豈不是查謨和喀什米爾土邦也加入印度了？所以，不能以簽署《保持原狀協定》為依據來否定《加入證書》的法律效力。

1947 年 10 月 24 日，喀什米爾反叛的穆斯林部落民建立了自由喀什米爾政府。阿拉斯太爾‧蘭姆據此質問：「1947 年 10 月 26 日，哈里‧辛格大君正式加入印度，他把自由喀什米爾包括在內嗎，即便是從理論上講的加入？」國家的誕生與消滅通常被看作國內法律秩序的屬地效力範圍的問題。人們公認，一個新國家是否已經出現或一個舊國家是否不再存在的問題，應以國際法為根據來解答。國際法的有關原則被陳述如下：如果一個獨立政府對一定領土發布強制命令而成立以及如果該政府是有效的話，即該政府有能力獲得居住在該地區中的人對這一命令持久的服從，那麼國際法意義上的新國家就已出現。由於自由喀什米爾政府從此開始，就持久地使該地區的人民服從自

己的法律，也就是說，哈里·辛格大君及其後續者的政令自那以後就不能再在自由喀什米爾地區實行。因此，從此之後的查謨和喀什米爾土邦就不再是以前的查謨和喀什米爾土邦，而是一個分裂的查謨和喀什米爾土邦。

　　國家的疆界理應由國際條約來決定。如果沒有相關各國的協定，那麼一國領土為另一國所占有，就構成對國際法的違反，國際法使各國負有尊重相互間的領土完整的責任。對國際法的違反引起的後果是：權利受非法占領所侵犯的國家，有權對要為這一侵犯負責的那個國家訴諸戰爭或報復。因為查謨和喀什米爾土邦沒能獨立，而是被迫地加入印度或者巴基斯坦；並且，查謨和喀什米爾土邦遭到分裂，分別由印度和巴基斯坦控制著，只有通過印度和巴基斯坦才能最終解決查謨和喀什米爾土邦的定位問題。在這樣的情況下，喀什米爾問題應該由印度和巴基斯坦締約加以解決，而非單方面就能確定它的永久地位。

　　喀什米爾問題做為一個錯綜複雜的爭端，它的法律背景極為模糊含混。根據前文的詳細分析可以發現，哈里·辛格大君簽署《加入證書》並無具體的法律依據，他只是基於傳統和當時通行的作法行事而已。也就是說，喀什米爾問題不是一個孤立的事件，不應對它進行就事論事的分析，而應從更廣闊的視角來展開評論。正如前文所闡明的那樣，英印帝國裡的 500 多個印度土邦雖然絕大多數的統治者都是印度教徒，但也有少數是穆斯林，印度最後吞併了那些位於其境內的穆斯林作統治者的土邦。尼赫魯自己也把查謨和喀什米爾土邦與其他印度土邦相提並論。1952 年 8 月 7 日，他在印度議會講話中說：

　　　　查謨和喀什米爾土邦 1947 年 10 月已經在法律上和事實上徹底地加入印度了。這是明白無誤而不可辯駁的，因為每個印度土邦都是依據這樣的條款在那年的 9 月或稍後完成加入程式。難道人們就能夠說，因為它們的加入僅僅限於三個方面，所以每個土邦的加入都是不徹底的？當然不能這樣說。它們的加入在法律上和事實上都

是徹底的。查謨和喀什米爾土邦在 10 月底的加入也是這樣，在法律上和事實上都是徹底的。

尼赫魯這種比較方法是正確的，但他沒有認識到，或者不願承認，印度在與巴基斯坦爭奪印度土邦的問題上，無疑實行了雙重標準：對於穆斯林做土邦主的朱納加德、海德拉巴等土邦的歸屬，認為應該由人民意志來決定，最後用武力強行改變了不利於自己的結果；對於印度教徒做土邦主的喀什米爾，則堅持《加入證書》的法律效力，並用武力維持有利於自己的結果。這就無怪乎巴基斯坦前總理穆罕默德·阿里會說：「印度對喀什米爾採取的行動與在朱納加德、海德拉巴的如出一轍，它完全缺乏任何道德基礎，而僅僅是建立在通常的『強權即真理』的帝國主義準則的基礎上。」因此，如果要堅持哈里·辛格大君簽署的《加入證書》具有法律效力，那應該如何看待印度對朱納加德的土邦主所採取的相同措施呢？難怪會有學者堅持認為：「從法律上說，朱納加德土邦仍然是被印度占領的巴基斯坦的領土。」

此外，印度不僅僅在土邦問題上採取以我為中心的態度，在中印邊界爭端中亦復如此。卡·古普塔說：「尼赫魯總是拒絕讓喀什米爾問題聽命於國際仲裁。可是，他不止一次地表示同意將中印邊界爭端提交國際仲裁。」可見印度是將自己的實力地位作為處理領土問題的基礎。在與中國進行邊界問題談判時，印度也總是把一些似是而非的文獻資料作為談判的既定法律基礎，最典型的就是它在阿克賽欽和「麥克馬洪線」上的立場。中印邊界爭端總共分為三段，主要集中在西段的阿克賽欽和東段的「麥克馬洪線」。印度認為，查謨政府和西藏地區當局在 1842 年簽訂的條約，劃定了兩地之間的邊界，據此阿克賽欽屬於查謨和喀什米爾土邦的一部分。但是，從本文第一章所翻譯的該協議全文內容來看，實際的情況是：

這個條約僅僅提到拉達克和西藏的疆界將維持原狀，各自管理，互不侵犯，根本沒有關於邊界具體位置的任何規定或暗示。……而且，這個條約是

在中國西藏地方當局和喀什米爾當局之間訂立的，而目前印度政府提出爭論的地區，絕大部分（約占 80%）屬於並未參加這一條約的中國的新疆。如果認為，根據這個條約就可以判明，新疆的大片土地已經不屬於新疆而屬於拉達克，那顯然是不可理解的。關於拉達克和喀什米爾與新疆的邊界，1899 年英國政府曾經建議劃定，但是並無任何結果。如果認為，一次片面的建議就可以把別國的領土據為己有，那也是不可理解的。

查謨與西藏在國際上作為兩個不具有國家主權的地方政府，它們之間簽訂的條約不能引以為國際邊界劃定之憑據，何況條約根本未涉及此一問題。印度政府還認為，中印邊界的「麥克馬洪線」是英印政府、中國和中國西藏地方共同參加的 1914 年西姆拉會議上產生的，因此是有效的。但實際情況是：

當時參加西姆拉會議的中國代表陳貽範，不但拒絕在《西姆拉條約》上簽字，而且根據當時中國政府的訓令，在 1914 年 7 月 3 日正式向會議聲明，凡英國和西藏本日或他日所簽訂的條約或類似的文件，中國政府一概不能承認。中國政府駐英國公使劉玉麟，又在同年 7 月 3 日和 7 日兩次正式照會英國政府，作了同樣的聲明。此後歷屆中國政府都堅持這個立場。……事實上，在西姆拉會議上只討論過中國西藏地方與中國其他部分以及所謂內外藏的界線，從來沒有討論過中國和印度的邊界。所謂中印邊界的麥克馬洪線，是英國代表和當時的西藏地方當局的代表在 1914 年 3 月 24 日在德里用祕密換文的方式產生的，根本沒有通知中國，也就是說，根本沒有排到西姆拉會議的日程。

所以，從國際法的角度來講，《西姆拉條約》本身就沒有法律效力，更遑論因它而衍生出來的英印帝國與西藏地方政府之間私相授受的「麥克馬洪線」了。印度政府在中印邊界爭端上所持的立場，與它在喀什米爾爭端中如出一轍。

　　基於上述的對比分析，關於哈里‧辛格大君簽署《加入證書》代表著查謨和喀什米爾土邦一勞永逸地加入印度的主張就要大打折扣。查謨和喀什米爾土邦應該由喀什米爾人民舉行公民投票作最後的決定，這也是印度早期的主張。在喀什米爾爭端的最初幾年裡，印度一直堅持通過公民投票來作最後的決定，當時它與謝赫‧阿卜杜拉的關係還很好，自信可以通過公民投票贏得喀什米爾。但在 1953 年與謝赫‧阿卜杜拉的關係破裂之後，印度再無通過公民投票獲得查謨和喀什米爾土邦的自信心了，因此態度來了個完全的逆轉。1965 年，印度國防部長克里希納‧梅農坦率地承認，「喀什米爾將投票加入巴基斯坦，我們將會失去它。」有了 1947 年西北邊境省和錫爾赫特縣的例子，這兩個地區開始都是國大黨占據優勢，但在最後一刻公民投票加入巴基斯坦，印度再也不敢在查謨和喀什米爾土邦舉行公民投票了。

　　美國總統亞伯拉罕‧林肯說：「道德是隱性的法律，法律是顯性的道德。」此言極是！不以道德為依歸的法律不是好的法律，更多的是霸權主義的體現。就其本質而言，法律不過是道德的一部分而已，就如洛林所闡明的那樣：「在現實中，每項法律規範對應著一條演進中的道德準則。在法律規範繼起之後，它傾向於使道德準則得到普遍的遵從。所有的法律規範在實現目的之後就會消失，而法律作為一種社會現象也將隨之消亡。」人們常說「惡法非法」，既然良法才是法，則法律與道德庶幾無異矣。因為法律從屬於道德，所以，即使在承認哈里‧辛格大君有權簽署《加入證書》的情況下，印度對查謨和喀什米爾土邦的訴求也由於它對相同的問題採用雙重標準而遭人質疑。也就是說，從狹義的法律來講，哈里‧辛格大君有權簽署《加入證書》；但就廣義的法律而言，這份《加入證書》並不具有法律效力。據此可以推論出，把印巴兩國對查謨和喀什米爾土邦的爭奪看作一個法律爭端，這種觀點顯得過於單純。

第三節　第一次喀什米爾戰爭

美國著名政治家和學者布熱津斯基說：「在國際關係史上，領土控制是大多數國際衝突的焦點。自從民族主義崛起以來，大多數血腥戰爭不是起源於同擴大領土有關的民族自我滿足感，就是起源於因喪失『神聖』領土而產生的民族的被剝奪感。可以毫不過分地說，領土要求一直是驅使民族國家採取侵略行動的主要衝動。」印度著名學者許馬雲·迦比爾說：「印度的地理環境是推動它統一的最有力的因素。大自然把這塊土地劃成一個單位。印度的全部歷史是為了達成這個目標的未完成的努力。當政治統一達成的時候，這個國家的內部及其對世界的關係都是和平相處的。一切想把這個國家分裂成幾個獨立政權的嘗試都毫無例外地遭到了失敗。」由於查謨和喀什米爾土邦的特殊性，印巴為爭奪它而進行戰爭幾乎可以說是必然的。

一、第一次喀什米爾戰爭爆發

印度獲得哈里·辛格大君簽署的《加入證書》之後，迅速空運軍隊到喀什米爾，與反叛的穆斯林部落民進行戰鬥，第一次喀什米爾戰爭由此爆發。獲悉印軍開進喀什米爾之後，真納也想派巴基斯坦軍隊赴那裡作戰。印巴聯軍總司令陸軍元帥克勞德·奧金萊克在 10 月 28 日接到通知後，馬上飛赴拉合爾與真納會談。他對真納說，哈里·辛格大君既已加入印度，印度軍隊就有理由進入喀什米爾。如果巴基斯坦軍隊採取任何行動，那他就不得不撤退全部英國軍官，包括印巴兩軍的總司令在內，因此真納放棄這個鋌而走險的行動。奧欽萊克建議召開一個圓桌會議，由真納、利雅格特、蒙巴頓、尼赫魯、喀什米爾的大君和首相共同參加，討論喀什米爾問題。

真納接受了奧欽萊克的建議，邀請印度總理尼赫魯和總督蒙巴頓 10 月 28 日到拉合爾進行會談。尼赫魯起初答應前往，但隨後稱病拒絕與會。巴基斯坦總理利雅格特認為：「如果印度政府願意的話，它可以派副總理代替潘

115

迪特·尼赫魯前來參加會議。」蒙巴頓無奈，只好在 11 月 1 日單獨去拉合爾與真納會談，他沒有得到印度政府的授權，以個人身分而非印度總督的名義前往。據蒙巴頓的私人祕書艾倫·坎貝爾·約翰遜記載，在會談中，「蒙巴頓細心地考慮了印軍在斯利那加的實力以及未來幾天的可能軍事布置，並告知真納。他對真納說，他認為，部落民現在以任何規模的武力要進入斯利那加，前途都頗為渺茫。……蒙巴頓探詢了真納對於公民投票的態度。真納認為，印度軍隊占領著喀什米爾，再加上謝赫·阿卜杜拉的權勢，這兩者的結合意味著普通穆斯林絕對不敢投票給巴基斯坦。蒙巴頓就建議在聯合國組織的主持下進行公民投票，於是真納宣稱，唯有兩位總督才能組織公民投票。蒙巴頓立刻拒絕這一建議，強調無論真納建議以何種程式來解決喀什米爾問題，他的憲法職位只能允許他依據其政府建議來行事。真納十分沮喪，幾乎是宿命論者的心情。他像一個受虐狂那樣喋喋不休地說，印度企圖毀滅他所創建的國家。」

真納擔心印度摧毀巴基斯坦，這並非杞人憂天。尼克森說，1953 年他作為美國副總統訪問印度，在和尼赫魯會晤時：「他用了不到四分之一的時間談印美關係，但是用了一半多的時間大談他所謂的印度在黷武主義的巴基斯坦面前遇到的危險。他口中談的是所謂巴基斯坦對印度的威脅，然而他的表情預示了十八年後發生的事情：在他的女兒當政下，從蘇聯那裡獲得供應的印度軍隊肢解了巴基斯坦，甚至揚言要消滅巴基斯坦。」在分割英印帝國的軍隊時，以奧欽萊克為首的英國官員出於遏制蘇聯的考慮，希望根據印巴獨立後將面臨的實際防務需要來分割軍隊，而不像分割領土那樣根據教派的原則來進行。這遭到國大黨的堅定拒絕，他們的頑固態度致使奧欽萊克感到憤慨。1947 年 9 月 2 日，他在寫給英國首相等人的報告中說：「我可以毫不猶豫地斷言，當前的印度內閣在毫不寬容地竭其所能防止巴基斯坦自治領建立在一個堅實的基礎上。我的觀點得到我的許多下屬贊同，也得到所有了解局勢的負責任的英國官員支持。」日益變得明顯的是，新印度的領導人極其害

怕給予巴基斯坦一支真正具有生存能力的軍隊，以便它適當地成為一個安全有保障的民族國家。實際上，檔案材料也證明，印度領導人決心防止巴基斯坦獲得生存能力。當然，隨著分治後諸多事件的發展，很明顯的是尼赫魯和國大黨依然希望削弱幼小的巴基斯坦，促使它或者回歸母巢，或者臣服於印度在次大陸的強國地位。

蒙巴頓建議在聯合國的主持下，在喀什米爾進行公民投票。真納覺得在這種條件下的公民投票沒有任何價值，把這看作是對巴基斯坦的欺侮和羞辱。由於喀什米爾的穆斯林在總人口中占壓倒多數，他根本不能理解為何需要進行公民投票，該土邦應該無條件地加入巴基斯坦，此外別無他途。他向蒙巴頓提議，作為一項解決危機的折衷辦法，在政府對政府的基礎上就加入問題進行交易，巴基斯坦或許可能用它對朱納加德的要求權交換印度對查謨和喀什米爾任何部分的要求權。作為一項替代，真納提出三項和平建議，要求蒙巴頓轉告印度政府。這三項建議是：

➢ 為了促成立即停戰，兩個自治領應該給予兩國總督充分的授權，讓他們立刻通知敵對雙方的武裝在四十八小時之內停火。巴基斯坦總督對正在戰鬥的喀什米爾臨時政府（註：即自由喀什米爾政府）和部落民的武裝沒有控制力，但他願意以最明晰的言辭警告他們，如果他們不遵守立刻停火的命令，兩個自治領的部隊將向他們開火。

➢ 印度自治領和部落民的武裝同時以最快速度撤離查謨和喀什米爾土邦的領土。

➢ 由兩個自治領政府批准，兩位總督得到充分的授權去恢復和平，承擔查謨和喀什米爾土邦的行政管理，以及毫不拖延地安排在他們共同控制和監督下公民投票。

這些建議得到英國政府的讚賞，但遭到印度政府的拒絕。因為擔心謝赫·阿卜杜拉的影響，真納不願意通過公民投票來決定查謨和喀什米爾土邦

的歸屬。蘭姆認為，這些建議表明：「真納很想避免冒險，儘管是輕微的，以免讓謝赫·阿卜杜拉操縱選舉進程從而鞏固印度的地位。……巴基斯坦在隨後的年月裡對公民投票的態度依然保持這樣的基礎，任何提交給這個爭議土邦的人民的意志的表達，只有在下列條件下才有可能發生：完全排除印度軍隊和謝赫·阿卜杜拉的影響、或者存在某種中立的環境。如果人們能正視真納的建議，會發現它並非是不合理的：聯合國很快就提出了非常相同的建議。」

　　第一次喀什米爾戰爭的起初階段，巴基斯坦的正規軍沒能投入戰鬥。穆斯林部落民的武器雖然落後，但也對印度軍隊造成了很大威脅。據參加戰爭的印度將軍普拉沙德說：「在喀什米爾戰役的頭幾天，負責指揮將印軍空運到喀什米爾的森少校，11 月 3 日夜晚在斯利那加飛機場附近的巴德根受到攻擊後驚慌失措，不聽勸告地準備棄城逃跑，放棄喀什米爾而撤回印度平原去。第二天早晨，薩達爾·帕特爾飛到前線聽取報告後，堅決禁止進一步的退卻，他直接向森下令，立即把錫克部隊調回帕坦，並讓森本人準備保衛斯利那加。」由於薩達爾·巴特爾施加的這一不可抗拒的強有力的干預，印軍才最終奪取了整個喀什米爾谷。印度軍隊的戰鬥力之差，讓哈里·辛格大君極為不滿，認為它陷入了泥淖之中。1948 年 1 月 31 日，他給薩達爾·帕特爾寫了一封長信發洩自己的苦惱：「正如你所知，自從印度軍隊到達之後，喀什米爾的軍事形勢非常地令人沮喪。除了在喀什米爾谷取得的成就之外，其他地方的業績完全呈負債狀態，以至於現有成果也令人堪憂。」

　　印巴談判破裂之後，印軍對部落民發起了一輪新的進攻，11 月 7 日攻占帕坦，11 月 8 日進入巴拉穆拉，巴拉穆拉的收復徹底地結束了部落民對斯利那加河谷的威脅。11 月 9 日，蒙巴頓去倫敦參加伊麗莎白公主的婚禮，返回德里後正式提出聯合國調解的建議，伊斯梅為此制定了具體的計劃。巴拉穆拉之後的下一個目標是烏里，烏里位於傑盧姆河邊，河的對岸是巴基斯坦。印軍的攻勢威脅到巴基斯坦的安全，巴基斯坦政府請求英國干預此事，這使得英國政府感到為難。1947 年 11 月 22 日，艾德禮在答複利雅格特的信中說：

1. 與喀什米爾相關事件在進行過程中產生了棘手的問題，即便給予機會，對我和我的政府而言，要判斷是否有路子便於我們找到解決方案，這也是一個難題。

2. 儘管貴政府和印度政府的路徑有所不同，但你們似乎一致同意交由喀什米爾人民來決定喀什米爾最終加入巴基斯坦或印度是最好的辦法，雖然我認為要在春季之前實現這一步是不大現實的。尼赫魯先生在他 11 月 2 日的廣播講話中建議，應該在聯合國之類的國際支持之下進行公民投票，而你也在 11 月 16 日的聲明中建議，應該要求聯合國任命代表幫助解決喀什米爾問題。

3. 若印巴政府能夠聯合提出要求，在獨立人士的監督之下建立並管理與喀什米爾人民協商的機制，假如這證明可行的話，我認為將有巨大的好處。經過全面考慮，我傾向於認為，把這一理念最快捷而圓滿地付諸行動的辦法或許是求助於聯合國的某個特殊機構，也就是說國際法庭。

印度雖然在軍事上具有優勢，但喀什米爾地區複雜的地形和某些地區穆斯林高漲的頑強反印情緒使印度政府並不敢掉以輕心。尼赫魯堅定地認為，唯有謝赫·阿卜杜拉才能挽救喀什米爾的亂局，把喀什米爾順利地帶進印度。印度政府向哈里·辛格大君施加壓力，要求讓謝赫·阿卜杜拉主持政府工作。1947 年 11 月 28 日，哈里·辛格大君邀請謝赫·阿卜杜拉擔任首相併組建臨時政府；11 月 30 日，謝赫·阿卜杜拉接替梅赫爾·馬哈簡，正式走馬上任。

納塔拉詹說：「美國對於印度的政策建立在其全球政策的基礎上，其目的是要建立並加強一個美國領導的集團，以便於和蘇聯進行鬥爭。印度雖屬重要，但在第二次世界大戰結束時，它僅居於次要地位，國民黨中國和日本卻是美國在亞洲所最注意的地方。」第二次世界大戰結束之初，美蘇全球爭

霸的亞洲戰場主要在中東和東亞，南亞處於次要的地位。而且，在印巴獨立之初的幾年裡，美國的政策制定者主要把南亞看作英國勢力範圍內的一個坍塌，傾向於根據英國的建議行事。1947 年 12 月 2 日，美國國務院在為其駐聯合國安理會代表準備的《關於印巴喀什米爾爭端的意見書》體現了美國政府當時的立場，裡面說：

> 我們寧願喀什米爾問題通過印巴兩國直接談判得到解決。但是，要求聯合國介入，以及特別是要求聯合國監督喀什米爾公民投票的決議，如果是印度或者巴基斯坦提出的，而且還得到英國的支持，美國的代表就應該支持該決議。這樣一項決議應該根據普通成人選舉權來界定選舉實體。如果要求聯合國介入的決議由第三國（包括英聯邦其他國家），或者，由巴基斯坦或印度提出而遭到英國反對，美國的立場就必須進一步進行研究。

日益明顯的是，如果沒有外部支持，或者不求助於更強的武裝衝突——這將不可避免地把某些甚至全部的西北邊境省部落民捲入進來，印巴之間的這個重大難題將不能消除。儘管英國在該地區有不為人見的利益，由於其地位的特殊性以及最近從次大陸撤退，英國顯然不適宜提供這種外部援助，美國或任何其他某個第三國也不宜承擔這種角色，由聯合國來解決這一問題的設想就成為首選了。

此外，美國領導人當時對尼赫魯的印象也不佳。艾森豪威爾總統說：「多年來尼赫魯先生在許多美國人看來一直是一個有點不可解釋的、有時甚至使人惱火的人物。他在早期活動中曾傾向馬克思主義；後來在獨立運動中，作為甘地的一個副手，在英國監獄裡待過若干年；在某些觀察家看來，他作為一個總理，似乎遵循共產黨的路線，他的言論模棱兩可，常常使人莫測高深。」所有這些都使得美國不願意捲入喀什米爾爭端。

頗為有趣的是，美國的策略競爭對手蘇聯這時也不把喀什米爾問題放在心上。長期以來，蘇聯就不喜歡國大黨，因此他們明顯地對印度獨立不感興

趣。由於印度和巴基斯坦以和平的方式贏得獨立，背離蘇聯用暴力手段爭取革命勝利的教條，蘇聯的印度問題專家認為，南亞的權力交接不過是英國在南亞保留其政治、經濟、策略利益的另一種表現形式。他們譏諷真納「比英國人還英國人」，咒罵尼赫魯為「帝國主義的走狗」。蘇聯還積極地支持印度共產黨，反過來這又引起印度極其不滿。1948 年 3 月 20 日，印度駐蘇聯大使尼赫魯的妹妹潘迪特夫人受命約見美國駐蘇大使史密斯，轉告他，尼赫魯和印度絕大多數領導人已決定和西方保持天然的聯盟，只是受到諸多因素的限制，比如地理位置的限制和軍事上的薄弱等等，因此尼赫魯還不能公開談論在軍事上加入西方的問題。

　　獨立之初，印巴兩國在外交上還是比較傾向於西方。印度支持美國的馬歇爾計劃和第四點計劃，支持聯合國在南朝鮮的選舉，與此同時卻拒絕接受蘇聯的建議，1949 年初印度召開亞洲各國會議討論印尼的局勢亦未邀請蘇聯參加。1951 年 9 月 19 日，印度駐聯合國大使潘迪特夫人公開說：「在聯合國大會最近幾屆會議上，51 次投票中，我們和你們（即西方國家）一致的有 38 次，棄權的有 11 次，不一致的只有 2 次。我們多年來的經驗自然地增加了我們……對共產主義侵略的敵視。」

　　多種原因使得喀什米爾爭端最初在蘇聯也得不到重視。直到 1956 年底，蘇共總書記赫魯雪夫訪問印度時還公開地承認：「老實說，我們對印度的了解，不僅浮淺，簡直是孤陋寡聞。請不要笑話，我個人對印度的一點了解，還是從裡林姆斯基－高沙可夫的歌劇《沙特闊》中印度客人的詠嘆調中得來的。」史達林時期，蘇聯更是沒有把印度放在策略地位予以考慮，據赫魯雪夫說：

　　史達林對印度的態度總是不太在意，其實這是很不應該的。這樣的國家應該引起他的注意。他對印度估計不足，看來，對印度所發生的事情也不甚了解。史達林第一次關注印度，那是在印度 1947 年獲得獨立之後。尼赫魯

本人當時寧願跟中國、印尼、巴基斯坦和緬甸打交道，也不願跟蘇聯直接來往。⋯⋯從蘇聯報紙登載的消息得出結論說，印度發展的方向是資本主義，沒有什麼東西能夠證明那裡是在建設社會主義。這使我們疏遠了他們。⋯⋯另一方面，尼赫魯竭力想建立一個民主的國家。我們不理解為什麼他對昔日奴役過他們的英國人那麼寬容。英國軍官仍然在印度的軍隊裡服役，有些地方還在起用英國的官員，這種情況引起了我們的警惕。

　　上述情形使得美國和蘇聯最初都以比較超脫的態度來對待喀什米爾問題。歷史上在該地區有重大地緣政治利益的另一傳統大國中國，這個時期由於內部問題而自顧不暇，更談不上去關注喜馬拉雅山另一側的窩裡鬥了。但是，隨著形勢的演變，這三個大國家都主動或被動地深深地捲入喀什米爾問題。

二、喀什米爾問題提交聯合國

　　1947 年 12 月 12 日，尼赫魯發去一封電報給利雅格特，希望解決印度和巴基斯坦之間所有突出的問題，並再次表示要請聯合國來幫助調解喀什米爾問題。12 月 16 日，利雅格特回覆尼赫魯說：「巴基斯坦的安全與喀什米爾的安全有密切的連繫，兩地之間的宗教、文化的姻親關係以及經濟上的相互依賴，這些紐帶依然把雙方緊緊地凝結在一起。喀什米爾人民的安全和幸福對巴基斯坦人民具有高度的重要性。因此，我們非常感興趣的是，為喀什米爾人民創造和平與和諧的條件，讓他們免受各種內外壓力，得以根據他們自己的自由意志決定加入哪個自治領。我打心底認為，喀什米爾問題唯有根據當前形勢的現實狀況而運用政治才能來加以解決，而不是巴基斯坦怎樣參與該爭端或聯合國如何參與進來之類的法律爭端所能解決的。」

　　巴基斯坦請求英國斡旋喀什米爾問題。英國政府不願意直接干預喀什米爾爭端，打算尋求一個對該問題感興趣且此前與它無瓜葛的第三方來進行調解，這也是可以理解的。美國便是唯一的可選對象。第二次世界大戰之後，英國的國力大為衰弱，對許多國際問題已經力不從心。美國則變成一個超級

大國，繼承了大不列顛的強國地位，在全球許多地區承擔了英國難以為繼的負擔和任務。1947 年 12 月 29 日，英聯邦關係部官員保羅·J· 派翠克通知美國駐倫敦的臨時代辦 W·J· 格爾曼，說印度有可能立即攻打巴基斯坦。派翠克表示擔心，如果戰爭發生，蘇聯有可能支持巴基斯坦，這將引起許多麻煩。第二天，英國直接要求美國對喀什米爾問題採取措施。為此，還向美國大使出示了尼赫魯與艾德禮之間的一些絕密通信。尼赫魯在 12 月 28 日的信中寫道，巴基斯坦正在訓練大約十萬名部落武裝人員，準備攻影印度。印度準備打一場防禦性戰爭，襲擊設在巴基斯坦境內的部落武裝基地。

由於擔心印度軍隊進攻巴基斯坦會引發兩國間的全面戰爭，1947 年 12 月 31 日，美國國務院發去緊急照會給印巴兩國政府，裡面說：

作為印度和巴基斯坦的堅定朋友，美國感到遺憾兩國不能直接協商解決喀什米爾問題。現在，聯合國安理會似乎要受理此事。美國政府將完全履行其作為安理會一員的義務，支持儘早達成一項和平的解決方案。我們確信，如果以下條件具備，這樣一項解決方案才能實現：在安理會考慮該問題這一關鍵時段中，印度政府和巴基斯坦政府不僅要克制地採取任何刺激性的行動，並且應該制止各自一邊中不負責任的因素導致形勢惡化。我們擔心，印巴政府在這個時期的輕率行動將嚴重傷害國際社會的良好意願及其目前享有的威信。

美國要求雙方保持克制，建議將喀什米爾問題提交聯合國來解決，得到了它們的積極回應。1947 年 12 月 31 日，在英美兩國的支持下，印度政府根據聯合國憲章第 35 條正式把喀什米爾問題提交給聯合國安理會調解。

喀什米爾問題被提交給聯合國有其必然性，由於是印度而非巴基斯坦首先這樣做，那就更體現了這一特點。喀什米爾問題提交聯合國的原因是多方面的。其首要原因就像尼赫魯所說的那樣：「我們決定把喀什米爾問題提交給聯合國，我們的目標在於避免戰爭擴大。」若因查謨和喀什米爾土邦而爆發全面的印巴戰爭，這就違背了印巴分治的初衷，分裂印度的目的就在於避免出現這樣的戰爭。

　　其次，印度請求安理會要巴基斯坦政府禁止它的軍政人員去協助穆斯林部落民，不許穆斯林反叛者通過和利用巴基斯坦領土來對喀什米爾作戰。1948 年 1 月 1 日，印度駐聯合國代表轉交印度政府給安理會主席的信，裡面說：「印度政府要求安理會呼籲巴基斯坦立刻終止援助部落民，那是針對印度的侵略行為。如果巴基斯坦不這樣做，印度政府出於自衛可能被迫進入巴基斯坦領土對侵略者採取軍事行動。因此，目前的當務之急是要求安理會立即採取行動，以免國際和平遭到破壞。」1 月 15 日，聯合國開始辯論喀什米爾問題，印度代表阿揚加爾也說：「我們向安理會提出一個簡單明確的問題。我們所提出的唯一首要的任務是叫侵襲者從喀什米爾領土撤退出去，把他們驅逐出去和立即停戰。」

　　第三，印度希望聯合國能夠運用其影響，結束巴基斯坦在喀什米爾的軍事行動，以便查謨和喀什米爾土邦能在自己的保護下完成公民投票的計劃。印度深知僅憑哈里‧辛格大君的一紙加入證書，難以使喀什米爾加入印度的行動服眾。謝赫‧阿卜杜拉與真納的關係非常不好，積極支持查謨和喀什米爾土邦加入印度。1948 年 2 月 5 日，他在聯合國參加喀什米爾問題討論會，為印度的立場作辯護說：

　　我們將在安理會面前證明，喀什米爾和喀什米爾人民在法律和憲法上有權決定加入印度自治領，巴基斯坦無權對此加以質疑。……印度在世界團體面前控訴查謨和喀什米爾問題，其目的在於要求世界共同體確認巴基斯坦對查謨和喀什米爾人民的侵略，迫使它從該土邦撤出軍隊，以便能就該土邦加入印度問題找到一項最終的解決方案。

　　由於有謝赫‧阿卜杜拉的支持，尼赫魯自信在一場公平而自由的公民投票中，喀什米爾人民將選擇留在印度。如果能這樣的話，巴基斯坦對喀什米爾加入印度就無可置喙了。

　　第四，印度對美英等國充滿了期待。1948 年 1 月 6 日，印度答覆美國

的照會充分地體現了這點，照會說：「印度政府的全部希望是，查謨和喀什米爾人民應該盡可能快地擺脫對侵略的恐懼，這樣就能使他們按照自己自由地公開宣稱的意志來決定他們的未來。如果美國政府願意幫助其快速地實現這一目標，印度政府將通過駐安理會的代表向它致謝。」印度政府期盼美國能以有利於自己的方式，在聯合國通過決議，使喀什米爾問題獲得解決。此外，尼赫魯還想借美國的援助對內穩定經濟，對外增強其防禦能力，並有「聯美抑英」的考慮。因為印度獨立之初，英國不但在印度仍保留了廣泛的經濟利益，而且在政治、軍事方面繼續發揮較大影響，一部分實權還操縱在英國人手裡。為此，尼赫魯想借美國的勢力排擠英國在印度的勢力，並解決由於印巴分治而引起的經濟困難。

　　勸說印巴兩國同意把喀什米爾問題提交聯合國調解，這是美國第一次對印巴爭端採取直接的主動行為。但美國這時並不願意過深地捲入印巴衝突之中。1948 年 1 月 10 日，英美兩國官員在華盛頓會談時，英國代表再次要求美國以其在南亞的威望承擔主要責任，美國依然不為所動。美國副國務卿洛維特向英國代表強調了美國不願插手喀什米爾問題的顧慮，他說：

> ➤ 儘管美國願意提供幫助，而且我們採取具體援助措施的可能性也不能排除，我們還是必須對此問題作最慎重的考慮；

> ➤ 美國現在承擔的義務過多並且分散，而目前的當務之急是在參議院通過「歐洲復興計劃」；

> ➤ 由美國旗幟鮮明地提出關於喀什米爾爭端的議案，將不合時宜地引來俄國人的關注，並使問題解決起來更加困難；

> ➤ 我們不能確定，俄國對此問題採取平靜的態度是否僅僅緣於它不想有所偏袒，因為它可能僅僅出於使問題處於膠著狀態的目的，對該問題的解決採取蓄意阻撓的手段；

> ➤ 聯合國此前的經驗表明，要想實現快速而有效的行動是頗為可疑的；

> 在實現美國的目標方面，印度和巴基斯坦過去自己就在聯合國扮演了阻撓者的角色；

在此關頭，當提案交由聯合國上次會議談論時，潘迪特夫人（印度當時駐聯合國大會的代表）似乎更親密地與俄國人合作。……短期內就安理會的作為而言，英國的眼光可能過於高遠。

印度對聯合國裡的複雜形勢估計不足，它明顯誤判了聯合國裡的政治，對其頑固立場的嚴厲批評馬上鋪天蓋地而來。印度把喀什米爾問題提交給聯合國調解，就像是掉進了一個自我無意中設計的陷阱。在聯合國裡，英美並沒有刻意地支持印度，這影響了一大批扈從國家對喀什米爾問題的態度；蘇聯東歐集團對這個問題並不關心，也不會傾心去支持印度；聯合國裡諸多伊斯蘭教國家，出於對同宗教國家巴基斯坦天生的支持，更是對印度進行口誅筆伐。出現這種情況，可以說是完全出乎印度的意料，以致尼赫魯哀嘆：「我必須承認，儘管我對發生不幸的事情有所準備，但我還是不能想像在安理會裡面會如此淺薄地黨同伐異。他們本來應該維護世界秩序，毫無疑問，世界正在走向和平。美國和英國扮演了一個醜陋的角色，英國可能是這齣戲的主角。我已經把我對此事的看法強烈地轉告給艾德禮了，我打算明確地告訴英國政府我們是如何考慮此事。進行溫柔而無意義地討論的時間已經過去了。」1948 年 1 月 31 日，哈里·辛格大君也向薩達爾·帕特爾抱怨喀什米爾的形勢。2 月 9 日，薩達爾·帕特爾在回信中對他說：「我可以確切地告訴你，對於喀什米爾形勢及其在聯合國裡的進展，我的憂慮並不亞於你，但當前所能做的或許是完全不去討論絕望的情形。」

安理會裡出現的情況使尼赫魯在國內招致非議，有人說：「1949 年把喀什米爾的前途交給聯合國，是一位理想主義的總理因相信各國友誼而犯下的外交錯誤……印度的軍隊和人民那時認為，由於潘迪特·尼赫魯把這個問題交給聯合國和讓公民投票決定，才使得巴基斯坦念念不忘得到喀什米爾。當

時，最好是當場把巴基斯坦的軍隊從他們所占有的那一小部分土地上驅逐出去。」這種物議是非常偏激的，完全是感情用事，根本沒有考慮問題發生的具體背景，尼赫魯不應該遭受這樣的譴責。飽受折磨的不僅僅是尼赫魯，他的老對手真納同樣也束手無策。赫克托‧博萊索說「喀什米爾爭端提交聯合國安全理事會，在那裡等待解決。……這個問題已不是英國議會中的難題了。它已成為超越真納先生的控制，由世界各國來決定的一個悲劇。」喀什米爾問題從提交聯合國之後，它就走出了南亞的範圍，不再是一個地區問題，而成為全球政治鬥爭的一部分。

三、查謨和喀什米爾土邦的分裂

賈迪希‧布朗說：「喀什米爾問題自從提交聯合國之後，它就把具有各種政治逆流的世界團體捲入一場地方爭端，給雙方提供了一個陳列他們的控訴與反控訴的國際舞台，從而拖延了該爭端的解決，致使雙方損失了寶貴的名聲和珍貴的資源，這些都被耗費在國防軍工業而非急需它們的發展項目之中。」儘管聯合國是世界上最多主權國家組成的國際組織，但在其中發揮支配作用的只是安理會裡的幾大常任理事國，在早期美國和蘇聯更是幾乎壟斷了聯合國。因此，本書將著重闡述它們的政策對喀什米爾問題的影響。

1948 年 1 月 17 日，聯合國安理會通過一項決議案，要求印巴兩國避免採取任何有可能惡化局勢的措施，以及在喀什米爾成立一個中立行政機構。印度駐聯合國代表戈帕拉斯瓦米‧阿揚加爾反對這兩項議案。他主張安理會的任務是驅逐進行侵襲的部落民，確保早日實現停止敵對的行動；並重申其原先的立場，認為喀什米爾的前途不應成為爭吵的論點。他要求安理會休會，好讓他回國請示。安理會對喀什米爾問題的處理方式在印度激起強烈反響，國民情緒激昂。據蒙巴頓的私人祕書坎貝爾記載：

對於聯合國遲遲不接受它對於喀什米爾發生了侵略行為的基本控訴，印度感到大惑不解。遲遲不接受在這裡不僅僅看作是拘泥於形式，並且是他們

憤憤不平的主要原因，因為本著匡扶正義而建立的聯合國對於喀什米爾的和平受到威脅熟視無睹。因此，他們日漸懷疑聯合國正在變成助長國際強權的會場。美國代表瓦倫·奧斯丁和英國代表諾爾-貝克的公開言論便是證據。這兩人在印度受到狂熱的譴責，因為他們由於許多不可告人的理由而無恥地袒護巴基斯坦。

印度舉國上下真實地感受到幻想破滅，由此而自然產生的一個反應是，越來越多的人相信，印度最大的希望來自於蘇俄及其衛星國家，無論進行調解或是使用否決權。

1948 年 4 月，印軍對喀什米爾發動新的攻勢，在查謨以拉佐里為目標，在喀什米爾以穆扎法拉巴德為目標。4 月 21 日，印軍攻占了拉佐里，同時籌劃分兩路進攻穆扎法拉巴德。同一日，安理會通過決議，既沒有理會印巴雙方的爭吵，也未觸及加入合法與否的複雜性，僅要求雙方停火，為舉行公決創造條件。決議要求巴基斯坦應首先利用影響使部落民武裝退出喀什米爾，然後印度再把軍隊減少到能維持治安的最低限度。喀什米爾的現任政府應擴大，以容納各黨派。為了進行公決，決議還建議由聯合國任命一個擁有實權而且負責的公民投票負責人。最後，決議還規定成立聯合國印巴委員會（由英國、美國、阿根廷、比利時、哥倫比亞和捷克斯洛伐克六國代表組成）來承擔主持和監督公民投票的使命。在這次表決過程中，蘇聯駐安理會代表葛羅米柯對所有表決都棄權，很明顯是為了便於未來自由行動。

印度政府接受了這項決議案。但這項決議案的通過對喀什米爾的主權及其民族運動是一個打擊，因此遭到喀什米爾政府的反對。尼赫魯對安理會派一名委員出使印度和巴基斯坦表示歡迎。1948 年 5 月 5 日，他在給安理會主席的信中寫道：「印度政府很抱歉，它不能履行決議案的某些部分，印度代表團曾對那些部分的反對意見作了明白的申訴。與代表團商討後，印度政府完全贊同他們所申訴的反對意見。如果安理會決定仍將派遣委員……印度政府將樂於和他商談。」

外交斡旋進行的同時，印軍在喀什米爾發動了一輪新的攻勢，已經逼近巴基斯坦的邊界。巴軍總司令格萊西將軍竭力主張派遣巴軍入喀什米爾與印軍作戰，直截了當地宣稱：「巴基斯坦如果不想面對另一場 275 萬人被驅趕出家門的嚴重的難民問題，如果不能聽任印度坐在巴基斯坦的家門口恣意妄為，如果不想讓士氣渙散民心消沉到危險的程度，如果巴基斯坦內部的政治勢力不想得到鼓勵和縱容到被顛覆，那就必須不讓印軍越過烏里－蓬奇－瑙歇拉線。」1948 年 5 月，巴基斯坦派遣正規軍開進查謨和喀什米爾土邦，與那裡的印軍作戰。

為了制止印巴兩國的軍事行動，8 月 13 日，聯合國安理會通過了印巴委員會提出的停火決議，主要內容是：

➢ 向印巴兩國統領下的一切武裝同時發布立即停火的命令。

➢ 由於巴基斯坦軍隊出現在喀什米爾構成了局勢的重大變化，巴基斯坦應該撤出它的軍隊。

➢ 不是正常居住在該土邦的部族民和巴基斯坦國民也應該撤出。

➢ 巴基斯坦軍隊退出的地方，暫由當局在印巴委員會的監督下進行管理，留待最後處理。

➢ 當部落民和巴基斯坦國民已經撤出以及巴基斯坦軍隊正在撤出之時，印度政府將開始撤出其軍隊的大部分。

➢ 印度政府得在停火實際控制線內保持最低限度的必要數量的軍隊，以協助地方當局維持法律和秩序。

印度政府對於這些明顯有利於自己的決議表示歡迎，在接到這個決議案後，要求印巴委員會解釋其中的兩個主要問題：關於國民會議黨政府在停火線以外的主權，以及該土邦具有策略重要性的北部和東北部的未來行政權。關於第一個問題，尼赫魯在 8 月 20 日給印巴預委會主席的信裡認為決議案不得解釋為或作為下列實施的根據：

> ➤ 引用到查謨和喀什米爾政府對於巴軍所撤離的地區的主權問題
> ➤ 對於所謂「自由喀什米爾」政府的承認
> ➤ 使得這個地區在停戰期間造成不利於該土邦的任何方式的兼併

　　1948 年 9 月 29 日，反映蘇聯官方立場的雜誌《新時代》該雜誌的舊名稱是《戰爭與工人階級》，二戰結束後由史達林定名為《新時代》。發表了一篇題為「喀什米爾戰爭」的署名 O・奧里斯托弗的評論文章，裡面說：

　　喀什米爾戰爭的根本原因在於該土邦的地理位置，它位於幾個國家邊界的交接處，特別是包括蘇聯的邊界。英美帝國主義的策略旨在把喀什米爾轉化成其軍事基地鏈上的一顆鏈子，藉此它們可以盡最大可能來包圍蘇維埃聯盟。它們尤其對北部的幾個縣 —— 吉爾吉特、奇特拉爾和許多其他小封建公國感興趣。印度分裂成兩個自治領之後，喀什米爾未來歸屬的問題就成為英國統治圈內焦頭爛額的原因。印度那時的反動傾向還不如現在這樣大白於天下，它的一個日益明顯的趨勢是脫離英帝國而建立獨立的民主共和國。另一方面，已經明確的是巴基斯坦將繼續留在大英帝國內，因為這個自治領將完全依賴英美的支持。考慮到所有這些，英美策略制定者感到，如果它們想保留喀什米爾作為一個策略軍事基地，那就必須使它包括在巴基斯坦裡面。

　　這篇文章把喀什米爾問題產生的根源歸因於其地理位置，這是非常正確的。但該文也顯示出蘇聯對印巴分治缺乏起碼的了解，而且以強烈的意識形態色彩來對待喀什米爾問題。

　　12 月 11 日，聯合國印巴委員會向印度和巴基斯坦提出新的建議，這是對 8 月 13 日決議案的補充：「(1) 在印巴委員會同意下，聯合國祕書長將推薦一位具有崇高的國際地位且贏得廣泛信任的人擔任公民投票行政官。他將由查謨和喀什米爾政府正式任命；(2) 公民投票行政官將從查謨和喀什米爾土邦獲得他認為所必需的權力，以便組織和實施自由而公正的公民投票；(3) 公民投票行政官將有權任命他所需要的助理員和觀察員；(4) 土邦內所

有民政當局和軍事當局以及主要政治單位均須與公民投票行政官合作。」

第一次喀什米爾戰爭有導致印巴全面開戰的危險，這將引發教派大屠殺，也可能會刺激旁遮普的錫克人尋求建立獨立的國家。蒙巴頓催促尼赫魯接受停火，他說：「因為無論內部壓力多麼大，上帝沒有讓你捲入戰爭，因為一旦開戰你就不能控制其後果。」印巴雙方同意印巴委員會 8 月 13 日的決議案和 12 月 11 日的建議以後，兩國政府便分別授權自己一方的英籍總司令布歇將軍和格萊西將軍，發布在 1949 年 1 月 1 日停火的命令。

尼赫魯的傳記作者薩維帕裡·戈帕爾說：「印巴兩國在喀什米爾的停火，排除了戰爭擴大的可能，為印度保證接受巴基斯坦的存在提供了實際證據，並有助於消除一些仍然潛伏於印度的真正的恐懼。」蘭姆認為：「喀什米爾問題得到解決，儘管是局部的和暫時的，這部分地歸因於一個事實，在 1948 年末印巴軍隊的指揮官依然是英國人。巴基斯坦的格萊西將軍和印度的布歇將軍保持著親密的連繫，儘管他們所服務的兩個新國家之間的交往有限；隨著印巴爆發一場全面戰爭的前景增加，英國將軍們強烈地提倡克制。毫無疑問，尼赫魯和利雅格特兩位也不願看到他們新獨立的政體被相互摧毀。最後，喀什米爾的局勢平靜下來，聯合國確實在其中發揮了相當的影響。」

印巴停火之後，在 1948 年 8 月 13 日決議案和 12 月 11 日建議的基礎上，聯合國在 1949 年 1 月 5 日又通過了一項決議案。舊方案要求設立公民投票行政機構，新決議案重點要求任命公民投票行政官。可是授予公民投票行政官的權力是如此之廣，所掌握的人員是如此之多，以至於一旦來到喀什米爾，他就會自動地變成查謨和喀什米爾土邦的真正統治者。

1949 年 3 月 22 日，聯合國祕書長任命了美國前海軍作戰部部長五星上將尼米茲為喀什米爾公民投票行政官。新決議案得到巴基斯坦的歡迎，卻遭到印度的冷遇。因為這不僅意味著挑戰查謨和喀什米爾土邦加入印度的合法性，而且還帶有某種殖民主義的傾向，儘管是短時間的。杜魯門總統和艾德

禮首相建議，雙方接受對他們關於聯合國印巴委員會決議的不同解釋進行仲裁，當尼赫魯在 8 月 31 日對此予以拒絕時，聯合國參與喀什米爾爭端的第一個階段便告結束。

　　印巴分治之初，大批英籍官員得到留任，在印度和巴基斯坦兩國的政治尤其是軍隊體系中發揮重要作用。蘭姆就此評論說：「第一次喀什米爾戰爭就其性質而言有點像是一場隱形的英國內戰。英國的士兵、官員和政治家此時都罕有地以中立的態度直接捲入了南亞事務，儘管他們有著自己的同情心，但在實際行為中都竭盡全力做到公正無私。傾向某一方的因素是各不相同的。英國的左派總體而言偏向印度的觀點，它被看作是南亞次大陸世俗的、社會主義的和民主的未來之基礎；高層指揮官中的許多保守派則發現巴基斯坦強烈地吸引他們。但是，傾向某一方並不能單獨依據其階級或意識形態的基礎來作分析。」儘管作為個人的英國官員各有偏愛，但作為整體的英國政府基本上執行了中立的政策，雖然它在不同階段由於各種原因而有所傾斜。在開始的時候，因為對國大黨和獨立後印度的外交政策反感，因此英國的喀什米爾政策稍微傾向於巴基斯坦；後來，由於巴基斯坦不足以維護英國在亞洲的策略利益，而且印度以退出英聯邦相威逼，它的喀什米爾政策又轉向中立而有利於印度。

　　1949 年 2 月，聯合國印巴委員會到達印度次大陸，隨即著手草擬停戰建議。4 月 15 日提出停戰建議草案，經修改後在 4 月 28 日正式提出。停火條件分為三個部分，主要內容是巴基斯坦從喀什米爾撤出全部軍隊，印度撤出超出保安所需的部隊，喀什米爾北部地區留給地方當局管理。1949 年 5 月 18 日，印度政府答複印巴委員會提出的停火條件，重申了它以前的立場：要求解除「自由喀什米爾」武裝，並不得把該問題與印度撤軍連繫起來；把北部地區包含在查謨和喀什米爾政府控制之下。巴基斯坦對於這些基本問題所採取的態度與印度的態度根本相反，認為它們與 8 月 13 日的決議無關。1949

年 7 月 27 日，印巴雙方經過艱難的協商，最終簽署《卡拉奇協議》，確定了在喀什米爾的停火線，它起自查謨和阿克努爾的西邊，蜿蜒向北，到達蓬奇和烏里的西邊，向東轉彎到達卡普瓦拉的北邊，然後到達卡爾吉爾正北的一個山峰。這條線向北拐，直達沒有劃定停火線的錫亞琴冰川。

停火線劃定之後，查謨和喀什米爾土邦實際上就成為分別隸屬於印度和巴基斯坦的兩部分，一般稱作印控喀什米爾和巴控喀什米爾，喀什米爾就這樣分裂了。戰爭的結果是，巴基斯坦控制了喀什米爾 1/3 的土地和 1/4 的人口，首府為穆扎法拉巴德。印度憑藉自己全方位的優勢尤其是軍事優勢，奪取了查謨和喀什米爾土邦 2/3 的土地和 3/4 的人口，首府為斯利那加。印度奪得了喀什米爾人口和經濟的主要集中地喀什米爾谷，確立了自己在喀什米爾的策略優勢。印度還控制了喀什米爾境內的傑納布河、拉維河的上游，它們對巴基斯坦的農業灌溉具有重要意義。

停火線劃分之後，查謨和喀什米爾土邦正式分裂為巴控喀什米爾和印控喀什米爾，由於巴基斯坦對巴控喀什米爾之間的整合進展良好，巴控喀什米爾完好地融入了巴基斯坦整體之中，那裡也就不存在國家認同問題了。印控喀什米爾雖然在印度的掌控之下，卻享有特殊的憲法地位，保持著很強的獨立性。在多種因素影響下，它的獨立傾向長期存在，造成了嚴重的政治問題。喀什米爾問題此後就沿著喀什米爾爭端和喀什米爾危機的線索發展。

第三章
冷戰陰影下的喀什米爾（1949-1966）

　　喀什米爾問題提交聯合國之後，不但沒有及時獲得解決，反而被捲入全球政治大博弈之中。第二次世界大戰結束後，原來的反法西斯聯盟很快瓦解了，取而代之的是以美國和蘇聯為首的東西方兩大陣營進入遏制和反遏制的冷戰，即資本主義世界圍堵和社會主義陣營反攻的階段。布熱津斯基說：「雖然冷戰的參加者是新角色，表現出強烈的意識形態色彩，但它仍然是海洋大國和占支配地位的內陸強國之間的衝突，這是一種古老的、幾乎是傳統的、無疑也是地緣政治的衝突。」他認為，歐亞大陸是東西冷戰的中心重點，也是這場爭奪的地緣策略焦點和地緣政治的目標。他還認為，爭奪歐亞大陸是一場全面的鬥爭，同時在東歐、遠東和西南三條戰線進行。三條戰線上都有兩三個地處策略要衝的重要國家，其中西南戰線是伊朗或阿富汗和巴基斯坦兩個國家。

　　東西方集團對峙之初，喀什米爾在冷戰中處於邊緣地位。隨著局勢的發展，喀什米爾在國際政治格局中的地位陡然重要起來，喀什米爾問題也捲入並成為全球冷戰的一部分。隨著國際形勢的變化，冷戰的兩大主角美國和蘇聯不但改變了以前對喀什米爾問題的冷淡態度，反而積極地參與進去，最終使得地區形成「四國雙對抗」的政治格局。這種格局並不利於喀什米爾問題的解決，反而使它變得更加複雜，最後又因為無所助益而土崩瓦解。在近半個世紀的演變過程中，冷戰格局發生了重大變化，由起初的雙方（東西集團）博弈逐漸向後來的三角（美蘇中）遊戲轉變，這些都必然地牽引著喀什米爾問題發生相應的變化，本章將詳細地考查和分析這個過程的演進。

第一節　冷戰陰影降臨喀什米爾

　　出於冷戰的需要，英美非常看重喀什米爾的策略地位。1948 年，印度記者約琴德拉・班納吉在作戰地訪問時說：「從策略上講，喀什米爾顯然是印度次大陸最重要的部分。正是由於這一原因，從上世紀起，英國就一直絞

盡腦汁地把與阿富汗、中國和俄羅斯三個鄰國交界的喀什米爾北部地區置於它的絕對控制之下；正是由於這一原因，英國和美國目前也在微妙地施展手腳，以便在強權政治博弈中把同一地區置於它們的聯手控制之下。」

一、聯合國多輪調解的失敗

1949 年 8 月 29 日，蘇聯成功地爆炸了自己的原子彈；10 月 1 日，中華人民共和國成立，並宣布加入以蘇聯為首的社會主義陣營。亞洲的地緣政治形勢因此再次發生重大改變，東西方冷戰在亞洲中部的前沿戰線，陡然由中亞下滑到南亞和東南亞。中華人民共和國的建立，使共產主義勢力在亞洲有著星火燎原之勢。美國共和黨借此攻擊民主黨的杜魯門政府使美國失去了中國。儘管杜魯門總統辯解美國從來就不曾擁有中國，但他也認識到必須遏制亞洲的共產主義擴張勢頭。喀什米爾於是變得對美國重要起來了。此外，中華人民共和國建立之初，新疆的局勢並不穩定，西藏甚至還沒有得到解放，尼泊爾的局勢也動盪不安，這些都讓西方國家心急如焚。美國當時不僅擔心尼泊爾可能發生共產主義革命，而且還企圖利用新疆和西藏的亂局干涉中國的內政，影響中國的政局發展。為了對抗共產主義的攻勢和中華人民共和國的魅力，美國急切地想把南亞納入西方遏制共產主義世界的體系。印巴兩國的大量軍隊被束縛在喀什米爾已有兩年之久了，美國官員覺得這種局勢削弱了對東南亞和中東所有策略規劃的基礎。美國希望印巴和解，於是開始加強對喀什米爾問題的調解。

美國千方百計地拉攏印度，但尼赫魯政府不為所動。1946 年 9 月 7 日，擔任剛組建的英印過渡政府副主席不久，尼赫魯在闡明外交政策時就說：「我們打算盡可能地遠離黨同伐異的強權政治，它們在過去引發了世界大戰，而且有可能再次導致更大規模的災難。我們相信，和平與自由須與不可分割，否認和平的地方必將危害自由，也將導致衝突和戰爭。」基於這種思考，尼赫魯在外交方面制定了「不結盟」的政策，把它與世俗主義、民主主義和社

會主義並列定為印度的四大國策。尼赫魯認為「不結盟」的外交政策最符合印度的國家利益，但它並不是中立自閉或消極無為，它意味著印度執行獨立的外交政策，對國際事務按照印度的利益作出判斷、採取行動。不結盟的核心是不加入對抗性的軍事同盟，這反映了二戰後贏得獨立的廣大第三世界國家，在兩極格局下要求世界和平和自身安全與發展的良好願望，具有普遍意義，因此容易產生共鳴，很快形成了頗具影響的不結盟運動。尼赫魯認為，加入軍事集團違背了印度獨立的初衷，因此堅定地拒絕了美國的引誘和拉攏。

　　印度地處東西方之間，其地緣策略位置使它在東西方國家關係中發揮著非常重要的作用。這種特殊的地理位置在世界大國中是獨一無二的，使得尼赫魯相信，「有些國家可能會覬覦印度，但其他國家會行動起來阻止這種可能。沒有任何國家會允許其他國家取得對印度的統治權，如果一旦發生侵略，其他所有的國家就會阻止和挫敗侵略者，這種對抗本身就是使印度免遭侵略的最好保證。」

　　同時，「不結盟」政策也是印度國力弱小的一個表現。1956 年，尼赫魯訪問美國，與艾森豪威爾總統進行了會談。艾森豪威爾後來回憶說：「尼赫魯堅持認為『中立』還有另一好處。印度與中國有一千一百英里的共同邊界。想維持這條邊界的防衛力量是很花錢的，這只會使印度完全不能提高人民的生活水準。而飢餓和疾病則會使這個國家更容易受到共產主義的滲透。印度保持中立提出的最後一個理由是，任何一個放棄中立而參加某個防衛組織的國家，都應當能夠擔負自己的一份義務。印度完全無力按其人口和地理面積來相應地武裝自己。印度和自由世界的任何明確結盟都只會削弱而不是加強這個結盟。」

　　由於西方國家頻繁地製造戰爭，尼赫魯尤為看重亞洲國家在維護世界和平方面的作用。獨立前不久，印度政府組織在德里召開了一次亞洲關係會議。1947 年 3 月 23 日，尼赫魯在會上說，「在過去太長的時間裡，我們亞

洲人總是向西方的宮廷和大臣祈求。這樣的歷史必須成為過去。我們打算獨立自主，並與所有準備與我們合作的人合作。我們不想成為別人的玩物。在世界歷史的這一緊要轉折關頭，亞洲必然要扮演重要的角色。亞洲國家不能再當作抵押物而被他人利用，在國際事務中它們一定要有自己的政策。歐美對人類進步做出了巨大貢獻，對此我們必須予以讚揚和尊敬，並大量地向它們學習。但西方也把我們帶入數不勝數的戰爭和衝突中，即便在當前也是如此，在經歷了一場可怕的戰爭以及原子時代已經降臨的今天，他們還在談論更精深的戰爭。在當今的原子時代，亞洲必須有效地維護和平。除非亞洲能夠承擔自己的職責，否則將無和平可言。」1949 年初，由於西方國家支持荷蘭對印尼的殖民主義，尼赫魯專門組織了一次亞洲會議，推動印尼問題的解決。

　　美國拒絕承認中華人民共和國，打算用武力干涉亞洲事務，增加了在亞洲發生新戰爭的危險。在這種背景下，尼赫魯希望通過中印合作以確保亞洲的和平與穩定，於是印度不顧美國的壓力承認了中華人民共和國。然而，由於法國和荷蘭在亞洲的殖民主義遭到挫折，美國的亞洲政策更加倚重印度，便邀請尼赫魯訪美；印度也有求於美國，尼赫魯便欣然接受邀請。1949 年10 月 11 日到 11 月 7 日，尼赫魯對美國進行了長時間的訪問。10 月 20 日，中國的解放戰爭和尼赫魯的訪美行程都還在進行中，《紐約時報》發表了題為「美國需要尼赫魯協助使印度加入包圍蘇聯─中國心臟地帶的海洋國家」的文章，裡面說到：「新德里的某些人物說，歐亞大陸邊緣地區的國家（從英國一直到印尼）必須共同合作來對抗環繞著蘇聯的『心臟地帶』的國家。在他們看來，印度的任務是把守住印度洋的鑰匙陣地。」杜魯門政府本打算利用這次機會消弭兩國之間的分歧，但由於雙方立場差別過大而沒有獲得成功。1950 年 4 月 1 日，印度與中華人民共和國正式建立外交關係，成為第一個與新中國建交的非社會主義國家。對美國的遏制政策來說，印度的不結盟政策是一個巨大的障礙，遭到它們的惡毒譴責。

1949 年 12 月 12 日，聯合國印巴委員會的四個委員（美國、比利時、哥倫比亞、阿根廷）向安理會提交了一份報告。這份報告提到三個問題：

➢ 「自由喀什米爾」軍隊的處理

➢ 從喀什米爾土邦撤退正規軍

➢ 成為解決爭端主要障礙的喀什米爾北部地區的防務和行政權

安理會在 12 月 17 日通過一項決議，要求安理會主席與印巴兩國進行非正式會談，在雙方滿意的基礎上謀求解決喀什米爾問題的辦法。依據這項決議，安理會主席加拿大人麥克諾頓將軍提出了幾項建議，在 22 日交給印巴兩國駐聯合國的代表，並在 29 日向安理會報告。麥克諾頓的主席之職在 12 月 31 日到期，但被要求繼續進行調解工作。1950 年 2 月 3 日，他提交了最後報告。報告共有 6 條，主要內容是在去軍事化的條件下，印巴達成協議通過公民投票解決喀什米爾問題，聯合國祕書長應該任命一位聯合國代表監督非軍事化的執行。其中第 2 條「去軍事化為公民投票做準備」遭到印度的強烈反對，其內容如下：

➢ 去軍事化方案包括以下兩個方面：巴基斯坦從查謨和喀什米爾土邦撤退自己的正規軍，印度撤退超出維持停火線自己一邊治安所需的正規軍；裁減和解散地方武裝，即喀什米爾土邦的軍隊和民兵，以及「自由軍」的武裝。

➢ 「北部地區」的武裝也應包括在上述去軍事化過程中，而其行政權應在聯合國的監督下仍歸現存地方當局行使。

細讀麥克諾頓建議的條文可以看出，聯合國印巴委員會以前對印度政府所作的全部保證都一筆勾銷了。第一，查謨和喀什米爾土邦政府對停火線以外地區的主權實質上已被否認了；第二，「自由喀什米爾政府」（即「現存地方當局」）在這些地區的行政權卻得到確認。第三，由於喀什米爾土邦的

軍隊和民兵也要解除武裝和解散，建議中的解除和解散「自由軍」武裝的作用被抵消了。第四，印度對取得北部地區防務和行政權的要求已被永久撤銷了。因此，麥克諾頓的方案在巴基斯坦受到一定程度的歡迎，但遭到印度的拒絕。理由是，它在實際上暗示著「自由喀什米爾」概念合法化。

1950 年 1 月初，美國國務卿艾奇遜批評印度不明白迅速解決喀什米爾問題的重要性。尼赫魯認為，美國試圖威脅印度，對艾奇遜說出那樣的話感到非常不滿。聯合國調解的失敗以及印美兩國在朝鮮戰爭上的分歧使美國對印度的態度強硬起來。印度則反對聯合國軍在朝鮮的北緯 38 度線以北地區進行戰爭，給中國參戰以道義上的支持，拒絕聯合國宣布中國為侵略者的決議。在此前的 4 月 3 日，美國國務院在一份有關南亞的文件中建議，鑒於巴基斯坦對美國的支持，美國應該採取更加親巴的態度，對於印度在喀什米爾上的「不靈活態度」，「如果不加以控制的話，印度就有可能成為亞洲繼日本之後的帝國主義國家」，而「組織一個在巴基斯坦領導下的對美國友好而強大的穆斯林集團則有可能為南亞提供一個令人滿意的均勢」。美國邀請巴基斯坦總理阿里·汗在 1950 年 5 月訪美，此舉既是為了防止巴基斯坦倒向蘇聯，也是對印度態度的一個表現。

1950 年 4 月 12 日，安理會任命著名法學家澳洲前駐華盛頓特命全權公使歐文·迪克松為第二個喀什米爾問題調停人，他在 5 月 27 日抵達次大陸。經過幾個月的調查之後，迪克松在 9 月 15 日向聯合國提交了自己的建議報告。他認為在全查謨和喀什米爾土邦的範圍內進行公民投票已經不可能，於是提出了分治、地區公民投票和聯合國管理喀什米爾谷的辦法。蘭姆說：「喀什米爾被劃分為四個主要地區：查謨、拉達克、整個喀什米爾谷（包括自由喀什米爾的穆扎法拉巴德地區），最後是吉爾吉特專區及其所依附的巴爾蒂斯坦。對於目前舊蓬奇賈吉爾和查謨位於停火線自由喀什米爾一側的許多縣似乎依然保留給巴基斯坦，沒有成為建議的一部分。……其他地區容易歸併，喀什米爾谷將舉行公民投票決定加入印度或巴基斯坦。將成立一個印

巴邊界委員會來劃定新的國界。」迪克松堅信這是解決喀什米爾問題的唯一方案。尼赫魯對這個計劃感興趣，自信有謝赫·阿卜杜拉的支持，喀什米爾谷將加入印度；利雅格特也願意接受分區公民投票的方案，但雙方在喀什米爾谷歸屬這一核心問題上都不願意作出讓步。

雖然印巴兩國願意接受分區公民投票的計劃，但謝赫·阿卜杜拉對此予以堅決反對，他認為任何分裂查謨和喀什米爾土邦的計劃將導致那裡出現前所未有的教派緊張。1950 年 10 月末，國民會議黨在斯利那加召開大會。會議強烈反對分裂查謨和喀什米爾土邦，宣稱喀什米爾人民的統一和有機完整絕對不能遭到破壞。會議宣布，美國所操縱的聯合國並沒有解決喀什米爾問題，而只是使它久懸不決，致使損害了喀什米爾人民的幸福及其國家的前途。因此會議在 10 月 27 日通過決議要求：根據成人投票權，召開最高權力的制憲議會來決定查謨和喀什米爾土邦將來的政體和歸屬，以及取消地主土地所有權的賠償問題。這是對美國和英國的直接挑戰，反對它們要把喀什米爾變成它們的殖民地和軍事策略要點。

繼麥克諾頓之後，迪克松的調解也失敗了。1951 年 1 月，巴基斯坦把喀什米爾問題提交給英聯邦總理會議斡旋。這個時候，西藏已經解放，中華人民共和國日益鞏固。美國對這次會議施加強大的壓力，要求花更多錢加強備戰並建立反中統一戰線。它們的主要目標是讓英聯邦會議達成一致的計劃，以印度為主要基地締結《太平洋公約》，直接反對新中國以及東南亞人民日益高漲的民族解放運動浪潮。印度反對在英聯邦總理會議上正式討論喀什米爾問題。因此，英國、印度、巴基斯坦和澳洲四國總理在 1 月 16 日進行了非正式會談。澳洲總理孟希斯認為有限公民投票或許是解決喀什米爾問題最好的辦法，他建議英聯邦派軍隊到喀什米爾去維持安全，並表示澳洲願意出兵。尼赫魯表示，印度反對巴基斯坦把「兩個民族理論」強加於喀什米爾；艾德禮批評了尼赫魯的觀點，建議根據宗教基礎來解決喀什米爾問題；利雅

格特表示，儘管巴基斯坦願意接受地區公民投票，他還是堅持要進行全土邦公民投票。這次會談沒能達成一致意見。2月12日，尼赫魯在印度議會講話中正式拒絕接受英聯邦軍隊進駐喀什米爾，因為印度不能接受外國軍隊駐紮在自己的領土上。

英國和美國對印度的態度很不滿意。1951年2月21日，它們在安理會正式聯合提出一項議案，要求派遣外國軍隊進駐喀什米爾，以維護那裡的去軍事化和公民投票進程，印巴若有分歧則由聯合國代表仲裁。這項計劃遭到蘇聯駐安理會大使馬利克的批評：「英美兩國加塞的要求派遣聯合國成員國的軍隊去保護喀什米爾的去軍事化和公民投票的提案，剝奪了喀什米爾人民的自決權，企圖用它們制定的解決方案代替之。所謂的聯合國贊助下舉行的公民投票，不過是英美代表監督下的公民投票，而且還是在英美武裝的控制下進行。」印度更是激烈地反對這項提案，堅絕不允許派遣外國軍隊到喀什米爾去。印度認為，英國和美國對待喀什米爾，很少從喀什米爾人民的觀點去考慮，而過多從把它作為在另一次世界大戰中的一個可能的反蘇策略基地去考慮。在美國的指導下，一個地方性的喀什米爾爭執已發展成為一個嚴重的國際問題，倒楣的是喀什米爾人民，造成這種情勢的責任主要在於美國。

由於印度的強烈反對，英美代表便在3月21日提出一項修正案，把駐紮外國軍隊和在不同地區實行差別監督的內容刪除了。修正案要求聯合國代表在聯合國1948年8月13日和1949年1月5日決議案的基礎上，在喀什米爾實現非軍事化。1951年3月30日，安理會通過了這項修正案，刪除了由外國控制喀什米爾政府的內容。這並不是簡單地刪掉幾句話，而是表示英美策略的轉變。新策略旨在儘早把公民投票行政官切斯特·尼米茲海軍上將安置到喀什米爾去；把聯合國觀察員的人數增加到幾千人，並且配備適宜的武器。

4月30日，聯合國任命第三位調停者、美國勞工部的前任國防人力顧問法蘭克·葛拉罕為新的聯合國駐印度和巴基斯坦代表。從1951年6月到1953

年 2 月，葛拉罕與印巴代表先後舉行了五輪會談，對在喀什米爾去軍事化、停火線兩邊保留駐軍、公民投票行政官就職等問題提出了自己的新建議，竭力協調印巴兩國的分歧。1953 年 3 月，葛拉罕得出了與其前任迪克松相同的結論：除非印巴兩國同意解決爭端，任何外來的調解都不會成功，聯合國印巴委員會的所有報告只不過是記錄下爭執雙方的分歧。同年 12 月，美國對喀什米爾爭端解決的可能性徹底失望，美國國務院對印度否定聯合國幾乎所有建議感到非常沮喪，然而，南亞地區形勢和國際形勢的發展，又排除了美國對印度採取高壓政策的可能，除了對尼赫魯的立場提出批評外，它就再也不能有所作為了，美國決策者感到改變中立政策將會導致印度怨恨，有可能把它推向蘇聯一邊，因而是不明智的。

二、喀什米爾獨立的國際陰謀

社會主義勢力在亞洲的壯大讓以美國為首的西方勢力感到恐懼，它們擔心社會的主義力量進一步在亞洲和全球發展，而急於尋找應對之策。自從喬治·凱南提出「遏制」政策之後，美國為首的西方國家企圖全方位遏制蘇聯。1948 年，美國制定了「興都庫什行動計劃」，企圖在南亞一帶圍堵蘇聯。它以技術和經濟援助的方式企圖拉攏並控制阿富汗，這反而更加把它推向蘇聯的懷抱。此外，喀什米爾問題在聯合國長期得不到解決，圍堵社會主義國家的亞洲中部戰線就洞開著，遲遲不能合龍。

為了把遏制社會主義國家的圍牆完全砌起來，進而威脅蘇聯和中國，美國和英國決心鋌而走險，支持喀什米爾建立獨立的主權國家，藉此實現此前所策劃方案的未竟目標。但縱使美英有心支持喀什米爾獨立，作為遠離大海的亞洲腹地內陸區，若無內部的響應，這樣的計劃也難有施行的可能。美英這一陰謀的內部接應者就是查謨和喀什米爾土邦最有影響力的政治家謝赫·阿卜杜拉及其支持者。

謝赫·阿卜杜拉雖然支持查謨和喀什米爾土邦加入印度，但他並不支持

查謨和喀什米爾土邦併入印度，而且還追求查謨和喀什米爾土邦獨立。1948年初，謝赫·阿卜杜拉在聯合國參加喀什米爾問題的答辯。1月28日，他與美國駐聯合國大使瓦倫·奧斯丁進行了會談。會談結束後，瓦倫·奧斯丁在給國務卿馬歇爾的電報中匯報說：「阿卜杜拉訪問的主要目的可能是使美國知道還有第三個選擇，也就是獨立。他看起來過於焦急地要傳達這一觀點……他不想讓他的人民受印巴爭執之累。如果喀什米爾獨立，並能得到美國和英國在國家發展方面的援助，情況將會更好。當然，我沒給阿卜杜拉沿著此線發展的任何鼓勵，而且我相信，在離開之際他已經很好地理解了我們對這整個問題的立場。」這個時候，因為還在爭取印度和巴基斯坦加入西方遏制社會主義國家的陣營，美國並不支持謝赫·阿卜杜拉的喀什米爾獨立計劃。

隨著形勢的發展，美國開始對謝赫·阿卜杜拉的獨立計劃給予模糊支持。1949年春天，與美國駐印度大使在斯利那加會見之後，謝赫·阿卜杜拉好像得到一種印象，與他1948年在紐約被告知的相反，美國和英國將會贊同喀什米爾獨立，並為它提供國際保障。謝赫·阿卜杜拉也開始含含糊糊地宣揚喀什米爾獨立的計劃。1949年底，謝赫·阿卜杜拉第二次訪問美國，他的計劃得到了美國的鼓勵。在紐約時，他與巴基斯坦駐聯合國代表喬杜里·阿赫默德取得連繫，並對後者說，要印度人離開喀什米爾的唯一途徑是贊成喀什米爾獨立。他據理力爭說，英國人和美國人絕不會冒疏遠印度的風險而支持巴基斯坦。謝赫·阿卜杜拉訪美返回喀什米爾之後，美國駐印度大使韓德遜到那裡與他進行磋商。

喀什米爾獨立計劃得到美國明確支持之後，謝赫·阿卜杜拉變得大膽起來。1951年11月5日，他在喀什米爾制憲議會裡公開宣稱，應該把喀什米爾建成「東方瑞士」。為了尋求國際支持，他在1952年1月出訪西歐國家。謝赫·阿卜杜拉和西方國家勾結，企圖建立獨立喀什米爾國的陰謀，引起了蘇聯的警惕。1952年1月17日，蘇聯駐聯合國安理會代表馬立克在發言中說：

　　1950 年 10 月，國民會議黨大會通過一項決議，建議召開制憲議會以決定喀什米爾土邦的未來及其從屬關係。英美立即干預此事，以防喀什米爾人民決心選定他們自己的未來，且獨自決定他們國家的從屬關係。它們匆忙向安理會兜售一項決議，宣稱喀什米爾制憲議會的召集，及其可能採取的決定喀什米爾土邦未來的行動，對喀什米爾的地位沒有影響。

　　馬立克指責英美干涉喀什米爾問題是想在那裡獲得軍事落腳點以對付蘇聯，他把葛拉罕形容為五角大樓的祕密代言人。尼赫魯的傳記作者戈帕爾就此評論說：「這是蘇聯在安理會第一次採取積極的態度，批評英美的喀什米爾政策。這使尼赫魯處於尷尬之中，因為這使喀什米爾成為冷戰競爭的一部分，並僵化其他國家的立場。」

　　謝赫‧阿卜杜拉訪問歐洲之後返回喀什米爾。1952 年 3 月 23 日，他在喀什米爾制憲議會上說：「為討論起見，假設人民不批准加入印度，那麼，絕不能推論說喀什米爾當然要成為巴基斯坦的一部分。不會發生這樣的事。在法律上和憲法上不能發生這樣的事。可能發生的，倒可能是這樣：喀什米爾土邦恢復它在加入印度以前所享有的地位。我們要把這一點弄明白。」

　　1952 年，喀什米爾制憲會議進行選舉，國民會議黨獲得大規模勝利，這使尼赫魯對公民投票的前景感到更為樂觀，並與謝赫‧阿卜杜拉討論在喀什米爾進行排除「自由喀什米爾」的公民投票可能。聯合國可以核查準備好了的選舉人名單，然後進行公民投票。印度軍隊將駐守在停火線附近，提防公民投票遭到襲擊。但是，謝赫‧阿卜杜拉準備讓一些巴基斯坦和「自由喀什米爾」的著名人士來參加討論，以便在「自由喀什米爾」進行公民投票時他能夠獲得同樣的便利。

　　在某種意義上說，喀什米爾問題是印度國內穆斯林群體總問題的一部分。查謨和喀什米爾土邦內以及印度國內的教派主義助長了謝赫‧阿卜杜拉的獨立思想。國民會議黨執政之後，開始執行「新喀什米爾」計劃，打算無

賠償地沒收地主的土地分給農民，廢除喀什米爾的君主世襲制。因為印度憲法第 31 條規定，如果不支付適當的賠償，就不能剝奪私有財產的所有權，所以除非查謨和喀什米爾土邦享有完全的內政自治權，不受印度憲法這一條文和其他類似條文的限制，土地賠償委員會的建議才能付諸實行。鑒於查謨和喀什米爾土邦的特殊情況，印度制憲議會在 1949 年 10 月 17 日製定了專門針對它的憲法第 370 條（參見附錄 Ⅱ），使它在印度聯邦內享有特殊地位。喀什米爾享有廣泛的自治權，聯邦的權力僅限於《加入文件》所規定的國防、外交和交通三方面，其他權力歸土邦所有，中央在該土邦行使權力首先應該得到土邦議會的授權。納武拉卡說：「印度之所以做出如此安排，是因為起初戰爭仍在進行……土邦裡有些地方仍然控制在起義者或敵人手中。印度還和聯合國糾纏於查謨和喀什米爾問題。」1953 年修定的《印度刑法典》還特別規定，「印度」意指不包括查謨和喀什米爾土邦在內的印度領土。

　　查謨和喀什米爾君主制的廢存涉及印度的乙部邦乙部邦（Part B States），印度共和國成立後，印度逐漸把許多大大小小的土邦改土歸流，由土邦組建的邦就叫做乙部邦，在英屬印度基礎上建立起來的邦叫做甲部邦。問題。因此，國民會議黨的無賠償土地改革、廢除封建君主制和有限加入印度的政策，遭到土邦內外印度教教派主義分子的猛烈抨擊，夏雅馬·普拉薩德·穆克吉、塔拉·辛格等人領導發動了大規模的遊行示威，企圖迫使查謨和喀什米爾土邦完全加入印度，退而求其次也要把非穆斯林占多數的查謨和拉達克兩省分裂出來併入印度。印度的教派勢力非常偏激，在他們的心目中只有印度教徒才是真正的愛國者，印度國家主權和統一的捍衛者，穆斯林則是叛國者和異類。利雅茲認為：「教派主義者的真正目的是，因為尼赫魯偏袒穆斯林，想以此為難他並把他趕下台。」

　　教派主義勢力並沒能把尼赫魯趕下台，卻加劇了謝赫·阿卜杜拉的憂心，也使他的喀什米爾獨立計劃有冠冕堂皇的理由。他在給尼赫魯的一封信中說：

我不禁對自己失去信心。很明顯，印度有股強大的潮流，那些人根本不在乎您所看重的把聯邦建成一個真正世俗國家的政策，也不在乎您的喀什米爾政策……我多次說過，我們之所以加入印度，是因為我們看到印度有兩顆希望之星，也就是甘地先生和您自己，儘管我們和巴基斯坦那麼多的連繫，但我們沒有加入它，因為我們相信我們的計劃與他們的政策不相符合。但是，如果我們被迫得出這樣的結論：我們不能按自己的路線來建設我們的邦國，這些路線與我們的特徵相符合，那我將如何回答我的人民，如何面對他們。

謝赫・阿卜杜拉認為教派主義者的行為違背了《加入證書》，並且在查謨地區屠殺穆斯林。他的傳記作者 R・N・考爾說：「謝赫・阿卜杜拉感到困惑並認識到，不但查謨和拉達克在滑離他的控制，甚至於喀什米爾的穆斯林也在失去對他的信任。」1952 年 4 月 10 日，他公開地說：「如果印度的教派主義死灰復燃的話，那我們將如何讓喀什米爾的穆斯林相信印度並不想吞併喀什米爾。……這樣發展下去將導致中斷喀什米爾加入印度。」有學者認為：「謝赫・阿卜杜拉大無畏而坦誠地表達了他的擔心。這是一種自然的率性流露，因為他缺乏真正政治家那種對自己觀點隱而不宣的品質。作為一個誠實的人，他大膽地說出了自己的擔心，絲毫也不考慮這些意見可能會被歪曲。由於相信生活在一個虛幻的世界裡，他真的想要取消加入印度並使喀什米爾獨立。」

喀什米爾與印度的關係處於緊張之中，為了消除兩者之間模糊的法律關係，1952 年 7 月 24 日，尼赫魯與謝赫・阿卜杜拉簽訂了《喀什米爾協議》，重申查謨和喀什米爾土邦在印度具有特殊的憲法地位，土邦制憲議會有權利制定喀什米爾的憲法和邦旗。這份協議最重要的結果是暫時地消除了逐漸緊張的、讓帝國主義國家有機可乘的印度和喀什米爾之間的危機。

《喀什米爾協議》給印度人民爭取廢除封建制度、廢除王公政權很大的推動力，許多人援引此例，要求擴大到其他乙部邦。印度右翼激進政黨查謨

人民協會針對這種情況，提出了「一個總統、一面國旗、一部憲法」的口號。1952 年 11 月 23 日，人民協會在此口號下，發動了新的騷亂。印度政府邀請謝赫‧阿卜杜拉前往新德里，商談解決喀什米爾新出現的危機。謝赫‧阿卜杜拉拒絕前往新德里，申明他完全遵守《喀什米爾協議》。他不僅譴責騷亂者和進行教派性造謠中傷的印度媒體，甚至責備印度政府也沒有明確宣布查謨和喀什米爾的地位不容進一步改變。

1953 年 3 月，葛拉罕宣布他對喀什米爾問題的調解失敗了。葛拉罕的失敗意味著，美英企圖通過聯合國調解來解決喀什米爾爭端，促成印巴兩國和解，進而把它們納入西方安全體系去遏制社會主義國家的努力徹底失敗了。因此，從 1953 年 5 月初開始，美國公開地支持喀什米爾獨立的計劃。6 月 23 日，教派主義分子的領袖夏雅馬‧普拉薩德‧穆克吉斃死獄中。他的死亡被指控為玩忽職守甚至謀殺，要求進行公正的調查。一場情緒風暴把許多並非其政治支持者捲入到一場對尼赫魯和謝赫‧阿卜杜拉的嚴厲批評之中。7 月 13 日是喀什米爾的「烈士節」，謝赫‧阿卜杜拉在這一天說：「如果我發現，通過維持獨立我們能取得進步和繁榮的話，我將毫不猶豫地宣傳這種主張。如果我認識到，通過加入巴基斯坦我們能夠走向前進的話，那麼任何力量也不能壓制我表達這種想法。」印度擔心謝赫‧阿卜杜拉與巴基斯坦相互勾結，進行不利於印度的活動。阿拉斯太爾‧蘭姆說：「實際上，無人能保證他不會與巴基斯坦的政治家達成協議，在真納於 1948 年 9 月 11 日去世之後尤其如此。」在這種情況下，喀什米爾的元首卡蘭‧辛格認為：「謝赫‧阿卜杜拉確實期望國際社會向印度施加壓力，給予喀什米爾事實上的獨立地位，明顯地這是他為什麼堅持執行《喀什米爾協議》的原因，它將進一步使喀什米爾邦與中央的關係具體化。」謝赫‧阿卜杜拉與印度之間的矛盾已經不可調和了。1953 年 8 月 9 日，卡蘭‧辛格下令把他逮捕解職，副總理巴克希‧吳拉姆‧穆罕默德取而代之。

　　謝赫・阿卜杜拉的被捕是必然的。喀什米爾獨立缺乏地緣政治作基礎，周邊國家即便是巴基斯坦也不支持這一計劃。後來的巴基斯坦總統阿尤布・汗說，一個獨立的喀什米爾於事無補。任何形式的共管實際上也行不通。印度和巴基斯坦的利益將起衝突，如果兩國軍隊都派駐喀什米爾，兩軍也會衝突。一個獨立的喀什米爾將成為國際陰謀顛覆的溫床，從財政或軍事方面來說是不可取的。

　　儘管謝赫・阿卜杜拉的撤職與被捕從憲法角度講並不違法，但印度對喀什米爾道義上的要求卻被削弱了，考慮到國內的教派暴亂，尼赫魯再也不能確信能得到喀什米爾人民對印度的支持。謝赫・阿卜杜拉的被捕，在喀什米爾引起了騷亂。1953 年 7 月，尼赫魯訪問卡拉奇，與巴基斯坦上任不久的總理穆罕默德・阿里・博格拉簽署了《卡拉奇協議》，雙方保證用和平方式解決喀什米爾問題。8 月 17 到 20 日，穆罕默德・阿里・博格拉回訪新德里，兩國就公民投票行政官問題達成一致意見，認為應在 1954 年 4 月底任命。這是印度立場的一次徹底轉變，因為這是它首次同意明確時間正式任命公民投票行政官。借助這兩次訪問，印度平息了因逮捕謝赫・阿卜杜拉而在印控喀什米爾引起的騷亂。

　　1953 年 9 月 2 日，蘇聯的《新時代》雜誌發表了一篇文章評論喀什米爾的局勢：「眾所周知，通過其代理人前總理謝赫・阿卜杜拉，華盛頓旨在推行一項把喀什米爾一分為三的計劃，一份歸印度，一份歸巴基斯坦，第三份喀什米爾谷將成為一個美國保護下的『獨立』國家。美帝國主義者企圖把喀什米爾谷變作其策略橋頭堡，該計劃應據此加以評估。印巴協議對美國代理人而言可謂釜底抽薪，摧毀了他們的破壞性能力，並使美國喪失了一個公開干涉印巴關係的藉口。該協議允諾通過符合各民族皆有自決權之民主原則的公民投票手段來和平地解決喀什米爾問題，這無疑是印度、巴基斯坦和喀什米爾裡熱愛和平者的一個勝利。」

三、南亞冷戰格局中的喀什米爾

謝赫・阿卜杜拉的被捕意味著「獨立喀什米爾國」成為空中樓閣。此外，1953 年 7 月 27 日，美國被迫簽訂了《朝鮮戰爭停戰協定》；8 月 21 日，蘇聯爆炸了第一顆氫彈，這是亞洲歷史上又一次重大的地緣政治形勢轉變，社會主義不但沒有被扼殺，反而愈戰愈強。巴希爾・艾哈默德說：「朝鮮戰爭使得美國官員確信，冷戰在亞洲比在其他任何地區都有可能變成熱戰。它對美國亞洲政策的另一大影響是，儘管戰爭消耗了美國大量經濟資源，絕大多數亞洲國家並不因此感謝美國。美國在朝鮮戰場實際上幾乎是孤軍奮戰，集體安全失敗了。當艾森豪威爾就任總統時，美國在亞洲更傾向於依賴地區結盟而非集體安全。」美國遏制社會主義國家的用心不死，一計不成，又生一計，開始實行與巴基斯坦締結軍事同盟的政策，以期在亞洲南部圍堵社會主義國家。

在喀什米爾問題上，巴基斯坦和印度相比處於劣勢，它若想加強自己的防衛，唯有尋求世界大國支持才有保障。因此，巴基斯坦也有與美國締結軍事結盟的願望。1953 年 11 月 12 日，巴基斯坦總督吳拉姆・穆罕默德訪問美國時，與艾森豪威爾總統正式締結了美巴軍事同盟。這項舉措遭到美國時任駐印度大使切斯特・鮑爾斯的反對。1953 年 12 月 21 日，他寫信給國務卿約翰・杜勒斯，告誡美國不要同巴基斯坦簽訂軍事條約，他說：

這將給蘇聯以極好的選擇。為了跟我們對巴基斯坦的援助相較量，蘇聯人肯定會向印度提供軍事援助。這種援助還會得到支撐印度「五年計劃」的蘇聯大量經濟援助和支持。……美巴武器協定即將簽訂的傳說日見增多，印度共產黨抓住這個機會煽動群眾，要求（印度政府）立即向蘇聯購買「防禦性」武器。為了不使印度共產黨利用這個製造問題，尼赫魯於 1953 年 12 月底發表演說，以會把冷戰帶到印度自己的邊界上來為理由，強烈反對美國對巴基斯坦的軍事援助。

　　這封信表明，美國是在無其他更好選擇的情況下，採取與巴基斯坦結盟的政策，試圖實現遏制共產主義的策略目標。

　　蘇聯成功地爆炸了氫彈，打破了美國的核壟斷，美國著手準備「大規模報復策略」。1954 年 1 月 12 日，約翰·杜勒斯具體闡明了這一策略。他宣稱，美國將不再被迫打無數個朝鮮戰爭式的花費巨大、曠日持久的有限戰爭而不得使用核武器；相反，美國從此將保留「用我們選擇的任何手段，在我們選擇的任何地區」，而自由地對它所認為的侵略行為運用核武器進行報復。

　　1954 年 2 月 22 日，巴基斯坦正式請求美國根據共同安全援助計劃給予軍事援助；2 月 25 日，美國總統艾森豪威爾批准了向巴基斯坦提供武器的協定。前一天，他讓美國駐印度大使艾倫向尼赫魯轉交了一封公開的個人信件，對美國的行為進行解釋，內中說：「我們建議做的和巴基斯坦同意做的事情，在任何情況下都不是針對印度。而且我公開地確認，我們對包括巴基斯坦在內的任何國家的援助，如果在侵略中被誤用來直接反對另一個國家，我將根據憲法賦予我的權力，立即在聯合國內外採取適當行動來挫敗這種侵略行為。」這是一些空洞的保證，印度當時就予以揭露：

　　美國給巴基斯坦的軍事裝備同其所說的軍事目標毫不相關。如果實際上旨在把巴基斯坦軍隊變成美國發起的防衛體系之一部分，以阻止蘇聯或中國通過喜馬拉雅山脈或興都庫什山脈的軍事活動，那麼它應該謀求適合於山區作戰的裝備。但是，美國供給巴基斯坦的裝備 —— 坦克、汽車牽引的大砲 —— 卻只適用於比較平坦的地形，換句話說，適用於印度北部平原。而且，巴基斯坦政府一開始就明白的表示，它與蘇聯或中國都沒有什麼爭執，並且私下承認，它的擴軍實際上是針對印度的。

　　從美國向巴基斯坦提供的武器援助來看，它至少有部分懲罰印度的意圖。而且，印度政府也根本不相信艾森豪威爾的個人保證。3 月 1 日，尼赫魯在印度議會說：「我們知道，從過去的經驗來看，侵略往往發生了卻遭不

到遏制。六年半前在喀什米爾發生的侵略具有可怕的結果。……美國對巴基斯坦的軍事援助有可能會促進和滋長侵略。」

　　美國的黷武主義使尼赫魯憂心忡忡。印度對巴美軍事結盟迅速做出反應，決心加強與中國的友好關係，發展亞洲的和平力量。印度與中國從 1953 年開始進行會談，擬取消印度從英國那裡繼承來的在中國西藏地區的特殊權益。1954 年 4 月 29 日，中印正式簽訂《關於中國西藏地方和印度之間的通商和交通協定》，印度放棄繼承英國在藏非法權益；5 月 19 日，美國和巴基斯坦簽訂《共同防禦援助協定》。6 月 24 日至 28 日，中國總理周恩來受邀請第一次訪問印度。中國時任駐印大使館二祕裴默農說：「尼赫魯在日程中安排了陪同周恩來訪問喀什米爾首府斯利那加的活動，其用意十分明顯。儘管當時中印的關係很好，但周恩來以時間匆促為由，婉言謝絕了。尼赫魯在會談中詳細陳述了印度對喀什米爾問題的立場，要求周恩來在適當的場合說幾句同情的話。周恩來又答以中國政府對此問題尚待研究，一時難以表態，希望諒解。」在這次訪問過程中，兩位總理提出了舉世聞名的「和平共處五項原則」。後來在訪問巴基斯坦時，巴方也提出了類似的要求，希望中國在喀什米爾問題上作同情巴方的表態，同樣被周恩來委婉地拒絕了。

　　9 月 6 到 8 日，美國、英國、法國、澳洲、泰國、菲律賓、紐西蘭和巴基斯坦八國在菲律賓首都馬尼拉舉行外長會議，簽訂了《東南亞集體防務條約》（因在馬尼拉簽訂，又稱作《馬尼拉條約》），組建了針對共產主義的軍事集團「東南亞條約組織」。美國當初也邀請印度參加該組織，遭到尼赫魯政府的拒絕。9 月 29 日，尼赫魯在印度人民院對此解釋說：「參加馬尼拉會議就意味著我們放棄了『不結盟』的基本政策。我們不能放棄那項基本政策，這項政策，我們執行了這麼多年，不能因為僅僅參加那次會議而放棄它。」尼赫魯極為清醒地認識到，巴美軍事同盟將把外部勢力引入南亞地區，把南亞拖入冷戰，從而使它處於核戰爭的危險之下。但利雅茲認為：「可能

更為重要的是，尼赫魯擔心美國會利用與巴基斯坦結盟的關係迫使印度放棄不結盟政策，使其獨立白費，從而變為美國的殖民地。」尼赫魯不僅反對參加「東南亞條約組織」，還主張建立和平區以抵制美國在亞洲的冷戰。10月19日，尼赫魯以印度總理身分開始第一次訪華。這一切都說明，印度不僅沒有參與遏制中國，反而發展對中友好關係。

　　除去印度堅持「不結盟」外交政策的因素之外，巴基斯坦和美國締結軍事同盟還有著其他因素起著內在的推動作用，那就是巴基斯坦與蘇聯在南亞地緣政治利益上的相斥性。以前屬於蘇聯現已獨立的哈薩克斯坦的學者阿基姆別科夫說：「英印帝國的解體以及印度和巴基斯坦兩個新民族國家的成立，急遽地改變了南亞次大陸的地緣政治形勢。大規模印巴衝突尤其是兩國因喀什米爾土邦的歸屬而引起的軍事衝突，讓人有理由設想，未來巴基斯坦的一切利益將服從於同印度爭霸的全局任務。所以，在客觀上巴基斯坦對自己同阿富汗接壤的西北邊境省形勢的尖銳化問題不感興趣。與此相適應，在新條件下保持莫斯科在阿富汗影響的繼續存在和集中注視印巴衝突首先是符合蘇聯的安全利益的。原則上，阿富汗是蘇聯在該地區地緣政治影響和安全體系的關鍵因素。基本上，所有這些因素決定了莫斯科在印巴衝突中偏愛印度。這樣就給蘇聯在中亞和南亞地區的安全附加了額外的安全係數。」巴基斯坦和阿富汗因杜蘭線分歧而存在「普什圖尼斯坦爭端」普什圖人（Pashtuns），居住在阿富汗東南部和巴基斯坦西部的一個民族，信奉伊斯蘭教。根據 1985 年的統計，約有 2460 萬人口，其中居住在阿富汗南部和東南部的居民約 900 萬，占阿富汗總人口約 53％；居住在巴基斯坦西部的約 1400 萬人，占巴基斯坦總人口的 16％，又稱為「帕坦人」（Pathans）；還有約 10 萬人居住在伊朗境內。19 世紀後半期，大英帝國和沙皇俄國在中亞對峙，為了避免直接接觸而實行緩衝國政策，阿富汗即為兩國之間的緩衝國之一。1893年，英印帝國與阿富汗劃定兩國之間的邊界線，以當時英國政策的執行者杜

蘭上校得名為「杜蘭線」，現為阿富汗和巴基斯坦之間的邊界線。為防止普什圖山地部落人民威脅印度邊疆，英印政府通過「杜蘭線」將阿富汗東南部普什圖族山地部落數百萬人民劃歸自己一邊。阿富汗政府不承認杜蘭線，從而造成後來長期影響阿富汗和巴基斯坦關係的「普什圖尼斯坦爭端」。出於確保蘇聯在南亞和中亞的利益以及安全，蘇聯政府把阿富汗作為蘇聯南亞政策的策略支點。因此，蘇聯在印巴衝突中應該支持印度，使巴基斯坦分心而無暇顧及與阿富汗之間的杜蘭線爭端，避免使蘇聯陷入困境。此外，蘇聯還對穆盟長期與英國人合作表示反感，認為它追求印巴分治違反了馬克思主義的宗教觀，直到 1948 年才承認巴基斯坦是一個獨立國家。蘇聯境內存在許多民族，民族矛盾雖然遭到壓制，但並未消失。這也是蘇聯反對穆盟主張的原因之一。所以，從地緣政治的角度來看，巴蘇兩國親近先天就存在一條難以踰越的鴻溝。

美國與巴基斯坦締結軍事同盟，這使印度與它漸行漸遠。1955 年 1 月，國大黨宣布在印度建設「社會主義類型」的社會；同時，印度參與發起在 1955 年 4 月 18 日至 24 日召開萬隆會議，並堅決邀請中華人民共和國參加會議，促成亞非人民大團結，向新老殖民主義者示威。巴基斯坦和美國結盟，其用意主要不是為了反對共產主義，而是為了增強抵禦印度的實力。

穆罕默德‧阿里‧博格拉是巴美結盟的主要設計者，1953 年至 1955 年擔任巴基斯坦總理，後來改任外交部長。裴默農說，在萬隆會議期間，「周恩來與穆罕默德‧阿里總理會晤，向他表示，中國擔心美國利用巴基斯坦的軍事基地發動侵略戰爭。阿里總理鄭重聲明，巴基斯坦懷有與中國發展友好關係的願望。巴參加兩個條約組織以及與美國簽訂的軍事協定完全是為了防禦鄰國的侵略，並不是針對中國。他還莊嚴保證，如果發生美國的侵略戰爭，巴絕不參加，例如對朝鮮的戰爭，巴就沒有參加。周恩來隨後在萬隆會議一次全體會議上宣布了阿里總理的上述保證，阿里總理當場欣然予以確認」。

巴基斯坦多次在不同場合以不同的方式保證不會參加西方針對中國的侵略戰爭。1962 年 3 月 19 日，巴外交部就參加軍事條約問題向中國正式提交備忘錄，表示巴基斯坦參加幾個條約的目的純粹是為了自衛，這不是針對巴基斯坦切望與之加強友好關係的偉大鄰邦中國。巴美締結軍事同盟的目的既然迥異，這場缺乏地緣利益作基礎的同床異夢就注定不會持續太久。後來的歷史也證明，這座建立在流沙上的碉堡在不到一代人的時間內就灰飛煙滅了。

　　1955 年 7 月 1 日，巴基斯坦政府宣布加入《伊拉克和土耳其互助合作公約》（又稱《巴格達條約》）；9 月 23 日，巴基斯坦又加入「巴格達條約組織」。蘇聯政府把巴格達條約組織看作北大西洋公約組織的附屬物，中國前駐巴基斯坦大使耿飆也說：「巴基斯坦的西部地區與西亞相連，而其東部地區（即現在的孟加拉國）靠近東南亞，所以，美國在這個時候拼湊針對新中國的軍事包圍圈時，便選中了巴基斯坦這個聯結中東和東南亞的南亞國家，作為構成其軍事鎖鏈的重要一環。……這樣，美國就把『東南亞條約組織』和『巴格達條約組織』這兩條鎖鏈，通過巴基斯坦聯結起來，在中國的西面和南面形成了一個弧形的軍事包圍圈，人們形象化地把它稱為新月形反共反華軍事包圍圈。」

　　中國政府對巴基斯坦加入西方軍事集團進行了嚴厲的抨擊。1955 年 7 月10 日，《人民日報》發表了題為「危險的決定」的評論員文章，內中說：

　　巴基斯坦通過參加土伊條約而參加了美國的所謂「北層防禦鎖鏈」，使自己處在一種被美國當作對中國進行軍事威脅的基地的地位。人們很難理解這如何可以同巴基斯坦所一再表示的對中國友好的願望相協調。……而今，在美國的這個戰爭準備計劃中，巴基斯坦在南面參加了東南亞集團，在北面又參加了土伊條約。這樣，不管巴基斯坦的主觀願望如何，它有身不由己地被美國拖進一場美國所準備的新戰爭的極大危險。

　　中國的擔憂並非空穴來風。巴基斯坦後來的總統阿尤布‧汗的新聞祕書

阿爾塔夫‧高哈說：「『東南亞條約組織』和『中央條約組織』這兩個軍事條約旨在中東和南亞確保西方的策略利益。……巴基斯坦允許美國人在白沙瓦附近的巴達貝爾建立一個十分現代化的通訊基地，對美國來說，這極具策略價值。」這個軍事基地對中國西北和西南的安全造成了嚴重威脅。儘管如此，巴希爾‧艾哈默德卻認為：「意味深長的是，中國並沒有對巴基斯坦採取敵視的態度，或許是因為認識到它與西方結盟主要源於對印度的擔心。」

　　美國在亞洲組建軍事集團的主要目標在於圍堵蘇聯。受到巴美同盟威脅的蘇聯也感到必須有所作為，化解眼前的壓力。從地緣政治立場來看，亞洲重要的非共產主義國家是日本、印度、印尼和巴基斯坦。日本和巴基斯坦已經成為美國的盟國，蘇聯於是開始向印度、阿富汗、印尼和緬甸交好。蘇聯的主要興趣集中在印度，要對抗西方國家在其南部建立的反共產主義同盟體系，印度對它來說是至關重要的。蘇聯和印度於是惺惺相惜地走到一塊。1955 年 2 月，印度和蘇聯簽訂《比萊鋼廠協定》，以此為界兩國關係由冷變熱。同年 6 月 7 日到 23 日，尼赫魯以印度總理身分對蘇聯進行首次正式訪問。赫魯雪夫說：「在訪問過程中，蘇聯儘量滿足尼赫魯的要求，什麼都給他看，毫不掩飾。自然，蘇聯政府想讓他看最好的東西，想讓他對蘇聯這個國家有好的印象。」儘管受到如此禮遇，尼赫魯對蘇聯成就的看法卻有所保留。據赫魯雪夫回憶：「表面上，我和尼赫魯談得很好，他盛讚蘇聯的成就，但關於我們的經驗在何種程度上可以用於印度的話，尼赫魯閉口不談，這樣我們就沒有理由以為他有這個想法。」

　　同年 11 月到 12 月，蘇共總書記赫魯雪夫和蘇聯部長會議主席布爾加寧回訪印度。在這次訪問中，印度方面再三要求蘇聯領導人訪問喀什米爾。赫魯雪夫回憶說，由於喀什米爾問題的敏感性：

　　我們不想因為我們去訪問而使印巴關係變得複雜起來，也不想把自己和印度對喀什米爾的要求連繫在一起；我們認為，在這個問題上，我們最好持

中立立場。讓他們自己去解決他們自己爭議的問題。印度人意在懇求我們支持他們的立場，而我們對此則根本不以為然。但我們又不想因我們的拒絕而使尼赫魯感到不快。我們同情他，同情印度，至少因為印度在國際問題上採取明智的立場，不加入任何集團組織，對蘇聯態度友好。……我們商量了一下，決定滿足尼赫魯的請求，訪問喀什米爾。這次訪問是在我們訪問印度的最後階段進行的。

可以說，蘇聯在喀什米爾問題上的新立場，完全是對巴基斯坦與美國結盟的一個反擊。1955 年 12 月 10 日，在斯利那加的公眾演講中，赫魯雪夫把喀什米爾問題的產生歸因於西方帝國主義的政策。他直言不諱地承認，蘇聯當時在喀什米爾問題上完全支持印度的立場：

傳統的群眾大會開始了，我們用的是事先準備好的講話稿子，裡面的話是有利於印度而不利於巴基斯坦的，也就是說，我們的話是站在印度和印度人民的立場上說的，說喀什米爾這個地方屬於印度。英迪拉・甘地先期抵達喀什米爾，代表她的父親接待我們。我們講話的內容也徵得了她的同意。我們的講話進行了轉播。英迪拉・甘地對我們在印巴爭執中支持印度的政策給予了很高的評價。……我們也對此感到非常滿意，雖然巴基斯坦會很不高興的。但我們和巴基斯坦沒有直接的關係，兩國關係非常不好。我們倒是想改善和巴基斯坦的關係，並且做了種種努力，但巴基斯坦加入了旨在反對我們的軍事組織。我們對此卻毫無辦法。而我們在印巴爭端中和印度人保持一致的立場，感覺促進了蘇印友好各項的發展。我想，蘇聯這個方針是正確的，不過我總是擔心：可不要因此損害我們將來和巴基斯坦的關係。

這種與巴美軍事結盟針尖對麥芒的意圖，在訪問結束時發表的印蘇聯合公報中更是得到了鮮明的體現：「蘇聯領導人和印度總理一致認為，建立軍事聯盟或者區域性的軍事集團不是保障和平和安全的辦法。這種聯盟擴大了『冷戰』的範圍，為相關地區帶來了不穩定的因素，增加了恐懼和緊張的氣

氛，並且為有關國家的和平發展製造了新的障礙。」「『不結盟』政策在最
近一些年來，獲得了廣泛的推崇，在國際舞台上具有相當大的聲望。它在反
對殖民主義和帝國主義的鬥爭中起著積極的作用，限制著侵略性軍事集團的
活動範圍，有助於保障安全與和平的事業，有助於加強國際合作。」印度著
名外交家克里希納·梅農說：「聯合公報在風格和實質方面完全是印度式的。
必須承認，蘇聯領導人絕對沒有運用絲毫影響，更不用說施加壓力使印度倒
向自己一邊。從一開始，他們就明確表示，他們是客人，應該由我們來起草
聯合聲明。」從此之後，蘇聯在聯合國安理會否決了許多對印度不利的提案，
使印度在喀什米爾問題上的立場更加頑固。

　　前文已經指出，在南亞的地緣政治方面，蘇聯與巴基斯坦具有先天的排
斥性，相反，它與印度卻是天生地相互吸引。從表面上看，印度和蘇聯相互
靠攏進而發展親密關係，似乎是一種消極的針對巴美結盟的被動反應，其實
是有著內在的地緣政治吸引力在起作用，利奧·E·羅斯說：

　　新德里在西北策略上的虛弱，嚴重地影響著五十年代中期以來的對蘇政
策。對於印度來說，一個與蘇聯結盟的巴基斯坦，比一個與美國或中國結盟
的巴基斯坦，問題嚴重的多。把蘇印對這個地區的政策連接起來，可使蘇聯
對次大陸可能有的擴張野心變得難以實現。對新德里來說，這比任何以地區
為基礎的安全體系都能更好地對付俄國人。

　　印度為巨大的半島地形，東西南三面都是海洋，東北部和西北部的陸地
邊疆橫互著高大的山脈高原。由於東北部是荒涼、寒冷、嚴酷的喜馬拉雅山
脈，人煙稀少難以通行，數千年來，外敵都是從西北部相對容易翻越的興都
庫什山脈隘口入侵印度。並且，早在英國人統治時期，在整整一個世紀裡，
俄國政治家念念不忘通過中亞進攻印度的可能性。坎貝爾·班納曼指出：「害
怕俄國人入侵印度，是斷斷續續縈回於英國幾代人腦際的惡夢」。因此，通
過與蘇聯建立友誼的方式，可以永絕此患。

　　蘇聯領導人在喀什米爾問題上的新姿態，深深地刺痛了巴基斯坦。巴基斯坦外交部召見了蘇聯駐巴大使，抗議赫魯雪夫和布爾加寧訪問喀什米爾。這引起蘇聯的不滿，隨後在訪問阿富汗時毫無顧忌地在「普什圖尼斯坦問題」上站到巴基斯坦的對立面：「蘇聯主張公正地解決『普什圖尼斯坦問題』。不考慮普什圖人民的切身利益，該問題不可能得到正確解決。」

　　在與中國和蘇聯發展友好關係的同時，印度還在內政方面加強對印度喀什米爾的控制。1954 年 4 月 13 日，印度取消了查謨和喀什米爾土邦的關稅壁壘，使它在經濟上與印度融為一體。1956 年 2 月 22 日，印度和喀什米爾在新德里簽訂了一項協議，確認喀什米爾併入印度聯邦。3 月 8 日，東南亞條約組織理事會在卡拉奇舉行會議並通過了一項敦促和平解決喀什米爾問題的決議，印度對此提出了強烈的抗議。3 月 9 日，印控喀什米爾總理巴克希公開表示，拒絕在查謨和喀什米爾範圍內舉行公民投票。11 月 17 日，喀什米爾制憲議會批准查謨和喀什米爾土邦加入印度的證書，並自 1957 年 1 月 26 日（註：即印度共和國日）起生效。

　　對於印度採取的這些反制性的強硬立場，巴基斯坦並沒有從美國盟友那裡取得預期中的支持，只能落寞寡歡地自話自說：「1956 年，印度反對關於全民投票的國際協定；其理由不是別的，而是巴基斯坦正在增加它的戰爭潛力和接受軍事援助，根據尼赫魯先生的說法，這導致整個局勢發生了改變。這麼說，由於巴基斯坦據說是在軍事上日益強大，而喀什米爾的人民就該被剝奪掉他們決定自己前途的權利了。」巴基斯坦與西方結盟換來的軍事強大，並不能帶來實質性的利益，更多地是一種自我的心理慰藉。

　　印度的顏面並不比巴基斯坦的光輝燦爛。在以實力作支撐的殘酷的國際政治鬥爭中，弱小國家伸張正義的基礎極其脆弱。1956 年 10 月 23 日，匈牙利發生反政府運動，11 月 4 日，蘇軍開進布達佩斯鎮壓反叛；10 月 29 日，英法聯合以色列對埃及發動軍事攻擊，蘇伊士運河危機爆發。1956 年 11 月，

印度譴責英法侵略埃及；1957 年 1 月 19 日，尼赫魯在長期的沉默之後，在印度人民院發表演說時終於指出，「外國軍隊必須從匈牙利撤走，匈牙利人民必須獲得決定他們未來的機會。」蘇聯對尼赫魯的聲明感到不滿。1957 年 1 月 24 日，在印控查謨和喀什米爾邦新憲法生效的前兩天，聯合國安理會通過一項打擊印度的決議。它重申了在喀什米爾進行公民投票的要求，宣稱喀什米爾制憲會議的任何決議都無權決定該土邦的未來，並否決了印度把喀什米爾的事態說成是問題而非爭端的一貫立場。蘇聯投了棄權票，表面的理由是在喀什米爾立法會通過相關決議之後，已經沒有問題需要討論了。印度駐聯合國大使克里希納·梅農接受了這種解釋，但是，實際上蘇聯毫無疑問是要對尼赫魯的匈牙利政策表達不滿。克里希納·梅農是印度著名的左翼政治家，尼赫魯的得力助手，他始終反對國際事務中的帝國主義政策，他說：「殖民主義和帝國主義是一對雙胞胎。因此，帝國主義大國同時又是殖民主義國家，這決非偶然。當然，不是所有的殖民主義國家都是大國，但所有資本主義大國一定是或曾經是殖民主義國家。」尼赫魯堅決反對安理會的這個決議，指責西方國家故意給印度製造麻煩，讓印度丟臉。克里希納·梅農也認為，喀什米爾問題已經和冷戰攪到一起，印度在這椿公案中無法取勝。

喀什米爾問題曠日持久地得不到解決，它日益成為印巴兩個民族記憶的一部分。利雅茲說：「到 1958 年，在印度公眾的感覺中，喀什米爾逐步變為印度不可分割的一部分，尼赫魯不再有在被認為是印度對喀什米爾擁有『主權』的東西的談判中作出讓步的權威了。……國際國內環境的變化排除了任何對巴基斯坦讓步的可能。」

第二節　中印戰爭與喀什米爾

在中印關係惡化以前，中國政府對喀什米爾問題一直堅持公正中立的態度，整體而言是持調解而不介入的立場，主張由喀什米爾人民自己決定其歸屬問題，希望印巴兩國之間通過和平協商來克服分歧，解決這個歷史懸案，而不應引入外來干涉。印度和巴基斯坦多次要求中國在喀什米爾問題上表態，面對這種情形，中國政府也總是以勸善促和的精神來勸它們和平地解決該問題。1956年1月，中共周恩來在會見巴基斯坦駐華大使阿哈默德時反覆說明，巴印是源出同一母體的姐妹國家，應為兩國人民的利益著想，友好相處，通過協商解決分歧，勿為外人利用而損害兩國團結，並指出這就是萬隆會議的精神。他強調，一是不應該採用戰爭的辦法來解決喀什米爾爭端，這對印巴雙方都不利。二是喀什米爾問題應該由喀什米爾人民自己決定，不應引入外力進行干涉。三是巴印兩國最好坐下來，通過協商，加以解決。在這方面，兩國政治家要起領導作用。西方學者也認為，中國對喀什米爾問題的立場與蘇聯形成了鮮明的對比，蘇聯在1955年贊同印度在該爭端上的立場。與蘇聯粗暴僵化的政策相比，中國對喀什米爾爭端的態度顯得要委婉靈活得多。

一、「共同防禦」建議的碰壁

印度繼承了英印帝國的北部邊疆政策。蘭姆認為：「如果印度不能獲得英印帝國在北部邊疆的統治地區，那麼，與英印統治晚期的年月裡相比較，它將要花費大得多的精力去關注拉達克北部的那些邊疆地帶。這就有充分的理由讓人相信，印度在1954年從地圖上兼併阿克賽欽，1959年官方公然歪曲1899年照會的含意，這些遲到的措施意味著印度要實現這項政策。」中印在邊界問題上存在嚴重爭議。從1950年到1958年，中印邊境大致是平靜的，印度雖然採取了一些損人利己的行為，但並沒有脫離和平的軌道。

　　1958 年之後，中蘇關係由於「長波電台」、「聯合艦隊」和「炮擊金門」等一系列事件而日益緊張和惡化。莫亨・拉姆認為：「中印爭端不過是更加複雜的中蘇爭端所起的一個作用，在中蘇關係得到緩和以前，想使印中關係正常化是徒勞無益的。」在南亞冷戰格局形成的過程中，由於史達林已經去世，中蘇兩黨和兩國之間的許多分歧和矛盾逐步激化，到赫魯雪夫執政後期已經完全暴露出來了。中蘇關係的冷淡和疏遠，以及中國在內政方面的失誤，使得印度右翼極端民族主義勢力覺得可以從中漁利，企圖以此為契機強行解決中印之間的邊界問題，這就導致中印關係緊張破裂，最終在 1962 年走向戰爭。1959 年 3 月，中國西藏地區發生了農奴主叛亂，印度政府不僅支持和鼓勵這次叛亂，而且在叛亂被平定以後，收容殘餘叛匪，縱容他們在印度進行反對中國的政治活動。在西藏叛亂爆發後不久，尼赫魯總理正式向中國政府提出了大片領土要求，他不僅要求中國政府承認已經被印度占領的中印邊界東段的中國領土是合法的，而且要求中國政府承認從來沒有被印度占領過的中印邊界西段的阿克賽欽地區是屬於印度的。蘇聯在中印邊界問題上表面保持中立態度，實際上傾向於印度。而且，蘇聯還以防止把印度推向美國為藉口，向印度提供了包括戰機在內的大量援助。

　　印度想利用中蘇之間的緊張關係漁利。螳螂捕蟬，黃雀在後，巴基斯坦也想利用印度與中國的緊張關係牟利。從 1959 年 5 月到 1960 年 1 月，巴基斯坦總統阿尤布・汗多次向尼赫魯提出「共同防禦」的建議，以便印巴兩國能夠解決喀什米爾問題。該爭端一旦解決，兩國就可以把它們的軍隊從邊界上調離開來，並用它們對付來自次大陸外部的威脅，這樣雙方就能夠集中於內部的經濟和社會發展，以代替目前耗資甚巨的軍備競賽。約赫爾認為：「阿尤布的建議看似極為輕率，不僅失敗的可能性極大，還會招致中國的怨恨。其實，這是他深思熟慮之後走的一著險棋。阿尤布的建議是基於他對巴基斯坦與西方軍事結盟的價值重新評估之後而做出的，此時世界大國調整了它們的南亞政策。……巴基斯坦對美國的價值因兩個因素而削減了。第一，

巴基斯坦政府堅持它與西方結盟的目的，不僅在於反抗共產主義國家，也在於反抗印度的『侵略』。第二，美國認識到，巴基斯坦僅憑自身力量不能成為對抗蘇聯和中國在南亞擴張的保障。為此目的，就要利用印度，它有更多的人口、資源和軍事力量。因此，儘管美國給巴基斯坦軍事、經濟援助，也給印度經濟援助。印度是美國此時期全球最大的經濟受援國。」西方盟國可能拋棄巴基斯坦而去擁抱它的敵人印度，這將極度惡化巴基斯坦的生存環境，出於這種恐懼，阿尤布‧汗想在此之前就與印度捆綁在一起，提出了「共同防禦」的計劃。1959 年 5 月 12 日，巴基斯坦商業部長阿里‧布托在吉大港演講，對阿尤布‧汗的建議作了解釋：「如果印度認為它必須加入條約組織以建立共同防禦體系，阿尤布總統願意解除印度的憂慮和使他們安心……（巴基斯坦）可以考慮不用訂立公約或條約的形式與印度互相進行合作」。中國政府嚴辭抨擊了阿尤布‧汗的「共同防禦」建議，斥之為挑撥印度和中國的友誼，企圖用委婉動聽的言詞來誘使印度加入侵略性的軍事集團。

儘管巴基斯坦開列的條件極為寬鬆，願意接受在印度不加入軍事條約的情況下與它合作；儘管中印關係已經步入緊張狀態；儘管遭受著印度國內右翼分子施加的強大壓力，但尼赫魯在這個時候還不想使印度和中國的關係完全破裂，他只是打算利用中國的內外交困，在中印領土爭端中牟取利益。因此，他斷然拒絕了阿尤布的建議。1959 年 5 月 4 日，尼赫魯在印度聯邦院講話時說：「我完全贊同解決我們同巴基斯坦的糾紛，過一種正常的睦鄰生活。……但是當人們說，『我們制訂一項共同的防禦政策吧』，我就不明白了。對付誰呢？我們是否要成為巴格達條約組織、東南亞條約組織和其他某種軍事聯盟的另一個說法。我們所奉行的整個政策都是反對這種觀念的。」尼赫魯認為印度沒有必要放棄不結盟政策而與巴基斯坦締結軍事互動關係，他也明白阿尤布所謂的「共同防禦」，不過是要求印度在喀什米爾爭端上讓步，這是他不願意去做的。

尼赫魯多年追求和平的工作使人模糊了這樣一個事實，其實他並不完全

拒絕把戰爭作為政策的一個工具。尼赫魯雖然不屑於同阿尤布作交易，但也不願意讓為印度謀利的大好良機白白溜走，決心早點解決中印邊界問題。為了謹慎起見，同時也可以反駁國際上對印度反帝角色的質疑，以及轉移國內要求立即對中國動武的狂躁情緒，尼赫魯打算解決葡萄牙在印度的殖民地果阿、達曼和第烏問題，以轉移公眾的注意力。1961 年 12 月 18 到 19 日，印度出兵果阿，輕而易舉地打敗了那裡的葡萄牙軍隊，隨後把果阿、達曼和第烏併入印度。

　　果阿作為印度應有領土的組成部分，印度收回它本來無可厚非。內維爾·馬克斯維爾認為：「果阿事件之所以遭到物議和令人不快，是因為印度尤其是尼赫魯一貫主張，絕對不應該使用武力作為解決國際爭端的手段。……它也證明了印度對使用武力的態度具有兩重性 —— 抽象地談論或別人使用武力時它是應該受到譴責的，但當印度在它認為是自己領土的爭端中使用武力時，在政治上和在道義上就都是正當的了。」

　　國際社會普遍支持印度收回果阿等殖民地，巴基斯坦卻從這一事件中得出結論，認為與西方結盟關係不能保證參與國的安全和利益。巴基斯坦的《黎明報》評論說，國家之間的同盟不可靠。葡萄牙的北約盟友「僅僅發表了些無濟於事的呼籲」。正如加入北約組織無助於葡萄牙一樣，加入東南亞條約組織和中央條約組織也將無助於巴基斯坦。「軍事條約只不過是套在脖子上的重軛」。此後，巴基斯坦不再迷信結盟關係，而是想發展多邊外交。

二、中印戰爭的衝擊

　　輕而易舉地收回了果阿，這非但未能紓緩尼赫魯在中印領土爭端上所承受的壓力，反使他處於更大的困境之中，國內右翼勢力要求他在中印領土爭端中也採取同樣的強硬態度。由時任國防部長克里希納·梅農提出的與中國交換領土的提議，遭到內政部長柯班德·波拉巴·潘特的否決。作為國大黨的資深黨員，潘特威脅說，如果有任何一塊印度領土被用做交易的話，他將

讓尼赫魯政府下台。強大的民族主義壓力使尼赫魯未能踐行克里希納‧梅農的建議 —— 也是他自己早期的主張，否則中印戰爭的悲劇本來可以避免。

中印領土爭端共有三部分，東段麥克馬洪線以南 9 萬多平方公里，中段 0.2 萬平方公里，西段阿克賽欽 3.3 萬平方公里。東段和西段的領土都在傳統邊界線的中國範圍內。到 60 年代初，只有西段在中國的控制之下，而東段在印度的控制之下，中段雙方各控制一些。印度強行把西段的阿克賽欽說成是查謨和喀什米爾土邦的一部分。

阿克賽欽主要屬於新疆地區，它在維吾爾語中的意思是「中國的白石灘」。這個地區是連結新疆和西藏西部的唯一交通命脈，因此從 18 世紀中葉起，清朝政府就設立卡倫（邊卡）對這裡行使管轄，進行巡邏。從 1956 年 3 月開工到 1957 年 10 月，中國政府沿著慣道，修築了一條從新疆葉城到西藏噶大克的公路，全長 1200 公里，其中有 180 公里通過這一地區，參加築路的民工達三千餘人。印度曲解一些似是而非的文件，宣稱三段所有 12.5 萬平方公里的爭議區都屬於印度。印度的觀點極為荒謬，中國總理周恩來對此進行了義正詞嚴的駁斥：

印度已經占領了中印邊界東段的九萬平方公里的中國領土，現在還要占領中印邊界西段的中國領土。這就是說，在印度看來，已經被它占領的中國領土是它的，還未被它占領的中國領土也是它的。這是耀武揚威的英帝國主義都沒有敢於向半殖民地的舊中國提出過的要求。新獨立的印度竟然提出這樣的要求，這是完全出乎中國的意料之外的。

問題的嚴重性不僅在於印度向中國提出了全面的領土要求，而且還在於印度接著使用武力片面改變業已形成的邊界狀況，來實現它的領土要求。印度武裝部隊在東段越過了非法的麥克馬洪線，侵占了線北的塔馬頓、朗久和兼則馬尼，並且在 1959 年 8 月在侵占朗久的過程中挑起了第一次邊境流血衝突。1959 年 10 月，印度武裝部隊又在西段越過傳統習慣邊界，在空喀山口

挑起了更嚴重的邊境流血衝突。這兩次邊境衝突是印度要使中印邊境局勢進一步惡化的預兆。

由於阿克賽欽問題，印巴兩國的喀什米爾爭端就無情地與中印邊界爭端連繫起來。該地區的整個形勢因為中蘇關係緊張而進一步複雜化了。尼赫魯並不是一個黷武的人。鑒於他對蘇聯以及中印爭端所持的複雜態度，如果當時莫斯科對他施加影響，規勸他妥協或放棄「前進政策」，這本來是可以起作用的。然而，蘇聯道貌岸然的中立態度鼓勵了印度堅持自己對邊境問題的立場，蘇聯的飛機更使它得以推行前進政策。印度的朋友恰好幫助它走上了災難的道路。中印關係緊張之後，從 1960 年 10 月到 1962 年 5 月，蘇聯向印度交付及印度向蘇聯訂購飛機 94 架，噴射引擎 6 台。其中安 -12 運輸機 32 架、米格直升機 26 架、米格 -21 戰鬥機 12 架、伊爾 -14 運輸機 24 架。即便在 1962 年夏季，當中印邊境局勢再度趨向緊張之時，蘇聯不僅向印度提供大型運輸機，而且還在尼赫魯公開說明向蘇聯購買戰鬥機的用途是對付中國和巴基斯坦的情況下，不顧中國方面的反對，於 8 月接待訪蘇的印度專家代表團，向印度出售米格 -21 戰鬥機。赫魯雪夫此時的政策，使人聯想起約十年前的一幕：1950 年 6 月 25 日，安理會投票表決是否出兵朝鮮半島，在這個改變世界局勢的節骨眼前夕，史達林玄機莫測地讓其駐聯合國大使回國缺席投票，把美國網羅的聯合國軍順利地送上了朝鮮半島，從而抽身閒觀一場殘酷血腥的代理人戰爭。

印度由於對中國作了一系列錯誤的估計，拒絕了中國的和平建議。印度政府以為中國的經濟困難嚴重到不可克服的程度，美國支持下的蔣介石集團竄犯中國東南沿海地區的企圖牽制了中國的國防力量，中國西南地區的防務空虛，因而認為這是它在中印邊界全線發動大規模武裝進攻的良好時機。10 月 5 日，印度國防部宣布在「東方軍區」之下成立一個專門對付中國的新軍團；10 月 20 日清晨，印度軍隊按照尼赫魯的命令，對中國邊防軍發動了大

規模的全面進攻。

　　印度在南亞政治中總是一個支配性的因素。無論是從歷史、地緣政治環境，還是社會經濟條件來看，這個國家總是在南亞占據中心位置。中印戰爭爆發之後，美國認為這是把印度納入西方的大好時機。當危機處於高潮時，美國駐巴基斯坦大使沃爾特・麥克康諾希求見巴基斯坦外長穆罕默德・阿里・博格拉，竭力向他強調對尼赫魯表示某種承諾的緊迫性，以便印度能夠將部隊從巴基斯坦邊境調去對付中國軍隊。麥克康諾希大使說，這種姿態將軟化印度對喀什米爾爭端的態度，並獲得美國和其他西方國家的高度讚揚。博格拉對麥克康諾希大使說，巴基斯坦不得不應付兩個相互敵對的鄰國：印度和中國。對於巴基斯坦來說，犯不著招來中國的敵視。假如美國人能確保印度承諾在喀什米爾舉行公民投票的話，美國的要求可以考慮。麥克康諾希大使對博格拉說，尼赫魯會堅決反對這種建議。美國大使繼續強調形勢緊張，並指出，巴基斯坦按照美國總統甘迺迪的提議而對印度作出的任何表示，將會絕對保密。博格拉說，他理解美國人的想法：即從長遠看允許中國涉足印度平原，將危害巴基斯坦的利益。然而他強調，人民的感情不容許巴基斯坦政府對印度作出單方面的友好姿態。博格拉將麥克康諾帶來的甘迺迪的信轉交阿尤布・汗總統，並附上自己的意見：「要是印度陷入更深，真主就為我們提供了解決喀什米爾的契機。我們不應坐失良機。」

　　阿爾塔夫・高哈說：「美國極力主張印中戰爭應向縱深發展，以迫使印度與它建立軍事同盟。1962 年 11 月 20 日，美國駐印度大使高爾布雷斯甚至自己在新德里設立了戰事辦公室，實際上如果說他不是負責這場戰爭的話，那就是在主持印度政府了。」戰爭的進展大大出乎世人，尤其是印度人的意料，印軍很快就兵敗如山倒，潰不成軍。10 月 26 日，尼赫魯祕密地向美國總統約翰・甘迺迪尋求幫助，請求美國提供武器給印度自衛，並要求美國派遣空軍轟炸中國的基地和機場。美國政府對尼赫魯的要求稍有猶豫，部分原

因是希望說服印度在解決喀什米爾爭端上作出更大的讓步,而更重要的是出於擔心向印度輸送軍事裝備勢必將使巴基斯坦感到不快,從而危及美國情報人員認為非常重要的美國在白沙瓦的軍事基地。中印邊界戰爭與喀什米爾爭端有著相似的地方,從側面證明它是一個地緣政治問題,巴基斯坦是由於實力弱小才處於不利地位。

由於懲罰印度政府的目標實現,中國政府在11月21日宣布單方面停火,並宣告本國部隊將後撤至1959年11月7日以前中印實際控制線自己一方,這一決定令世人震驚。阿尤布‧汗總統對中國駐巴基斯坦大使說,中國過早地宣布停火,增加了巴基斯坦在軍事上的問題,「如果你們繼續與印度再打上一週左右,我肯定尼赫魯必定下台,我們的問題將得到圓滿的解決」。

中印之間這場短暫的戰爭改變了人們關於喀什米爾的整個看法。英美兩國再次積極介入南亞事務,斡旋喀什米爾問題。尼赫魯無法抵制,宣布印巴兩國外長無條件討論雙方關係。英美對印度的「不惜任何代價把中國人趕出去」的心情產生了錯覺。印度各階層人士都在說,同巴基斯坦解決喀什米爾爭端的時機到了,但他們的含意是按照喀什米爾的現狀來解決。對巴基斯坦來說,這並不是解決爭端,倒是拒絕解決爭端。在尼赫魯的腦海裡,同阿尤布‧汗會見,很清楚不是「談判」,而是「會談」。印度為解決問題所準備作出的最大讓步是同意調整停火線,這遠遠沒有達到巴基斯坦的最低要求。

在1963年2月的卡拉奇會議期間,印度代表發現,巴基斯坦在喀什米爾上的立場依然未變。約赫爾說:「隨著形勢繼續朝著有利於本國的發展,阿里‧布托要求把整個喀什米爾轉交給巴基斯坦。儘管印度建議接受在喀什米爾的停火線,把它轉變成國際邊界,巴基斯坦唯一的出價是印度可以擁有查謨省的卡蘇亞縣。巴基斯坦沒有認識到,尼赫魯在被中國挫敗之後,在國內國外都遭受了一場嚴重的困難,這使得他對巴基斯坦單方面讓步更加不可能。印度的交涉能力或許已經很弱,但它不可能被迫接受巴基斯坦在喀什米

爾的頑固要求。」兩國立場之間的鴻溝是無法踰越的。阿里‧布托建議喀什米爾在限定的時間內實行國際化，隨後進行公民投票，但是尼赫魯好像仍然不願意根據巴基斯坦的立場達成一項解決方案，認為巴基斯坦只是希望利用中印關係中印度的不利地位。戈帕爾說：「尼赫魯相信，在這時進行公民投票將成問題，因為它將重新激活原教旨主義情緒；並且印度不能考慮任何關於喀什米爾問題的解決辦法，如果它直接妨害了印度應付中國的入侵。這意味著印度不能在喀什米爾谷作任何讓步，因為通向拉達克的路線經過這裡。因此，印度既不能考慮把喀什米爾谷轉交給巴基斯坦，也不能同意讓喀什米爾谷在大國的保障下獨立或以任何形式讓聯合國監管喀什米爾谷。」

　　印巴之間進行了六輪部長級會談，最後以失敗告終。印度並不是不願意通過公民投票來決定查謨和喀什米爾土邦的歸屬，直到臨終之前，尼赫魯還說公民投票是解決喀什米爾爭端的唯一辦法，但發現了不能進行公民投票的原因，那樣做印度將失去喀什米爾。科爾威‧派翠克‧辛普森說：「如果喀什米爾人投票反對與印度的從屬關係，這將使印度難堪並被冠上『侵略』之名。印度將被指控犯有侵略喀什米爾人民的罪，還將被看作是亞洲的殖民主義國家。」

　　「南亞邦聯計劃」和中巴邊界劃定：戈赫爾‧利雅茲說：「印巴分治沒有解決印度教派衝突的問題，取而代之的是兩國之間的競爭。」印巴之間的六輪會談毫無成果，尼赫魯認為重開談判或接受調停，不僅無所助益，可能還會被證明是一場政治自殺。因為，印度的議會和公眾會認為，這是對中巴壓力屈服的第一步和在政治上向中國投降的序幕。所以，他只能等待適當的機會以取得主動。歐洲共同體發展到這個時候所取得的成功，引起他再次嚴肅地考慮建立南亞邦聯的設想，真誠地渴望全面推進與巴基斯坦的關係，尋求一項長遠的包括兩國間所有問題而不僅僅是喀什米爾爭端的解決辦法。他暗示印度和喀什米爾的邦聯關係將導致類似的安排在巴基斯坦的東西兩翼出

現，隨著時間的發展，印巴及其鄰國將組成一個大的邦聯。邦聯對巴基斯坦的好處是，它既可以維持與喀什米爾的關係，對東孟加拉的復國主義情緒也起安全閥的作用。該計劃對印度也有吸引力，因為它堵塞了教派主義之路，讓它遠離「兩個民族理論」，並為印巴的和平與合作提供了前景。

1964 年 4 月 20 日，《印度斯坦時報》刊登了 J・P・納拉揚的題為《我們在喀什米爾的大好機會》的文章，裡面說：「令人鼓舞的是，在回答外交事務辯論時，尼赫魯總理勇敢地確認他忠實於建立印巴友好關係，他甚至正視了某種憲法約束，並慷慨地承認印巴雙方都犯了錯誤。最近的事件表明，印度分裂是一個嚴重的錯誤，而且沒有解決任何問題。無論如何，現在對印巴兩個主權國家來說這是無可辯駁的事實。」納拉揚是一位著名的甘地型道德政治家，在印度擁有巨大的影響，後來英迪拉・甘地總理在 1979 年下台就是他促成的。《印度斯坦時報》在這個時候刊登他的這篇文章，個中意味頗為深長，可以解讀為尼赫魯打算不顧一切地早日解決喀什米爾問題。

南亞邦聯計劃並非尼赫魯一時心血來潮的突發奇想。早在印度獨立以前，尼赫魯就認為：「如果那些靠著印度洋而在印度兩邊的國家，例如伊朗、伊拉克、阿富汗、印度、錫蘭、緬甸、馬來亞、暹羅、爪哇等等，有一個區域性的組織集團的話，那麼，現今的少數民族問題就將消失，或者無論如何，都將在一個完全不同的觀點上來加以考慮了。因為小的民族國家是注定要滅亡的。它可能作為一個文化上的自治地區而苟延殘喘，但是不能成為一個獨立的政治單位。」而且，他還說：「我們希望巴基斯坦是一個獨立而繁榮的國家。一個國家不繁榮的話對我們沒有好處，因為那將導致政治危機、衝突以及所有諸如此類的事情發生。並且，當巴基斯坦在政治或經濟上變得虛弱時，其國內的恐懼因素將上升，政府為了轉移人民的注意力會恣意妄為。而人們總是害怕冒險主義之類的行為。這種情況阻礙了印巴之間自然地發展更加友好的關係，不幸的是它在過去發生了。」

　　為了達到目的，尼赫魯甚至於不惜違反民主制度干預司法程式，把謝赫·阿卜杜拉釋放出獄。他說：「謝赫·阿卜杜拉總體而言是正直高尚的人，我對此深信不疑。他可能在許多小問題上犯錯誤，但我認為在涉及重大決策時他是正確的。唯有通過他，才能找到令人滿意的解決喀什米爾問題的方法。」此外，喀什米爾的哈茲拉特貝爾清真寺在 1963 年底發生了聖物失竊案，導致印控喀什米爾爆發了嚴重騷亂，印度需要借助這位最孚人望的喀什米爾領袖去加以平息。1964 年 4 月 8 日，謝赫·阿卜杜拉獲釋出獄。在與尼赫魯會談時，他提出了自己對印度、巴基斯坦和喀什米爾組建 Confed exation 的看法。與尼赫魯的方案相比，他的範圍要小得多，因為它沒有談及東孟加拉的自治問題。尼赫魯對它感到不高興，認為是不成熟的，也缺乏平衡，但允許他在訪問拉瓦爾品第時向阿尤布·汗總統提出自己的建議。

　　5 月 26 到 27 日，謝赫·阿卜杜拉訪問巴基斯坦，他的主要助手米爾扎·阿弗澤爾·貝格、穆巴裡克·沙阿·納克希班迪和他的兒子法魯克·阿卜杜拉隨行。謝赫·阿卜杜拉在與阿尤布·汗會談時向他建議，乘著尼赫魯大權在握，目前渴望解決印巴矛盾，可以考慮南亞邦聯的計劃。阿爾塔夫·高哈說：「阿尤布·汗有些不耐煩地回答說，南亞邦聯是巴基斯坦完全不能接受的一個方案。組成任何形式的邦聯均同印巴分治背道而馳，並讓占人口多數的印度教徒在邦聯的外交、防務和財政方面處於主導和決定性的地位。所有邦聯成員都會受居支配地位的邦聯夥伴主宰，巴基斯坦無論如何也不能苟同印度那些不懷善意的政策，也不能接受印度政治失誤的遺產。另一個問題是，如果要組成南亞邦聯，東巴基斯坦同西孟加拉將合併為一個完整的孟加拉，作為一個獨立成員加入邦聯而將產生巨大壓力。同樣，南印度、拉賈斯坦，甚至錫克人都提議想成為邦聯的自治成員。」

　　阿尤布·汗的回答並不出人意料。1947 年 10 月 25 日，巴基斯坦剛獨立不久，真納在接受路透社記者鄧肯·胡珀採訪時就宣稱：「我想使之明確無誤的是，巴基斯坦將永遠不會投降，也永遠不會在兩個主權國家之間形成具

有同一中央的任何憲政聯邦。巴基斯坦已經存在，並將仍然存在。……『兩個民族』不是一個理論，而是一個事實。印巴分治是建立在那個事實的基礎上。」阿尤布·汗不過是延續了真納的政策而已，正如他所表白的那樣，南亞邦聯與印巴分治的目標背道而馳，否認了巴基斯坦過去十多年的歷史，所以，這一美好的願望還未出籠便胎死腹中。

1964 年 5 月 27 日，尼赫魯逝世。謝赫·阿卜杜拉一行中斷在巴基斯坦的訪問，趕回新德里參加他的葬禮。這位偉人已經撒手人寰，留下喀什米爾問題依然橫亙在印度和巴基斯坦兩國之間，侵蝕著兩個民族的肌體，和平解決的希望更加渺茫了。

阿爾塔夫·高哈說：「阿尤布·汗深知巴基斯坦所處的地緣政治形勢：四周被蘇聯、中國和印度這三大鄰國，以及敵對的阿富汗包圍。他喜歡說，在外交領域內，他時刻在走四角形鋼絲 —— 祕訣是不要失去平衡。」中印戰爭期間，美國要求巴基斯坦支持印度。阿尤布·汗拒絕了美國的要求，他甚至拒絕向印度提供支持的正式表態。阿尤布明白，在拒絕了美國的要求後，他已經使巴美關係面臨危險。但他贏得了中國的友誼，這一友誼將證明具有永恆價值。巴基斯坦斷然地採取措施同中國發展友誼，同蘇聯關係正常化。因為阿尤布明白，萬一印度攻擊巴基斯坦，要美國履行其職責支持巴基斯坦是極不可能的。

巴基斯坦同中國發展親密的關係，從根本上改變了美巴同盟的性質，這使得阿尤布·汗受到西方國家的攻擊。阿尤布·汗對此極為惱火。他對西方竟會捨棄盟友而去討好印度這樣猛烈抨擊西方的中立國家大為震驚。美國人感到很難相信阿尤布·汗竟然如此天真，異想天開地認為美國培養某些經過挑選的國家成為盟友是取決於某種理想主義，而非僅僅取決於自身的利益。一旦美國人從阿尤布·汗腳下抽走了理想主義的地毯，阿尤布·汗在制定巴基斯坦的地區策略過程中，地緣因素就變得極為重要。面對印度、阿富汗這兩個得到蘇聯支持的敵對鄰國，在巴基斯坦的西方盟國調整它們在這個地區

的條約宗旨和援助數量時，阿尤布‧汗除了抓住中國的友誼之手，別無其他的選擇。

　　1961 年 3 月，巴基斯坦政府正式向中國建議談判解決兩國的邊界問題。巴希爾‧艾哈默德說：「從長遠來看，中國認為蘇聯是自己的主要敵手。由於中印關係也惡化了，中國擔心蘇聯與印度在帕米爾山區連結起來，這將對新疆和西藏構成嚴重的威脅。中國必須防止蘇聯和印度在地理上接近。所以，中國開始承認巴基斯坦對喀什米爾的權利和對喀什米爾北部地區的占領。」根據周恩來的指示，中國外交部在 1962 年 2 月照復巴基斯坦，提議就兩國邊界問題進行談判，同時明確表示：「在喀什米爾問題的歸屬問題解決之前，比較恰當的做法是中巴先就兩國間目前實際存在的共同邊界走向達成一個臨時性的協議，並在協議中規定，在印巴解決喀什米爾的歸屬問題以後，有關的主權當局將同中國政府重新進行談判，以簽訂一個正式的邊界條約來代替這個臨時協定。巴基斯坦同意中國的建議。雙方遂於 5 月初發表公報，宣布兩國代表將就邊界問題進行談判。」10 月 12 日，雙方正式展開會談；12 月 26 日，兩國達成原則協定。1963 年 3 月 2 日，中國外交部長陳毅和巴基斯坦外交部長阿里‧布托代表兩國政府在北京正式簽訂《中華人民共和國政府和巴基斯坦政府關於中國新疆和由巴基斯坦實際控制其防務的各個地區相接壤的邊界的協定》。協定的第二條確定中國新疆和由巴基斯坦實際控制其防務的各個地區（即巴控喀什米爾）相接壤的全部邊界線走向，以及雙方聯合實地勘測加以劃定；第六條規定：「雙方同意，在巴基斯坦和印度關於喀什米爾的爭議獲得解決以後，有關主權當局將就本協定第二條所述的邊界，同中華人民共和國政府重新進行談判，以簽訂一個正式的邊界條約來代替本協定，該當局如系巴基斯坦，則在中華人民共和國和巴基斯坦將簽訂的正式邊界條約中，應該保持本協定和上述議定書的規定。」

　　中國前駐印度大使程瑞聲說：「由於中巴邊界協定對喀什米爾問題作了必要的和適當的處理，這不僅有利於中巴兩國維護邊界的安寧，加強中巴兩

國的友誼，而且也不會損害印巴各自對喀什米爾的立場，有利於印巴以後解決它們之間的爭端。」1964 年 8 月 29 日，印巴談判破裂 3 個月之後，巴基斯坦和中國在卡拉奇簽訂航空條約，使兩國的航線能夠在彼此的領土上運行，並為確保各自領土所有具體地點飛行的暢通而提供一切必要的設施。

中巴關係親近之後，巴基斯坦在冷戰中沒有改變立場，然而目前它在「中央條約組織」和「東南亞條約組織」的存在純屬象徵性的了。巴基斯坦沒有脫離這兩個條約，只是為了不讓美國公開難堪。巴基斯坦的國際關係增添了新的方位，這一定向明顯穿透了美國在南亞地區的策略。阿里·布托還想讓巴基斯坦審議一直讓中國人耿耿於懷的巴基斯坦作為「中央條約組織」成員的問題。這樣做，阿尤布·汗認為只會加劇美國和巴基斯坦之間越來越大的裂痕，對巴基斯坦也無特別的好處。阿尤布·汗對於讓他離開美國人自己獨立走每一步都很痛苦。他不指望蘇聯人會援助巴基斯坦，阿尤布·汗真正懼怕的是，如果巴基斯坦走得太遠，美國政府可能「做出蠢事」，屆時中國人也無能力收拾殘局。1965 年 3 月 2 到 9 日，阿尤布·汗訪問中國。這次訪問最重要的成果是簽訂兩國邊界議定書，表明了兩國通過陸地勘察和空中攝影而共同進行的具體定界工作業已完成。3 月 10 日，印度發表了一個氣勢洶洶的抗議照會，聲稱巴基斯坦同中國沒有共同邊界，巴基斯坦之所以在喀什米爾北部存在是由於侵略和非法占領。

第三節　第二次喀什米爾戰爭

一、印控喀什米爾動亂和卡奇衝突

巴克希·吳拉姆·穆罕默德替換謝赫·阿卜杜拉任印控喀什米爾的總理之後，採取了一系列措施削弱喀什米爾的特殊地位，印度也把許多聯邦法律擴展適用於查謨和喀什米爾邦，使它逐漸與印度其他邦平等。1957 年 10 月 9 日，印度情報局指控一些喀什米爾人與巴基斯坦祕密勾結，企圖顛覆查謨和

喀什米爾邦的合法政府，並使喀什米爾加入印度無效。這一事件被稱作「喀什米爾陰謀案」。為了應對這種危險，印度政府在 1958 年 1 月 8 日把謝赫·阿卜杜拉釋放出獄。出獄之後，謝赫·阿卜杜拉攻擊巴克希·吳拉姆·穆罕默德，指責他是喀什米爾穆斯林的叛徒。這使得巴克希·吳拉姆·穆罕默德有如芒刺在背，感覺到巨大的威脅，於是千方百計想把謝赫·阿卜杜拉誆進「喀什米爾陰謀案」。2 月 21 日，謝赫·阿卜杜拉發表了一通激烈的反印演講，煽動喀什米爾人民起義。因此，他在 4 月 30 日再次被捕入獄。

1963 年 10 月 3 日，巴克希·吳拉姆·穆罕默德在喀什米爾議會宣布，今後查謨和喀什米爾邦的元首改稱邦長；政府首腦稱作首席部長，而不再叫總理。此外，印度聯邦議會中的查謨和喀什米爾邦的議員，將由直接選舉產生，不再由喀什米爾議會提名。他還表示，1964 年 2 月將通過查謨和喀什米爾邦憲法的修正案，規定查謨和喀什米爾土邦一勞永逸和無法更改地併入印度聯邦。印控喀什米爾政治地位的改變，引起當地穆斯林的強烈不滿。

1963 年 12 月 26 日，斯利那加西北邊的哈茲拉特貝爾清真寺發生了一起嚴重的盜竊事件。先知穆罕默德的一縷頭髮，作為聖物保存在一個小木盒的一根小玻璃管裡，被人偷走了。這成了印控喀什米爾穆斯林發洩憤怒的導火線，並演變為大規模的公眾騷亂。喀什米爾穆斯林的各界著名人士成立了一個「聖物行動委員會」，要求印度政府調查此事。尼赫魯感覺到喀什米爾民眾的離心力在加強，讓印度政府介入此案的偵察工作。1964 年 1 月 4 日，聖物離奇地找回並重新供奉在清真寺裡。印控喀什米爾政府因為聖物案被迫解散；2 月 28 日，喀什米爾社會主義黨領袖 G·M·薩迪克接任印控查謨和喀什米爾邦德首席部長。印度政府在整個印控喀什米爾實行戒嚴，禁止公眾聚會和遊行示威，喀什米爾陷入 1947 年以來最嚴重的政治危機。喀什米爾的動亂局面使巴基斯坦情報部門同動亂的領導人建立了連繫，並從中獲得了喀什米爾內部的情報。不久，巴基斯坦外交部的高級官員們確信，印度人已處於極

其脆弱的境地：只要得到巴基斯坦的一些幫助，勇敢的喀什米爾人就會將印度軍隊趕出喀什米爾。

喀什米爾的動亂局勢非常嚴重，尼赫魯打算依靠謝赫·阿卜杜拉來加以安撫平息。R·N·考爾說：「尼赫魯知道，除非並且直到喀什米爾人民感覺到他們與印度的關係是安全的，他們才會對印度感到放心，這一點是不能依靠虛假的外力去強迫他們接受。喀什米爾與印度之間的這一自願連繫或感情團結的關鍵在於謝赫·阿卜杜拉。」此外，尼赫魯已經感覺到自己來日無多，極其渴望在自己手中徹底解決印巴之間包括喀什米爾問題的所有矛盾，認為只有謝赫·阿卜杜拉才能協助實現這一目標，因此在 1964 年 4 月 8 日把他釋放出獄。阿爾塔夫·高哈說：「謝赫·阿卜杜拉的獲釋被巴基斯坦政府看作喀什米爾人民的勝利：手無寸鐵的百姓終於使強大的印度軍隊顏面掃地。要是獲得一些武器和訓練，難道他們就不能永久地將印度人趕走，實現他們爭取自由的崇高目標？」

尼赫魯去世後，南亞邦聯計劃也隨之擱淺。1965 年 3 月，謝赫·阿卜杜拉前往麥加朝聖，然後轉往阿爾及利亞訪問。程瑞聲說：「3 月 30 日，他在阿爾及爾會見了在當地訪問的中國總理周恩來，期間討論了喀什米爾問題。周恩來邀請謝赫·阿卜杜拉訪問中國，他接受了邀請，但沒有確定日期。」蘭姆說：「這被印度看作一個證據，表明謝赫·阿卜杜拉現在變成中巴針對印度陰謀的一個工具。印度僅僅引證一份雜誌的報導而非經過深入調查就得出了這個結論，因此其中的企圖就不能簡單地予以忽略。」

1964 年 10 月 16 日，中國成功地爆炸了原子彈；印控喀什米爾此時由於哈茲拉特貝爾清真寺聖物盜竊案仍然處於動亂之中；中國和巴基斯坦則在 1965 年 3 月 27 日在拉瓦爾品第簽訂了《中國巴基斯坦邊界議定書》。因此，印度對喀什米爾的形勢極為敏感和警惕。1965 年 5 月 8 日，謝赫·阿卜杜拉及其主要助手阿弗澤爾·貝格一回到孟買就遭到逮捕，並迅速被移到南印度

拘留起來。斯利那加和印控喀什米爾其他地區立刻爆發了騷亂。

中印戰爭之後，針對印度與西方國家親近的現象，巴基斯坦和蘇聯加強發展友好關係。1965 年 4 月 3 日，阿尤布·汗開始對蘇聯進行訪問；5 日，在與蘇聯部長會議主席柯西金進行會談期間，他向蘇聯領導人表示，願意對巴基斯坦是「東南亞條約組織」和「中央條約組織」成員的問題重新加以考慮，並直言有可能不再續租美國在巴基斯坦的通訊基地，這顯然說服了他們審議蘇聯對喀什米爾問題採取的立場。阿尤布·汗對蘇聯在聯合國安理會否決喀什米爾問題的決議案表示失望，認為正是蘇聯的否決才給了印度拒絕達成解決喀什米爾方案的機會。柯西金說，蘇聯沒有否決聯合國在 1948 年 8 月和 1949 年 1 月通過的喀什米爾問題決議案，根據這兩個決議，印度應該在查謨和喀什米爾土邦舉行自由和公正的公民投票。阿尤布·汗還表示了對印度的擴張主義政策的擔心，蘇聯卻對此不置可否。阿尤布·汗說，美國同印度簽訂了雙邊軍事援助條約，結果卻是這兩個國家在印度的鄰國之中都失去了影響。他警告，如果印度的鄰國受其侵略，它們沒有希望獲得蘇聯的幫助，那蘇聯的影響也會受挫；印度的鄰國別無選擇，為了自身安全，只得轉向中國。

中印戰爭之後，印度迅速向美英等西方國家靠攏，蘇聯對此非常不滿和警惕，試圖與巴基斯坦建立比以前更加緊密的關係。此外，蘇聯為了防止巴基斯坦與中國過於親近，開始向它提供大量軍事援助。巴基斯坦也希望蘇聯轉變它在喀什米爾問題上過於親印度的立場，即便不親巴，至少也要保持中立，也樂意與它發展進一步的關係。布里茲涅夫上台之後，蘇聯對南亞的態度做了重大調整。所以，柯西金向阿尤布·汗表示，蘇聯對喀什米爾的政策將要靈活得多。阿尤布·汗的訪問獲得很大成功，巴蘇兩國的關係大為改善。美國總統約翰遜對阿尤布訪問蘇聯及其相關言論非常不滿，推遲了他訪問華盛頓的時間。

　　印巴之間的這次戰爭首先並沒有在查謨和喀什米爾地區發生，而是在千里之外的卡奇沼澤地開火。位於巴基斯坦信德省和印度古吉拉特邦之間有一片荒無人煙的內陸湖區，屬於以前的卡奇土邦，因而被稱作卡奇沼澤地。巴基斯坦聲稱北緯 24 度以北 3500 平方英里為其領土，印度人則聲稱整個 8400 平方英里的沼澤地區為其領土。鑒於邊界未劃定，雙方村民仍在稱為「貝特」的草原上放牧。1965 年 3 月，印度以軍事演習的名義向當地集結兵力；4 月 6 日，巴基斯坦派軍隊進去作戰。在英國的調停下，印巴兩國在 4 月 27 日非正式停火；7 月 1 日，停火正式生效。印軍在卡奇交火中遭到打擊。巴基斯坦國民為此情緒激昂，軍界也欣喜若狂，彷彿印度再次遭受了 1962 年那樣的慘敗。

　　1965 年 5 月 9 日，蘇聯塔斯社發表了一篇無關痛癢的聲明，說：「無論如何，不難理解的是，用軍事手段解決印巴之間的這個衝突將違背兩國的利益。卡奇沼澤地的事件加劇了兩國間的緊張關係：它們的發展，遠談不上導致該問題得到解決，正在日益加劇印巴之間原有的緊張關係。如果該事件不結束，發展下去它將耗盡印巴兩國的軍力，並可能導致大量人員傷亡，危及亞洲和平。唯有西方列強中的帝國主義集團能從這一事件的發展中獲益。」這篇聲明對雙方都沒有偏袒，這非常有利於巴基斯坦。南達穆迪說：「蘇聯的態度必定縱容了阿尤布·汗發展其計劃用武裝力量去奪取喀什米爾。」

　　1965 年 6 月，巴基斯坦總統阿尤布·汗和印度總理夏斯特裡均出席在倫敦舉行的英聯邦首腦會議，分別同英國首相哈德羅·威爾遜和英聯邦關係部祕書亞瑟·波騰姆會談。6 月 29 日，在英國的調停下，印巴兩國簽署了《卡奇協議》，其中規定：雙方自 1965 年 7 月 1 日起實現停火，並在 7 天之內撤出所有軍隊，恢復 1965 年 1 月 1 日前的現狀，以及舉行部長級會談討論邊界劃界問題。假如這些措施均未奏效，則將問題提交公正法庭，由它作出終審裁決。南達穆迪說：「對巴基斯坦而言，這是卡奇衝突取得令人吃驚的一

個結果，因為印度此前總是不斷地拒絕對喀什米爾作任何形式的國際仲裁。無論如何，夏斯特裡總理同意將卡奇爭端提交國際法庭。如果印度在類似事件中再往前走一步的話，巴基斯坦必定會考慮將這一程式運用於喀什米爾問題。」卡奇衝突從而造成了兩大實際後果：首先，它讓巴基斯坦大膽地使喀什米爾爭端升級，以便國際化而尋求一項最終的解決方案；其次，它使印度政府承受強大的國內壓力，萬一受到巴基斯坦侵略時必須採取強硬政策。正是卡奇衝突引發了六個月後的印巴戰爭，它因此也被稱作第二次喀什米爾戰爭在外交計劃中進行的一次彩排。

二、第二次喀什米爾戰爭

尼赫魯逝世給印度造成了權力真空，哈茲拉特貝爾清真寺聖物盜竊案、卡奇衝突、謝赫·阿卜杜拉再次被捕以及喀什米爾新的動亂，這些事件使得巴基斯坦許多高級領導人認為，有利於巴基斯坦解決喀什米爾問題的機會已經來到了，勸阿尤布·汗總統把握歷史時機。1965 年 7 月 24 日，外交部長阿里·布托在內閣會議上堅定地說，假如此時巴基斯坦仍對喀什米爾的局勢袖手旁觀，它就永遠不會得到歷史的饒恕。外交祕書阿齊茲·艾赫默德也堅信巴基斯坦有把印度人從喀什米爾趕走的優勢，他認為：

只要訓練有素的巴基斯坦軍隊開進喀什米爾，喀什米爾谷的人民將自發起來反抗。由於懼怕中國，印軍將不敢發動一場全面戰爭，因而就像在卡奇沼澤地一仗那樣，巴軍有將印軍從喀什米爾趕走的機會。……他還對這項計劃的國際意義作了詳盡的闡述：印度面臨的形勢極為脆弱。鑒於印度此刻領導人作古，國內群龍無首，在喀什米爾的處境自顧不暇，民眾騷亂遍及各地。若印軍因受打擊而造成力量分散，再遭訓練有素的士兵進行遊擊式的武裝騷擾，喀什米爾不久將分崩離析。對巴基斯坦最強有力的有益因素是同中國日益增長的友誼。即使印度被趕出喀什米爾，中國亦將阻止印度大舉侵犯巴基斯坦。

　　獨立之後，巴基斯坦努力與所有世界強國發展友好關係。1965 年 4 月阿尤布·汗訪問蘇聯之後，巴蘇關係有了很大的改善，再加上與美國、英國和中國早已建立的友好關係，它與主要的世界大國都關係良好。儘管如此，但巴基斯坦發現，它肯定不可能再期望從聯合國獲得支持，幫助它合理地解決喀什米爾問題。

　　儘管形勢有利於巴基斯坦，它的政府高層之中當時還瀰漫著一股憂慮。自與美國締結軍事同盟之後，巴基斯坦自認為在軍事上與印度相比具有相對優勢。但在中印戰爭之後，印度與西方的關係再次活絡起來，西方國家加強了對印度的軍事援助。巴基斯坦擔心，隨著這一趨勢發展下去，巴基斯坦對印度的軍事優勢一定會顛倒過來，應該在這一力量對比逆轉發生之前就解決喀什米爾問題。

　　處在重重壓力之下，阿尤布·汗似乎生活在幻覺之中，夢想憑藉巴基斯坦的軍事優勢，在初期階段打敗印軍，避免進行全面戰爭，然後同它談判解決喀什米爾問題。他不期待速戰速決，在外交部和總司令部背著他已採取了一切行動的情況下，深信「印度教徒的士氣經不起在合適的時間和地點兩三下沉重的打擊」的一般規律。經過痛苦的煎熬之後，他終於批准了解放印控喀什米爾的「直布羅陀軍事行動」。7 月 24 日，巴基斯坦相關部隊開始向前方集結，28 日到達各自的目的地，然後越過停火線滲透進印控喀什米爾。8 月 9 日（註：謝赫·阿卜杜拉在 1953 年的被捕日），巴基斯坦滲透軍正式向印控喀什米爾發動進攻。

　　巴基斯坦政府制定的計劃，把取勝的希望過於寄託在依靠本國的優勢武器和印度一戰即潰的假設上。印度在喀什米爾的確是防禦不足，但巴基斯坦高估了喀什米爾穆斯林援巴抗印的情勢。克里尚·巴蒂亞說：「有相當數量的喀什米爾人，尤其是居住在斯利那加的那些人，他們在感情上傾向於巴基斯坦。儘管他們當時與印度政府處於敵對情緒之中，但巴基斯坦對他們未做太多的爭取工作。如果他們知道巴基斯坦進攻的真正規模，如果造謠者製造

巴基斯坦有幾分勝利把握的輿論得逞了，那麼這些親巴分子很可能會出來幫助巴軍。他們甚至會向印度對該峽谷地區的控制提出異議。」然而，巴基斯坦的前期工作做得太少了，他們期望的喀什米爾穆斯林風起雲湧而且堅毅果敢地反抗印度的局面並沒有出現。

第二次喀什米爾戰爭爆發後，國際社會反應強烈。蘇聯對這次戰爭依然像在卡奇衝突中一樣，竭力保持中立的態度，以這樣的技巧不招致任何一方的敵意。8 月 20 日，柯西金寫信給阿尤布·汗和夏斯特裡，要求印巴兩國保持克制，避免採取任何舉措導致擴大危機，惡化查謨和喀什米爾土邦的形勢。9 月 4 日，他再次敦促雙方同意迅速停火，並表示蘇聯願意提供良好的談判場所給兩國協商解決辦法，阿尤布·汗和夏斯特裡都拒絕了蘇聯人的建議。但柯西金並未氣餒，9 月 17 日他再次建議印巴領導人在塔什干或其他蘇聯城市，在他的主持下討論兩國的分歧。蘇聯不願意因為喀什米爾的局勢而公開譴責巴基斯坦，原因在於它想繼續改進與巴基斯坦的關係，並使它脫離中國的影響。

8 月 25 日，印軍占領巴控喀什米爾的蓬奇和烏里地區，控制了哈吉比爾隘口。9 月 1 日，聯合國祕書長吳丹向印巴兩國發去電報，呼籲它們遵守喀什米爾在 1949 年形成的停火線；9 月 4 日，安理會通過決議要求印巴停火並撤軍。印度雖然在喀什米爾取得一些勝利，巴控喀什米爾地勢險峻，在那裡作戰對印軍不利。但印度無論在綜合國力還是軍事實力方面，都比巴基斯坦強得多，因此從策略上看，開闢第二戰場對印度來說是可取的。9 月 6 日，印軍越過旁遮普的印巴國際邊界線兵臨拉合爾，打算攔腰截斷狹長的西巴基斯坦。

巴基斯坦的處境極其危險，阿尤布·汗一再要求中國方面出兵進行支援，使印度處於兩面夾攻之下。尼克森說：「正像中東牽涉到美國和蘇聯的利益一樣，在南亞和印度次大陸有中國、蘇聯和美國的切身利益。」巴基斯坦的安全關係到中國的國家利益，因此，中國政府不能置巴基斯坦的危險處

境於不顧。中國政府經過慎重考慮，決定出兵援巴。毛澤東批准了這一計劃，並建議在與巴基斯坦接界最近處出兵為佳。外交部經過研究，選擇中錫（金）邊界作為突破口，準備在此地區對印度進行打擊，以支援巴基斯坦。

9月9日，美國駐巴基斯坦大使沃爾特·P·麥克科諾希通知阿里·布托，美國決定中止給巴基斯坦和印度的所有軍援，以此作為對安理會呼籲停火決議的支持，因為美國希望幫助結束這一衝突而非惡化它。布托氣急敗壞地說，作為美國朋友和盟國的巴基斯坦，正在為自己的生存而奮鬥，美國卻在它的背後捅了一刀。他警告說，這一行徑將損害巴基斯坦和美國的關係。阿姆·塞弗丁·卡雷德說：「實際上，巴基斯坦與美國締結軍事同盟時就犯了外交錯誤，以為他們會無限制地獲得武器從而使自己通過武力解決喀什米爾問題。但巴基斯坦所獲得的只是防禦性武裝，這不會使它對印度形成軍事優勢，以至於通過武力手段解決喀什米爾問題。」印尼時任總統蘇卡諾主張新興國家集體反抗侵略。9月13日，他在雅加達的一次集會上說，在印度與巴基斯坦的衝突中，印尼堅決支持巴基斯坦，因為印尼深信，正義在巴基斯坦方面。中國著名外交家楊公素說：「他甚至對支持巴軍抵抗印軍極有興趣，乃派其空軍司令祕密來華，商談印尼如何支援巴基斯坦的問題。……周恩來告訴他，目前第三國不宜插手，而且印尼空軍沒有理由更無法參加戰爭，現在所能做的只有給以物資等援助。」

9月17日，《人民日報》以頭版頭條向印度發表了一個最後通牒式的照會。這個照會傳遞給世界各國的訊息很明確，其中第三部分的內容尤為重要，說：

> 印度政府在美帝國主義及其同夥的支持下，一貫對它的周圍鄰國推行沙文主義和擴張主義政策。它的侵略邏輯是，凡是它已經占領了的地方，都是它的；它想要占領而尚未占領的地方，也是它的。1962年印度政府向中國發動大規模的武裝進攻是由此而起的，現在向巴基斯坦發動大規模的武裝進攻也是由此而起的。……只要印度

政府有一天還在對巴基斯坦進行肆無忌憚的侵略，中國就一天不會停止支持巴基斯坦反侵略的正義鬥爭。

中國政府要求，在文到之日三天內，印度拆除它在中錫邊界中國一側和跨中錫邊界線上的所有侵略工事，並且立即停止在中印邊界和中錫邊界的一切入侵活動，送回被劫走的中國邊民，歸還被搶走的牲畜，保證今後不再越境騷擾。否則，由此而產生的一切嚴重後果，必須由印度政府承擔全部責任。

中國的聲明引起世人注意。蘭姆對此評論說：「中國沒有讓巴基斯坦失望；但他們以一種奇怪的、真正高深莫測的方式來進行干預。他們避免任何諸如直接捲入印巴衝突的危險，或許是因為他們認識到，這樣做的話將導致美國做出非常猛烈的反應。代替之的是，他們用中印之間爭論多年的一小塊邊界問題，製造一個小的事件作為向印度政府發出最後通牒的理由。」看起來似乎確實是，中國的干涉能夠使阿尤布·汗總統在一種不同的形勢下同意停火，這種形勢有可能讓巴基斯坦公眾成為強勢的一方，而不管真實的情形到底如何。

9 月 18 日，美國駐聯合國常任大使亞瑟·J·戈德伯格說：「我們把安理會看作解決該危機合適而最有效的代理處。我們認為，必須行動，必須堅定、果斷而迅速地行動。」由此可以看出，美國不但把巴基斯坦與印度等量齊觀，儘管巴基斯坦是它的軍事同盟，而且不想介入這次危機，只打算讓聯合國去調解。

19 日午夜，阿尤布·汗和阿里·布托從白沙瓦機場祕密飛往北京，親自向中國政府求援。阿爾塔夫·高哈說：「確定無疑的是，如果巴基斯坦想得到中國的全力支持，就得準備打持久戰；戰爭期間，像拉合爾這樣的大城市可能會淪陷。阿尤布·汗和布托對此均毫無思想準備。外交部的整體策略被設計成迫使印度人坐下來談判的快速方案。阿尤布從未預見到印度人經受得起兩三次嚴重打擊的可能性，布托從未設想過打一場持久的人民戰爭。特別

是，陸軍和空軍一致反對再延續這場衝突。」巴基斯坦預想中的這場有限戰爭因而也就像一隻剛放出就失控的氣球，結果把自己也給炸傷了。阿尤布在使出渾身解數之後，終於回天乏力，被迫在命運面前低頭。除了被迫與印度停火議和之外，他已經別無選擇了。

印巴兩國宣布，1965 年 9 月 23 日雙方正式停火。蘭姆說：「印度和巴基斯坦有許多理由同意在這個時候停火。印度的基本目的是維持它在查謨和喀什米爾土邦既有的優勢地位，它對國際監督下的解決辦法不再特別感興趣，而且拒絕同意印控喀什米爾的地位繼續成為印巴協商中的一個議題。對它來說，喀什米爾問題已經結束了，印控喀什米爾是印度不可分割的一部分。在戰爭爆發之前就已經是如此了，有了現在的停火，它將依然如此。」阿尤布‧汗這場軍事冒險的結果，就如巴基斯坦前任總統佩爾韋茲‧穆沙拉夫所說，雙方都沒有取得策略上的主動。這表明，巴基斯坦在喀什米爾爭端中的頹勢依舊。

孫子說：「夫將者，國之輔也。輔周則國必強，輔隙則國必弱。故君之所以患於軍者三：不知軍之不可以進而謂之進；不知軍之不可以退而謂之退，是謂縻軍；不知三軍之事而同三軍中之政者，則軍士惑矣；不知三軍之權而同三軍之任，則軍士疑矣。三軍既惑既疑，則諸侯之難至矣，是謂亂軍引勝。故知勝有五：知可以戰與不可以戰者勝；識眾寡之用者勝，上下同欲者勝，以虞待不虞者勝，將能而君不御者勝。此五者，知勝之道也。故曰知彼知己，百戰不殆；不知彼而知己，一勝一負；不知彼不知己，每戰必殆。」所言極是！阿尤布‧汗在 1965 年的處境和心態，同尼赫魯在 1962 年幾乎毫無兩樣。尼赫魯當時受著國內機會主義的強大壓力，抱著中國怯戰的心態，企圖通過零打碎敲的臨戰狀態來威脅迫使中國在領土問題上讓步，最後竟致於走火入魔使事態失控而走向戰爭。阿尤布‧汗此時亦復如是，把自己獲勝的希望完全建立在對手怯戰的基礎上，絲毫不顧及強大對手有可能做出與之截然對立的反應。與尼赫魯的一敗塗地相比，阿尤布‧汗的賭注也是血本無歸。

三、《塔什干宣言》

1962 年中印戰爭之後，印度共產黨內部出現了分歧，1964 年 4 月正式分裂。1964 年 10 月 31 日至 11 月 7 日，以黨的總書記南布迪裡巴德等為首的一派在加爾各答召開了黨的第七次代表大會，改黨的名稱為印度共產黨馬克思主義派，在意識形態方面比較親近中國共產黨。隨後，以黨的主席丹吉為首的另一派在孟買又召開了黨的第七次代表大會，繼續沿用原有名稱，在意識形態上親近蘇聯共產黨。此外，中蘇關係破裂之後，蘇聯在亞洲的影響大為壓縮，印度乃其中最後地區之一，蘇聯還得依靠它來制衡中國在亞洲的影響。

第二次喀什米爾戰爭中，蘇聯積極地表示願意斡旋印巴之間的矛盾，美英對此也樂觀其成。阿爾塔夫‧高哈說：「次大陸向來是西方的傳統勢力範圍，阿尤布‧汗對美英竟將南亞這塊地盤留給了蘇聯感到十分不安。蘇聯作為調停人進入這個地區無疑將加強印度的地位。他不能確定這些超級大國是否已經達成某些諒解，允許蘇聯在這地區有更大的迴旋餘地。鑒於來自中國日趨增長的壓力以及美國在越南的艱難處境，他明白美蘇的策略和政治利益交匯在一起。蘇聯和美國都想把印度建成一支用來抗衡他們所認為的中國擴張威脅的強大壓力。」

阿尤布‧汗決定親自訪問英國和美國，尋求它們在喀什米爾問題上支持巴基斯坦的立場。據阿爾塔夫‧高哈記載：「在倫敦時，英國首相哈德羅‧威爾遜向阿尤布‧汗表示，英美認為中國比蘇聯更具擴張主義，是南亞地區的最大危險，認定中國企圖利用印巴矛盾而渾水摸魚。美國對巴基斯坦與中國簽訂邊界條約深感不滿，認為阿尤布利用 1962 年的中印衝突，這實際上是請中國來幫助解決巴基斯坦和印度的爭議。……阿尤布向威爾遜表明，他要去塔什干，只是因為美國和英國喪失了主動。威爾遜鼓勵他去塔什干，但勸他對此別抱太大的希望。他解釋說，由於蘇聯在安理會所持有的態度，美國和

英國已失去主動。蘇聯不允許在安理會通過任何決議，使得美國和英國除了允許蘇聯進入這一地區之外別無選擇。既然如此，不如順水推舟讓蘇聯扮演英美無法取代的維持和平的角色，這是有好處的。」阿尤布·汗提議按照卡奇沼澤協議的方式，由英聯邦建立一個喀什米爾自決機制來解決這一問題。威爾遜拒絕了他的要求，表示英國不願與喀什米爾問題沾邊和表態，並說明美國才是它們之間的最後決策者。

巴基斯坦對美國在第二次喀什米爾戰爭中的表現大失所望，將它同侵略者相提並論。阿尤布·汗訪問美國沒有實現他的主要目的，即說服美國和英國不要將這一地區的主動權拱手相讓給蘇聯。他曾寄希望於能說服他們，對印度施加一定的壓力，為解決喀什米爾爭端建立某種機制。他得到客氣而又堅定的答覆是，美國和其他西方盟國相信，唯獨蘇聯能夠阻止西方最害怕的那種以蘇聯和印度為一方、中國和巴基斯坦為另一方的權力兩極化模式。一旦發生這種極化，美國只得站到印度一邊，這將擴大衝突範圍。美國在越南戰爭中已難以自拔，對於讓中國人捲入次大陸事務感到驚惶不已。而且，蘇聯無論如何也不願被捲入同中國的衝突。出於這兩種考慮，蘇聯成為斡旋印巴局勢最合適的仲介人。

1966 年 1 月 3 日，印巴兩國在蘇聯的中亞城市塔什干開始會談。美國為了支持蘇聯的斡旋，繼續中止對印度和巴基斯坦兩國的經濟援助，以此迫使它們在塔什干達成一項理性的協議印度堅決反對在會議中涉及喀什米爾問題，阿里·布托甚至未能說服印度外長斯瓦蘭·辛格將它列入塔什干會談的議程。蘇聯接受了印度的立場，認為喀什米爾問題過於複雜，在塔什幹不可能建立徹底的解決機制。1 月 10 日，阿尤布·汗和夏斯特裡代表各自國家簽署了《塔什干宣言》。《塔什干宣言》沒有涉及喀什米爾爭端，除了注意到它的存在之外。實際上，這個問題被建議凍結起來，而去解決其他緊急問題。根據《塔什干宣言》，印巴兩國宣布，在不晚於 1966 年 2 月 25 日的時

間內，雙方在喀什米爾將恢復至 1965 年 8 月 5 日之前的狀況。

中國媒體批評了宣言，但措辭溫和。高哈說：「阿尤布·汗要解決的問題是，要讓中國人相信塔什干會談並不等於為了使同印度的關係正常化而與蘇聯拉幫結派；同時，他還得讓蘇聯領導人放心，巴基斯坦充分了解同蘇聯友好的價值；他也要讓美國政府相信，巴基斯坦將不會製造一個讓中國威脅印度以致出現整個南亞地區陷入戰爭的形勢。由於東巴實際上要求獨立，西巴對塔什干宣言沮喪不已，阿尤布就像坐在政治火山口上。巴基斯坦的國家利益驅使他朝向中國，而超級大國的利益則將他朝相反的方向拉。」

1966 年 1 月 12 日，阿尤布·汗召開內閣會議。他在會上說，塔什干會談是蘇聯出馬斡旋印巴爭端的第一個例子。蘇聯人這麼做是認識到亞洲和平取決於印巴兩國關係的正常化。他們主要關注的是中國。不斷發展的巴中友誼可能導致蘇印聯合反華的局面──這是他們竭盡全能所要避免的局面。阿爾塔夫·高哈認為：「巴基斯坦儘管與美國的關係依然相當的親切，現在變得不言自明的是，與中國的聯盟才是其外交的重要基礎。為了確保將來與中國有直接的連繫通道，1965 年戰爭停火之後，巴基斯坦立刻加快了修築連接中國新疆的喀喇崑崙公路，這項工程在此前的幾年裡進展緩慢。對美國人來說，喀喇崑崙公路的竣工是阿尤布·汗對美國在這一地區的地緣政治利益的最終背叛行徑。」

第四章
孟加拉戰爭與喀什米爾（1966-1974）

前一章主要論述喀什米爾問題被納入全球政治鬥爭舞台之後的發展演變。1971 年的孟加拉戰爭依然是全球冷戰的一部分，由於它對喀什米爾問題有著突出的決定性影響，故而把它劃出來單獨進行論述。

蘭姆說：「第二次印巴戰爭是亞洲政治和外交史上的一個分水嶺。舊的關係瓦解了，新的關係形成了。大國均勢發生了引人注目的改變，超級大國的姿態做了很大的調整。一個新民族將很快出現在南亞次大陸：舊國家的內部結構將屈從於外部緊張和重壓，而其重要性也將必定得到充分的展現。」這段話高度地概括了 1965 年到 1971 年之間巴基斯坦和南亞的政治形勢變化。

蘭姆把第二次喀什米爾戰爭看作印巴關係史上的分水嶺，南達穆迪則認為：「作為一個整體，1965 年的印巴戰爭對於後人理解 1971 年孟加拉戰爭具有重要的意義，也就是說，它論證了印巴兩國運用軍事力量來實現特殊外交政策的自發意願結束了。1965 年戰爭的一個結果是，巴基斯坦領導人認識到並不能輕易地打敗印度的武裝力量，自 1962 年被中國擊潰之後，它已經取得了很大的進步。如果晚幾個星期實現停火，戰爭將會有一個不同的結果。於是，從純軍事立場來看，停火的效果僅僅是把算總帳的日期延遲到 1971 年來進行。」很顯然，孟加拉戰爭是第二次喀什米爾戰爭的延續，代表著印巴之間以軍事手段解決喀什米爾問題和謝赫·阿卜杜拉領導的國民會議黨尋求查謨和喀什米爾土邦獨立的時代徹底結束了，成為喀什米爾問題發展史上的分水嶺。

第一節　孟加拉戰爭定乾坤

一、風雲激盪的戰前局勢

巴基斯坦獨立之後，其國土隔著印度共和國而被分割成相距 1,000 多英里的東西兩部分。當印巴兩國關係緊張時，東西巴之間的連繫就不能從印度的領土穿過，而得繞道斯里蘭卡海峽。東西巴之間除了共同信仰伊斯蘭教之外，在歷史、語言、民族、文化等各方面都相差很大。獨立之後，如果巴基

斯坦的領導人能夠實行東西平等、民族融合、共同發展的政策，則它慘遭肢解的悲劇或許可以避免。令人遺憾的是，巴基斯坦國的締造者主要是西巴的旁遮普人和信德人，他們更多地是把東巴當作西巴的國內殖民地，經濟上壓榨而政治上漠視它。這就加劇了東巴人原有的分離主義情緒。

第二次喀什米爾戰爭的一個負面結果是強化了東巴基斯坦的分離主義傾向。印度學者因德爾‧馬爾豪特拉說：「在這次戰爭中，東巴人羞辱地發現，自己對印度人毫無防衛能力。如果說他們有幸逃脫了印度人的占領，那是因為新德里擔心，一旦印軍開進東巴，中國人可能會進行干涉。」東巴人對自己在巴基斯坦國家體系中的地位感到極度失望，1968 年的「阿加爾塔拉陰謀案」更加使東巴人感到心碎，堅定了他們的分離決心。

「阿加爾塔拉陰謀案」不僅加大了東西巴之間原有的鴻溝，還為印度考量巴基斯坦內部矛盾提供了一個難得的窗口：「第一，印度政府相信，通過東巴的反對行動，在適當的形勢下把東巴從西巴中分離出來是有可能的；並且，由於西巴政府在 1965 年通過『直布羅陀軍事行動』試圖動搖印度在查謨和喀什米爾土邦的地位，分裂統一的巴基斯坦在新德里就從策略和策略兩個層面都受到關注，以之作為對它的適當懲罰。印度為什麼不應該針鋒相對地在東巴基斯坦支持分裂主義者呢？第二，印度的情報機構已經注意到，巴基斯坦飛越印度領空連接東西巴之間的戰術線路，以及西巴在東巴處境的弱點。如果有什麼事情導致那些航線中斷，那麼開始在東巴進行祕密行動的時機可能就到了。第三，巴基斯坦軍事機構中的策略家也能認識到這點；而且他們會考慮適當的軍事反制措施，任何飛越航線的中斷都有可能刺激他們這樣做。」

1970 年 12 月 7 日，巴基斯坦將舉行全國大選。11 月 12 日，東巴遭到強烈的颶風襲擊，颶風時速高達 190 公里，隨後是海嘯，造成 20 萬人喪生。巴基斯坦政府對此表現冷淡，而且反應緩慢。東巴人對政府非常不滿，支持謝赫‧穆吉布‧拉赫曼領導的人民聯盟黨。人民聯盟黨獲得東巴省議會 310 席

中的 288 席，獲得全國議會 317 席中的 167 席。巴基斯坦時任總統葉海亞·汗在阿里·布托的唆使下，拒絕承認選舉結果。東巴人憤怒了，感到自己被拋棄、被忽視了，覺得自己不像是這個國家的一部分。按巴基斯坦前任總統穆沙拉夫的看法，那就是：「應當說是布托和一小撮軍方領導人聯手毀掉了巴基斯坦。而拉赫曼也缺乏遠見，態度頑固，他只扎根在東巴基斯坦，這倒給布托和葉海亞·汗幫了忙。他忘記了自己才是整個巴基斯坦全民選舉產生的總理，也忘記了自己需要到西部四個省走一走，以安撫西巴基斯坦人民，緩解他們對東巴基斯坦的恐懼心理。毫無疑問，葉海亞·汗害怕失去權力。詭計多端的布托施加壓力後，葉海亞·汗總統於 1971 年 3 月 25 日宣布無限期推遲制憲議會。第二天他又宣布人民聯盟黨為非法，並宣布逮捕本次大選的實際勝利者、人民聯盟黨領導人拉赫曼。這一行動激怒了孟加拉人。」印度學者克里尚·巴蒂亞說：「在巴基斯坦國內的嚴重危機中，毫無疑問，印度政府和公眾對謝赫·穆吉布·拉赫曼持同情態度。……他們想到巴基斯坦作為一個國家有分裂的可能，就普遍地感到心滿意足。在解放運動後期，東巴的那些自由戰士無論在訓練或裝備方面都得到了印度的大量幫助。」1971年 2 月，印度禁止巴基斯坦飛機飛越印度領空。蘭姆認為：「這表明，印度刺激巴基斯坦的『阿加爾塔拉條件』就逐漸具備了。因為這是喀什米爾爭端的一個直接後果，而且處在一種源於第二次喀什米爾戰爭所製造的真實感情之中。」由於印巴之間總是存在著根深蒂固的敵意，由於孟加拉危機此時對印度所造成的反響，該地區的和平持續地受到威脅。東巴危機造成大量難民從東孟加拉湧入印度境內。但是，印度時任總理英迪拉·甘地認為，他們不是一般意義上所理解的難民，而是逃離軍事恐怖的戰爭受害者。必須無限期地向九百萬到一千萬巴基斯坦人提供衣食住宿，這負擔要比用戰爭來保證他們返回家園更加沉重。……經濟和政治的穩定要比和平更為寶貴。印度經常狡辯，難民問題是他們干預東巴局勢的原因。這是印度掩飾自己真實目的的

遁詞，美國時任國家安全顧問季辛吉說：「當美國同意承擔救濟難民的主要費用時，它又轉而堅持沒有政治解決方案就不可能解決難民問題。然而印度為解決問題提出的條件又不斷升級。當美國表示願意幫助減輕東巴饑饉時，印度要求由國際機構來執行救濟計劃。表面的理由是保證救濟物資得到公平的分配，但這種做法也使巴基斯坦政府不能借此從人民中獲得信譽。」

　　印度不僅在難民救濟方面虛與委蛇，在難民重返家園的問題上也百般刁難。儘管葉海亞・汗總統宣布了大赦，印度仍然要把東巴問題政治解決作為難民重返家園的條件。但是，在屬於鄰國主權領土上究竟什麼是可以接受的政治辦法，對此印度還保留著仲裁的權利。六月中旬，英迪拉・甘地總理宣布印度不會同意任何意味著「孟加拉國滅亡」的解決辦法；換句話說，印度以肢解巴基斯坦作為它不動手的條件。在逐漸實行自治的方案遭到拒絕、難民得到煽動且回國無望的情況下，印度使危機的增長成為不可避免的了。

　　蘇聯在起初階段對東巴危機持溫和的態度。1971 年 4 月 2 日，蘇聯最高蘇維埃主席團主席波德戈爾內給葉海亞・汗寫了一封信說：「我一直並將依然確信，巴基斯坦最近產生的複雜問題能夠而且必須通過和平途徑予以解決，不能採用武力。……我認為，代表蘇聯最高蘇維埃主席團警告總統先生你是我的責任，應該堅持不懈地尋求最緊急的措施停止針對東巴人民的流血和鎮壓，並且求諸和平的政治方案來解決問題。」參加過孟加拉戰爭的印度少將 S・辛格認為：「這封信儘管措辭強硬，但根本沒有提出東巴自治的問題，更不用說獨立了。……蘇聯領導人袖手旁觀，顯然是在等待對他們有利的結局。」他還認為：「蘇聯希望葉海亞・汗能夠在東巴重建權力，並最終與穆吉布・拉赫曼的政治繼承人達成某種解決問題的辦法。他們對穆吉布・拉赫曼不放心，一直認為他是美國的走狗。……莫斯科或許依然感到政治解決仍有可能；如果能夠做到這一點，便可以在不得罪忠誠朋友印度的情況下，把巴基斯坦拉到自己一邊。」

　　蘇聯在早期階段對東巴問題的謹慎政策，使得英迪拉・甘地領導的印度政府雖然想干預東巴局勢，但還不至於很囂張。1971 年 5 月 20 日，英迪拉・甘地在印度人民院說：「我們確信，解決東孟加拉問題或許用不著軍事手段，有權勢者必須尋求政治方案來解決這個問題。世界輿論是一股強大的力量，它甚至能夠影響最強大的國家。世界大國負有特殊的責任。如果它們正確而迅速地運用自己的能力，那我們才能期望我們的次大陸會有持久的和平。」6 月 6 到 8 日，印度外長斯瓦蘭・辛格訪問莫斯科。在雙方發表的聯合聲明中，關於東巴問題的主要內容是斯瓦蘭・辛格對波德戈爾內 4 月 2 日給葉海亞・汗的信表示感謝，以及東孟加拉的難民問題。聯合聲明的全文參見從這兩次活動中可以看出，印度直到六月上旬的時候還沒有決定以軍事手段來干預東巴危機。

　　隨著孟加拉危機的發展，印度決心干預東巴局勢。蘭姆說：「印度當時面臨的主要問題是，怎樣以一場印巴戰爭的方式捲入巴基斯坦的內部危機，卻不刺激中國以超過 1965 年的力度來進行干涉。正在這時，葉海亞政府不明智地為印度提供了一個解決辦法。葉海亞感受到來自印度日益增長的威脅，尋求加強與美國的關係，它當時處在令人驚訝的尼克森團體領導之下。葉海亞準備盡其所能地做每一件事情，幫助美國政府實現它與中國接近的計劃。」中蘇關係在史達林時期就播下了不和的種子；到赫魯雪夫時期，中蘇兩黨兩國的關係由熱變冷並最終破裂，中國實際上退出了以蘇聯為首的社會主義陣營；到布里茲涅夫時期，蘇聯國力在經濟和軍事領域可以與美國一爭高下，隨著「布里茲涅夫主義」的發表和「亞洲集體安全計劃」的執行，中蘇兩國已經在邊境上重兵對峙，在 1969 年甚至兵刃相接。中蘇兩國關係的緊張以及國際形勢的變化，使中國重新審視並調整對外策略，確定蘇聯為外來威脅的首要敵人。在同一時期，由於越南戰爭的沉重負擔，美國國內的經濟、政治和社會危機不斷加深。1969 年尼克森繼任總統後，決定從亞洲收縮力量，

擺脫越戰困境，以維護其策略重點歐洲，對抗蘇聯在該地區的攻勢。美國逐漸調整全球策略，從準備打兩場半戰爭轉為打一場半戰爭，集中力量對付蘇聯。這樣，中美兩國策略接近的前提就具備了。

　　1969年的中蘇邊界軍事衝突成為中美接近的黏合劑。季辛吉說：「衝突發生之後，蘇聯政府打算對中國的核設施進行外科手術式打擊，為此徵求美國的意見。但是，美國政府獲得的情報顯示：這些衝突一成不變都發生在蘇聯主要補給基地附近，離中共通訊中心很遠——這種態勢令人不免起疑，判斷蘇聯迅速沿中蘇四千英里長的邊境部署重兵，很快就超過四十個師的兵力。如果尼克森政府的分析準確無誤，一項重大的國際危機已在全世界不知不覺中醞釀著。蘇聯若是對中國實施干預，將是『古巴導彈危機』以來對全球均勢的最嚴重威脅。針對中國施行布里茲涅夫主義，意味著莫斯科將試圖讓北京政府像去年（註：即1968年）的捷克一樣屈膝臣服，世界上人口最多的國家，因而將屈服聽命於一個核子超級大國——這將是可怕的中蘇集團復活的徵兆，也是二十世紀五十年代令人不寒而慄的噩夢。蘇聯是否有能力實現這樣一個大計劃，的確不太肯定。然而，明顯的是：這個風險冒不得，尤其是蘇聯政府一向以地緣政治觀念考慮其外交政策，美國更是不容任何險著。如果認真看待勢力均衡的問題，則任何可能爆發地緣政治動亂的情況，都必須加以抵制；一旦變遷已發生，再要反對就太遲了。最起碼，抵制的代價也會呈現指數增加之勢。」中蘇邊界衝突使尼克森和季辛吉覺察到了中國人與蘇聯人之間相互間抱有的不安全感和敵意，並意識到了美國在正在出現的美蘇中策略三角中的作用。

　　中美兩國都認識到要快速聯手抵抗蘇聯的重要性。在中美親近過程中，巴基斯坦造成了無可替代的橋梁作用，協助美國國家安全顧問季辛吉在1971年7月9到11日成功地訪問了中國。季辛吉訪華的消息一經公布，整個世界都驚愕沸騰。印度和蘇聯迅速作出反應，1971年8月9日在新德里簽定《印

蘇和平、友好與合作條約》，同年 8 月 18 日生效，有效期 20 年。這個條約具有濃厚的軍事同盟性質，在當時被廣泛地認為具有祕密條款。條約由序言和 12 條正文組成，主要內容是：締約雙方將繼續發展和加強兩國友好、睦鄰與全面合作關係；雙方保證不締結也不參加針對另一方的任何軍事同盟，不對另一方進行侵略，也不容許利用本國領土進行可能對另一方造成軍事損失的任何行為，不向參加與另一方發生武裝衝突的任何第三方提供任何援助；締約國任何一方受到進攻或進攻威脅時，雙方應立即共同協商以消除這種威脅，並採取適當的相應措施以保障和平與兩國安全；雙方聲明不向他國承擔與本條約不相容的任何祕密或公開義務。沒有克里姆林宮的默默支持，英迪拉‧甘地政府就不可能支持東孟加拉的游擊隊和執行它的「孟加拉國」政策。因此，蘇聯和印度簽訂這個條約，等於向火藥桶裡扔進一根擦燃的火柴。

蘇聯為什麼會改變此前的謹慎立場？ 1971 年 8 月 9 日，印度外交部長斯瓦蘭‧辛格在印度人民院的講話或許可以作為某種註腳：「世界正在發生快速而猛烈的變化，各種勢力的組合方式也在改變。我們的『不結盟』政策是一項有生機的政策，能夠適應這些變化的形勢。」印蘇結盟是對季辛吉訪華和中美親近的的一個反制行動。在蘇聯外長葛羅米柯與斯瓦蘭‧辛格發表的聯合聲明中說：「雙方都認為該條約是兩國關係發展史上一個突出的歷史性事件。……該條約與規範蘇印雙邊關係其他文件的條款一道，保證雙方就重大的國際問題進行定期連繫，並且進行協商以便採取適當的有效措施保護兩國的和平與安全。」

威爾科克斯說：「這個條約所產生的後果證明，蘇聯的罪過明顯是唆使犯罪 —— 不是直接參與作案，而是用以加強其在南亞和印度洋的地位。」蘇聯的南亞政策應放在其全球策略圖景中加以考察。朱貝達‧穆斯塔法認為：「把印巴衝突從蘇中美三角關係中分離出來是很困難的。戰爭明顯突出了

印度洋的策略重要性以及世界大國競相控制它。蘇聯決心在整個南亞地區贏得優勢以便從側翼包圍中國，從而打開通向東南亞的橋頭堡。控制了印度洋以及南亞的沿岸國家，莫斯科就能把北京孤立在大陸上，讓她在其北部和西部邊疆面對俄國軍隊，這樣俄國人的行動就能使其鄰居往南邊和東邊發展，那裡是它所不能控制的太平洋。把蘇聯海軍引入印度洋有一個搶先占位的動機，旨在預防美國的北極星潛艇部署在該地區。」

普普爾・賈亞卡說：「英迪拉・甘地以多年來很少判斷失誤的直覺，預感到孟加拉難民情況的發展會不可避免地導致印度和巴基斯坦之間的戰爭。」印度逮住了稍縱即逝的機會，把慌不擇路的蘇聯拴到了自己肢解世仇巴基斯坦的戰車上。至此，英迪拉・甘地政府可以從容地設計印度版的針對東巴基斯坦的「直布羅陀軍事行動」，首先是訓練「反叛者」，等同於 1965 年「直布羅陀軍事行動」中的喀什米爾「聖戰者」，然後等嚴冬到來大雪封鎖喜馬拉雅隘口之際，進入達卡直接進行干預。

印度少將辛格說：「蘇聯擔心印度對東巴基斯坦進行軍事干涉會導致它所希望避免的世界大戰。但是，印度認為，中國在等待多年之後剛返回聯合國和安理會，不會輕易做有損自己形象的事，匆忙與蘇聯發生衝突。……以軍事行動解決孟加拉問題的關鍵是要速戰速決。在事實證明之前，蘇聯領導人一直懷疑印度在軍事和政治上是否有能力做到這一點。……印度決定獨自行動，希望在其他大國援助巴基斯坦時，蘇聯會出面干涉。」

面對迫在眉睫的戰爭危機，國際社會呼籲印度和巴基斯坦採取行動平息東巴的緊張局勢。10 月 12 日，印度表示共同撤軍是無法接受的，但巴基斯坦單方面撤離邊界將是有益的。11 月 2 日，巴基斯坦政府同意單方面先行撤軍，並準備同東巴的人民聯盟黨領袖進行談判。季辛吉說：「葉海亞・汗的不斷讓步使甘地夫人的難題日益嚴重。如果她能肯定葉海亞・汗口是心非且不會成立文官政府、穆吉布・拉赫曼不會獲釋、東巴不會獲得自治並在幾個

月內獲得獨立，她可能會放長線釣大魚，利用我們計劃的失敗作為攤牌的藉口。正因為這些計劃肯定會取得有利結果才使她的行動具有了緊迫性。文官政府可能領導巴基斯坦擺脫孤立狀態。孟加拉代表同巴基斯坦之間的談判，即便不終結也可能會限制印度強行加快步伐的能力。印度必須在這一連串事情發生之前採取行動。甘地夫人走向戰爭並不是因為她確信我們會失敗，而是因為她擔心我們會成功。」季辛吉還認為：「巴基斯坦的讓步不涉及英迪拉‧甘地的根本利益。真正使她念念不忘的是巴基斯坦的性質，而非這個多災多難國家的一部分地區正在發生的不義行為。……東巴局勢反映出來的傾向對整個巴基斯坦都是適用的。俾路支斯坦和西北邊境省都不是正當地屬於巴基斯坦；它們也需要、並應當得到更多的自治權利；它們本來就不應當成為原初解決辦法的一部分」。

　　戰爭前夕，英迪拉‧甘地對西方主要大國進行訪問，尋求它們對印度政策的支持。1971 年 11 月 4 日，美國總統尼克森為她舉行歡迎宴會，她在宴會上說：「國際社會需要盡力清除（東巴）這一問題的根源，印度將會慷慨大方地作出回應。同時，保衛我的人民的前途是我的責任和義務，我不能予以逃避。」有了美國的支持之後，英迪拉‧甘地完全改變了五個月前的謹慎，積極準備干預東巴基斯坦的局勢。她的決心異常堅定，一場戰爭不可避免了。

二、孟加拉戰爭的衝擊

　　史蒂芬‧科亨說：「英迪拉‧甘地和尼赫魯一樣，在與外部世界打交道時都缺乏安全感，而且她更加願意將軍事力量和政治權力結合在一起。她非常不贊成其父的自由理想主義，而是強調對鄰近小國和超級大國的事務處理同等加強。……出任總理之後，無論是在國外還是在國內，她都喜歡訴諸武力。」

　　民主體制的確有其好的一面，但也會經常地刺激一個民族的沙文主義情緒。面對著孟加拉危機，印度的輿論和議會瀰漫著沙文主義氣氛，充滿了嗜血的情緒。英迪拉‧甘地對這種危機氣氛起了不小的推波助瀾作用，現在這

個危機已經起勢，如果她不能駕馭，自己將被困難壓垮。英迪拉·甘地在國內煽動起來的亢奮情緒不可避免地產生了反衝擊力，這或許是她所期望的，但不管怎樣都使她處在孟加拉危機的風口浪尖，無論把航向定在何方都將使自己被巨浪裹卷。然而，她的選擇或許早已確定，那就是利用孟加拉危機，把印度軍隊開進東巴基斯坦，扶植謝赫·穆吉布建立孟加拉國政府。

1971 年 11 月 21 日，印軍向傑索爾的巴軍陣地發動襲擊，第三次印巴戰爭正式爆發。1959 年美巴雙邊達成的協議第一條規定，在巴基斯坦遭到侵略的情況下，美利堅合眾國政府在符合美利堅合眾國憲法原則之下，將採取適當的行動，包括在各方同意的情況下，使用軍事力量在巴基斯坦政府請求下向其提供援助。12 月 2 日，巴基斯坦政府根據該條款正式要求美國承擔它的義務。

美國國務院和白宮在援助巴基斯坦的問題上有不同意見，國務院反對支持巴基斯坦。1972 年 1 月 27 日，孟加拉戰爭已經結束，美國時任國務卿的羅傑斯還說：「我們認為，最初的問題是因為巴基斯坦而產生。並且很明顯，印度處在難民問題的巨大壓力之下。而且，這一形勢不能永遠持續下去，因為印度不應該接受那麼多的難民，並向他們提供照顧等等。」前助理國務卿克里斯多福·馮·霍倫也批評季辛吉的觀點：「印度並沒有肢解西巴的宏大計劃，蘇聯也不會促進英迪拉·甘地政府朝這個方向發展。把孟加拉地方危機上升到全球地緣政治層次，這既沒有必要也不明智。季辛吉的結論是錯誤的，他認為尼克森自願冒險與蘇聯開戰，包括派美國航空母艦去南亞，挽救西巴並保護世界和平框架。總之，季辛吉在其回憶錄中激情飽滿地捍衛白宮政策，對服務美國利益而言有很大的缺陷和壞處。」他認為，尼克森長期以來就親巴遠印，加上中國因素，使得美國政府制定了當時的政策，並沒有證據能夠證明印度的戰爭目標是肢解巴基斯坦。這種觀點無疑很膚淺，作為一個離職的前任官員，他不能接觸到當時的絕密文件。從英迪拉·甘地的作風來看，她未必沒有奪取巴控喀什米爾的計劃。關於美國內部的分歧，季

辛吉認為其原因在於，「白宮是從地緣政治視角而國務院則從區域視角來看問題，在於執行中國外交政策時中國和印度誰應該放在更重要的地位加以對待。」在巴基斯坦處於生死存亡的危急時刻，美國對於自己向盟國承擔的法律義務，只是依靠玩弄文字遊戲來加以敷衍塞責。

巴基斯坦無力與強大的印度抗衡，不能捍衛領土之一部分的東巴，並且西巴也可能被弄得支離破碎，於是向中國求援。當時，巴軍總參謀長、海空軍司令及葉海亞·汗總統的特使連續來到北京。據中國著名外交家楊公素回憶：「這時，中國正處於『文革』的混亂之中。西藏與內地一樣政治局勢不穩定，西藏軍區司令員被揪鬥，……鑒於當時中國的情況，對巴基斯坦的援助，只有在政治、外交上給以支持，譴責並聲討印度對巴基斯坦的侵略行動。我們向巴基斯坦提供了一些飛機、常規武器，但像第二次印巴戰爭那樣準備出兵的設想就談不上了。」

戰爭正在進行中，美國政府從祕密通路獲得確切可靠的訊息，印度政府決心要把西巴基斯坦也搞癱瘓。英迪拉·甘地已經表明：在孟加拉獲得「解放」以前，印度不會接受聯合國大會關於停火的任何呼籲；在那以後，印度部隊將去「解放」巴屬喀什米爾，並一直戰鬥到巴基斯坦陸、空軍全部消滅為止。換句話說，就是要使西巴也遭受肢解，陷於毫無防禦能力的境地。

國際社會質疑印度干預東巴危機的目的。印度政府在公開聲明中斷然否認對西巴有任何領土野心，卻把喀什米爾地區排除在外。印度駐美大使傑哈在答覆美國的諮詢時說，喀什米爾屬於印度，其中巴控區是非法占領的。所有令人慰藉的詞句加在一起，不過是精心安排的遁詞。印度和蘇聯仍然拒絕承認西巴領土現狀；他們蓄意保持兼併領土的可能性，而這種兼併只有完全摧毀巴基斯坦軍隊，進而使巴基斯坦土崩瓦解才有可能實現。非常令人驚訝的是，早在 1956 年 4 月 13 日，尼赫魯在一次公眾會議上就宣稱：「在我看來，東孟加拉的難民湧入印度與喀什米爾問題有關係。儘管從外表看來它們是不同的問題，但在我看來它們是相互連繫的。」

　　巴基斯坦如果同時失去孟加拉和喀什米爾，就無法生存下去；一切離心勢力就會泛濫起來。美國政府確認，使西巴免遭印度摧毀的最大希望在於向蘇聯施加壓力，使它看到次大陸的事態可能危及它同美國舉行最高級會談的計劃；在這種情況下，蘇聯政府有可能敦促印度保持克制。在向蘇聯施加壓力的同時，美國還命令「企業號」航空母艦特遣艦隊駛向孟加拉灣，理由是要接走美國派駐在達卡領事館的工作人員。其實，當時只有 75 名美國人留守在那裡。季辛吉說，尼克森政府真正的目的是來表現美國的決心，阻止蘇聯的動作，以及牽制印度投入到戰爭中的軍艦和飛機。這並不是「企業號」航空母艦首次開進孟加拉灣，史蒂芬·科亨曾對此評論說：「這本來是尼克森和季辛吉對敗局已定的巴基斯坦以及美國的新夥伴中國所做的一個政治姿態，但印度人卻將它作為充滿敵意的象徵性示威載入史冊，他們忘記了 1962 年『企業號』航空母艦受命駛入孟加拉灣支持印度對抗中國的一幕。」

　　蘇聯政府最後向印度施加壓力，要它接受包括巴控喀什米爾在內的西巴領土現狀。12 月 16 日，英迪拉·甘地提議在西巴實行無條件停火。這場戰爭總算是過去了，季辛吉終於可以放心地說：「印度這場強權遊戲並未動搖中國外交政策的基礎，也沒有破壞我們對中國的主動行動，雖然這種可能性本來存在，而且蘇聯也無疑希望如此。」這場危機對美國而言或許是無關痛癢，但對巴基斯坦來說則是缺手臂斷腿、元氣大傷，巴基斯坦前任總統穆沙拉夫就不無傷感地說：「印度自稱不結盟國家，在和平友好條約的幌子下，公然得到蘇聯的幫助，實際上雙方結成的是戰爭同盟。另一方面，我們的長期盟友美國，除了表示同情之外，未有行動。」

═══ 第二節　孟加拉戰爭結果的法律表現 ═══

一、1972 年的《西姆拉條約》

　　孟加拉戰爭剛結束，印度全國上下一片歡騰，久久不能平息。因為它大滅了巴基斯坦的威風，確立了印度在該地區的主導地位。威爾科克斯說：「從孟加拉危機中，印度以志存高遠、孔武有力和手腕靈活的成功的地區強權的面貌呈現在世人面前。」接替葉海亞・汗就任巴基斯坦總統的阿里・布托當時也承認：「巴基斯坦已經遭受了一場災難……巴印之間軍事力量的失衡較之以前大大地加劇了……政治上巴基斯坦是孤立無援的……巴基斯坦的經濟殘破易碎，人民的心理黯然神傷，印度卻興高采烈享受著勝利的快樂。」

　　印巴之間實力的根本改變很快就在法律上得到體現。英迪拉・甘地和阿里・布托在印度著名的旅遊城市西姆拉進行會談，解決戰爭遺留的問題。1972 年 7 月 2 日，雙方簽署《西姆拉條約》（全文內容參見附錄 4）。協議的第 4 條第 2 款與喀什米爾問題直接相關，其內容是：「在查謨和喀什米爾，1971 年 12 月 17 日停火造成的控制線，應在不損害任何一方得到承認之立場的情況下得到雙方的尊重。任何一方不應不顧雙方的分歧和法律上的解釋而單方面謀求改變這條控制線。雙方進一步保證不以武力相威脅或者使用武力以侵犯這條線。」從此之後，喀什米爾的停火線被重新劃成，被稱為控制線或實際控制線。協議簽訂之後，印度遣返了巴基斯坦 93000 名戰俘，歸還了所占領的西巴 5000 平方公里領土。

　　據英迪拉・甘地的祕書 P・N・達爾稱，會議期間阿里・布托和英迪拉・甘地之間達成君子協定。阿里・布托向英迪拉・甘地承諾，他將很快承認孟加拉國，以便使戰俘得到遣返；在維持現狀的基礎上爭取徹底解決喀什米爾爭端，並將盡力不破壞它。這就是所謂的西姆拉會議的「祕密條款」，但遭到巴基斯坦官方的否認。由於印巴兩國就這一諒解並沒有發布過任何資料，

P‧N‧達爾的談話尚無佐證。史蒂芬‧科亨對這事評論說：「具有諷刺意味的是，對《西姆拉條約》背道而馳的解釋，給印巴此類會談又增添了一分不可信性。……在印度人心中，《西姆拉條約》作為解決喀什米爾爭端的一項參考，已經取代了聯合國決議。此外，印度領導人認為，雙方已保證相互直接運作，絕對放棄超地區外交手段。而巴基斯坦人卻說，《西姆拉條約》只能作為補充，並不能取代仍然有效的聯合國有關喀什米爾的決議。……在不同詮釋的指導下，印巴雙方一有機會就繼續強調各自的主張。」

大多數解決國際矛盾的協議的內容都是含混的，留給當事各方不同的解釋空間，《西姆拉條約》也不例外。印度方面認為，《西姆拉條約》終結了在喀什米爾進行公民投票的選項，把巴基斯坦因素從喀什米爾內部政治中驅逐出去了。但是，1972 年 7 月 3 日，阿里‧布托從西姆拉回到拉合爾機場時宣布：「在至關重要的喀什米爾問題上，我們沒有做出妥協。我們告訴他們……喀什米爾人民必須絕對地實踐他們的自決權。這是一個只能由喀什米爾人民才能決定的問題。巴基斯坦和印度在該問題上都沒有發言權」。換句話說，查謨和喀什米爾土邦的問題或許不再是激烈的領土爭端，但該土邦人民想要他們的未來成為什麼樣子的問題絕對沒有結束，查謨和喀什米爾土邦的內部政治將依然是巴基斯坦政府的最大利益所在。布托在那個時候給印度帶來的挑戰是明確的。現在輪到印度向世界證明，查謨和喀什米爾土邦的居民願意接受印度提供給他們的東西。

《西姆拉條約》與印巴此前簽訂的類似文件有很大的不同，與《塔什干宣言》也不一樣，儘管塔什干會議及其協議是由第三國強加給印度和巴基斯坦兩國的，它們都沒有取得針對另一方的決定性勝利，但西姆拉會議是在沒有外國壓力下由勝利者和戰敗者之間舉行的。總的來看，《西姆拉條約》是巴基斯坦在第三次印巴戰爭中失敗、實力大為削弱的情況下不得不做出的歷史性妥協。……特別是巴基斯坦內部有信德、普什圖、俾路支等民族問題，

巴基斯坦擔心如果再次同印度發生戰爭，巴基斯坦有可能進一步解體。鑒於喀什米爾問題仍有可能導致印巴發生衝突，巴基斯坦在喀什米爾問題上做出妥協，爭取印巴和平共處符合巴基斯坦民族的根本利益。但是為當時的歷史條件所限，印巴兩國沒能進一步找到最終解決喀什米爾問題的辦法，為後來喀什米爾形勢發生反覆變化留下了隱患。

印度學者克里尚·巴蒂亞認為，通過這個協議，「甘地夫人一舉就把喀什米爾問題從聯合國的議事日程上撤銷，使它成為由印巴間討論解決的問題。」這種說法雖然有些誇大其詞，但這的確是印巴兩國首次以法律的形式保證不以武力為手段來解決喀什米爾問題。西姆拉會議對印巴兩國關係有重大影響。科帕拉說：「印巴兩國關係的正常化、拒絕對抗方針而代之以對話政策建立在兩國利益平衡的基礎上，這已經被證明是南亞次大陸人民的主要利益所在。這就使《西姆拉條約》應該成為規範和穩定印巴關係的一個新的起點。」

二、1974 年的《喀什米爾協定》

孟加拉戰爭不僅僅是印巴之間的喀什米爾爭端的一個轉折點，同時也是印度與印控喀什米爾之間關係的一個分水嶺。印度在 1965 年之前對印控喀什米爾的控制已經很強了，這年的第二次喀什米爾戰爭加強了印度在那裡的地位。R·N·考爾甚至說：「這次戰爭使得喀什米爾自治的口號變得過時了，印度穩步地把中央法律推廣到那裡。」這次戰爭還使得印度許多開明人士不再支持謝赫·阿卜杜拉，例如 J·P·納拉揚和 C·拉賈戈帕拉查理，他們曾經倡導通過印度、喀什米爾和巴基斯坦的三邊框架來解決喀什米爾問題。……由於印度公然地宣稱：不許插手喀什米爾。1965 年戰爭也就證明，喀什米爾不是印度和巴基斯坦之間的問題了。

1967 年，印控喀什米爾舉行邦議會選舉。為了確保執政的國大黨贏得勝利，印度政府幾乎是不擇手段：「給有希望的反對派候選人介紹工作；綁架某些反對派的領袖，使他們不能按時填寫提名申請書；使用國家機器參與競

選；揮霍金錢；為喀什米爾地區的國大黨代表印製雙份的選票；反對派候選人的代理人被警察盤查或逮捕；推遲到最後一分鐘才打開票箱，使反對派候選人沒有時間和機會派出自己的選舉代理人；與主管的官員勾結，利用未參加的選民的名額，由國大黨投票代理人簽票。」謝赫·阿卜杜拉當時仍被關押在獄，這次選舉遭到他領導的公民投票陣線的抵制。

選舉之後，印度政府自信已經充分地控制了印控喀什米爾的形勢，因此在 1967 年 12 月 8 日把謝赫·阿卜杜拉及其主要助手從監禁中釋放出來。儘管如此，印度議會還是在 12 月 20 日通過《防止非法行動法》，賦予印度政府廣泛的權力，取締非法組織和監禁獨立人士，如果他們敢於質疑被印度宣稱為其領土的主權的話。帕特里夏·科爾威·辛普森認為：「該法的實施甚至可能適用於印巴之間關於喀什米爾的討論，它可以被認為是廢除了《塔什干協議》。」

1968 年 1 月 2 日，謝赫·阿卜杜拉與英迪拉·甘地舉行了一次很友好的討論，說他想做的一切只是調解印巴之間的分歧。但幾天之後，巴基斯坦駐新德里的高級專員宣布，謝赫·阿卜杜拉給阿尤布·汗總統寄去一封信，感謝他支持喀什米爾人民「為自決而戰」。

1970 年 6 月，公民投票陣線進一步明確了自己的政策：查謨和喀什米爾土邦應該有一個最高的政府，負責包括喀什米爾谷、查謨、拉達克、吉爾吉特和自由喀什米爾在內的各個地區的事務。整個邦要麼變成獨立，要麼加入巴基斯坦。謝赫·阿卜杜拉沒有說他傾向於哪種選擇；但他承認，當他 1947 年同意喀什米爾土邦加入印度時他犯了一個錯誤。同年 12 月，英迪拉·甘地解散印度聯邦議會，把議會選舉提前一年到 1971 年進行。謝赫·阿卜杜拉宣布他們將競選喀什米爾選區三個議席中的兩個。考慮到東巴基斯坦的局勢，印度政府禁止他們回到喀什米爾去，公民投票陣線也被宣布為非法而禁止參加選舉。

孟加拉戰爭對謝赫·阿卜杜拉造成了極大的衝擊，他的思想發生了巨大的轉變。R·N·考爾說：「1971 年的印巴戰爭對謝赫·阿卜杜拉與印度中央的關係有深刻影響。……英迪拉·甘地與阿里·布托簽訂的《西姆拉條約》僅僅是一個開端，最終導致了 1974 年的《喀什米爾協定》（全文內容參見附錄 5）。」1972 年 3 月，印控喀什米爾將舉行邦議會選舉，因為對東巴事件的干預，英迪拉·甘地政府擔心由此激起的伊斯蘭情緒可能會使謝赫·阿卜杜拉獲勝，因此阻止他回去參加大選，直到選舉結束後才讓他回去。回到喀什米爾之後，謝赫·阿卜杜拉在 9 月份組建了一個聯合陣線。

史蒂芬·科亨說：「1972 年以後，印度的外交活動轉移到加強其在 1971 年用武力獲得的地區性支配位置來。印度和周邊小鄰國簽署了新一輪條約，其中最重要的條約就是與孟加拉簽定的條約，這些條約使印度的地區優勢得到保證。1971 年印度與尼泊爾簽定了《貿易和貨物運輸條約》；1972 年簽定了《印孟友好、合作和和平條約》。……正如加拿大籍印度裔學者巴爾代夫·拉賈·納亞爾所指出的那樣：『1971 年發生在南亞地區的戰爭導致了該地區權力的重新構建，把印度在次大陸的地位提升至鶴立雞群的程度，隨後使之成為重要的地區力量。』」

印度在南亞的優勢已經確立，巴基斯坦戰敗使查謨和喀什米爾土邦獨立失去了最後的可能性，長期的鬥爭使謝赫·阿卜杜拉認識到，如果要維持自己在喀什米爾的統治地位，實現自己的政治理念，就必須與印度政府妥協。謝赫·阿卜杜開始公開聲明，他並不反對查謨和喀什米爾土邦 1947 年加入印度的決定，在給英迪拉·甘地的一封信中寫道：「關於查謨和喀什米爾併入印度的問題，並沒有分歧，我一向堅信查謨和喀什米爾的未來是與印度相一致的。因為我們有著共同的理想。」印度政府對他轉變態度感到滿意。1973 年 1 月，公民投票陣線的兩年禁令期滿後，印度政府就不再作延長。

1974 年 5 月，印度成功地進行了核試驗，進一步確定了自己在南亞地區

的優勢；同一年，印度的保護國錫金首都甘托克發生一場遊行示威。借此機會，不顧錫金國王的抗議，印度在 9 月 7 日吞併了這個小王國，把它變成印度的一個連繫邦；11 月 13 日，謝赫·阿卜杜拉的代表阿弗澤爾·貝格和印度中央政府的代表 G 帕夏薩蒂在新德里簽訂了《喀什米爾協定》。1975 年 2 月 12 日，謝赫·阿卜杜拉正式予以接受；24 日，印度政府把它公之於眾；26 日，謝赫·阿卜杜拉正式就任印控查謨和喀什米爾邦的首席部長。《喀什米爾協定》的關鍵條款是第 1 條和第 2 條，其內容如下：

1. 查謨和喀什米爾邦是印度聯邦的一個組成單元，必須在這種條件下與聯邦發生關係，它將繼續由印度憲法第 370 條來管理；2. 剩餘立法權繼續保留給邦裡；但聯邦議會將繼續有權制定法律以防下列行為發生：否認、質疑、或分裂印度主權和領土完整；或者招致印度聯邦部分領土被分割的行為，或分割印度聯邦部分領土的行為；侮辱印度的國旗、國歌和憲法的行為。

換言之，查謨和喀什米爾立法議會任何有可能被解釋為含有使該邦走向獨立的舉措，更不用說與巴基斯坦統一了，這樣的行為將被印度聯邦議會否決，這一限制極大地損害了憲法第 370 條的剩餘強制。蘭姆認為：「謝赫·阿卜杜拉沒有在《喀什米爾協定》中實現他的雄心，即把喀什米爾土邦恢復到 1953 年 8 月他被解職前所享有的確切地位。這傳遞出來的含義非常明確，查謨和喀什米爾土邦加入印度是最終的，印度此前對該土邦所作的許多決議也同樣是有效的；當時在公眾場合的發言中，謝赫·阿卜杜拉確定他承認印度政府對該土邦事務的改變。」

喀什米爾問題長期以來一直是世界的熱點問題，曠日持久地引發印巴兩國衝突。對於喀什米爾問題的產生和發展有多種不同的解釋路徑，如殖民主義、宗教衝突、霸權主義和民族主義等，本書以地緣政治為研究視角，對 1947-1974 年的喀什米爾問題進行了考查，分析了它是怎樣產生和發展的。

　　義大利著名歷史學家克羅齊在考查那不勒斯的歷史後說：「我們的土地上表現出的歷史並不產生於其內部，因為歷史學家開始注意到，南方的義大利和西西里命中注定地要成為世界歷史中的主要衝突地點：在古代是迦太基人和羅馬人的，在中世紀是伊斯蘭、拜占庭和神聖羅馬帝國的。」通過對查謨和喀什米爾土邦的歷史進行考查，我們同樣可以說：喀什米爾命中注定地要成為世界歷史中的重要衝突地點：在古代是亞洲腹地游牧民族之間的，稍後是錫克人和阿富汗人之間的，在近代是英國人和俄國人之間的，在現代是印度人和巴基斯坦人之間的。

　　作為英國結束對印度殖民統治的一項副產品，喀什米爾問題雖然產生於1947年，但它深深地植根於喀什米爾和印度此前一百多年的歷史當中。前現代的印度和喀什米爾與它們當前的政治版圖大不相同，現代的印度和喀什米爾都是經過英國長期殖民統治塑造而形成的。喀什米爾位於興都庫什山脈，那裡地勢險峻，易守難攻。在19世紀初，喀什米爾處於阿富汗杜蘭尼王朝的控制之下；1819年，它被杜蘭尼王朝的封臣錫克國王蘭吉特‧辛格兼併了。錫克國是驍勇善戰的錫克人在北印度建立的國家，它實力雄厚，領土主要由印度河流域的旁遮普平原和喀什米爾山區地帶兩部分構成。

　　喀什米爾南面的查謨的多格拉貴族中有三兄弟都是才俊之士，為蘭吉特‧辛格攻城略地和擺脫阿富汗杜蘭尼王朝的控制立下汗馬功勞，先後從錫克王室獲得采邑，成為位高權重的文臣和武將。其中的長兄古拉伯‧辛格在1822年受封為查謨王，隨後開始擴張自己的勢力，吞併了周邊許多小公國。從1834年到1842年，他乘中國清朝政府內憂外患之機，多次侵略中國的屬國和西藏地區，最後兼併了中國的屬國拉達克和巴爾蒂斯坦，把自己的領土擴大了十多倍，大大地加強了自己的勢力，為此後的發展奠定了堅實的基礎。

　　19世紀40年代初，英國人準備兼併錫克國。面對這個強大的對手，而且英國人當時在印度的行政中心在遙遠的加爾各答，他們採取了一種漸進

的、從內部消耗分解的手段來兼併錫克國。喀什米爾不僅地勢險峻，而且地處偏遠，與英國管轄區之間還隔著旁遮普、查謨等許多地方，英國人當時沒有能力去征服它，於是乾脆把它當作交易品來處理。英國人與錫克國中權勢熏天的封臣查謨王古拉伯‧辛格勾結，以扶植他脫離錫克國建立主權國家和獲得喀什米爾谷作交易，換取他從內部策應以支持英國兼併錫克國的印度河平原區。這樣，在瓦解錫克國的基礎上，在英國人的卵翼下，信奉印度教的古拉伯‧辛格，以查謨為基地，以喀什米爾谷為中心，建立了具有主權地位的查謨和喀什米爾土邦，成為英印帝國中面積最大的一個土邦，同時也是它的北部邊疆。

把喀什米爾谷轉賣給古拉伯‧辛格之後，英國與俄國在中亞的鬥爭日趨激烈。為了防止俄國勢力伸入南亞，英國幫助查謨王室兼併了以吉爾吉特為中心的韃靼斯坦；1936 年，英國人又在一項司法裁決中把蓬奇采邑判給它。這樣，經過一百多年的擴張兼併，通常意義而言的查謨和喀什米爾土邦最終形成了，其轄區主要包括信奉印度教的查謨，信奉藏傳佛教的拉達克，信奉伊斯蘭教的巴爾蒂斯坦、喀什米爾谷、蓬奇、吉爾吉特等地，由少數印度教徒統治多數穆斯林。

查謨和喀什米爾土邦的建立和形成，是其特殊的地理位置和地形地貌，以及 19 世紀阿富汗、錫克國、查謨、尼泊爾、中國、英國和俄國之間錯綜複雜的關係作用下而產生的，是南亞北部地緣政治作用的結果。

地緣政治有微觀、中觀和宏觀三種分析模式，相對應地分析局部（國內）的、區域（國家）的和全球（帝國）的地緣政治態勢。儘管如此，這並不意味著在某個時段內只有某種模式的地緣政治影響喀什米爾局勢的發展，實際上它可能同時處在兩種甚至三種地緣政治力量的作用之下。比如說在 19 世紀末，喀什米爾已經是英印帝國裡的一個土邦，它們之間有許多矛盾，甚至於英國政府在 1889 年褫奪普拉塔普‧辛格大君的權力，建立部長會議而親

自發號施令，這是一種微觀的地緣政治。然而，這個時期喀什米爾在英印帝國和阿富汗的關係中也處於重要地位，當時劃定查謨和喀什米爾土邦與阿富汗之間邊界的李奇威線就是雙方博弈的結果，它已經超出了單個國家而進入南亞地區範圍，這是一種中觀的地緣政治。但是，這個時期的喀什米爾還是大英帝國和沙皇俄國在中亞鬥爭避免直接接觸的緩衝區，受到英俄關係的影響。中亞是地緣政治學大師麥金德所稱謂的爭霸全球的「心臟地帶」，英俄中亞鬥爭是標準的全球爭霸行為，這是一種典型的宏觀地緣政治。因此，19世紀末的喀什米爾同時處在三種態勢的地緣政治作用之下。

　　查謨和喀什米爾土邦形成之後被稱作印度的微縮體，其民族版圖對後來喀什米爾局勢的發展具有重要影響。在 20 世紀上半期，查謨和喀什米爾土邦與印度的民族主義運動是逆向發展的。在印度是占多數的印度教徒領導其他少數派民族，爭取從英國的殖民統治下獲得解放，出現了少數派穆斯林要求建立巴基斯坦國的運動；在喀什米爾是占多數的穆斯林領導其他少數派民族，爭取推翻印度教徒的封建統治以獲得解放，出現了印度教徒等少數派的分離主義運動。不同的是，喀什米爾作為從屬於英印帝國的一個土邦，它的政治發展受印度主流運動的影響很大：查謨和喀什米爾土邦的兩大政黨穆斯林會議黨和國民會議黨，後者從前者中脫離出來；印度的兩大政黨國大黨和穆盟，後者受前者的影響而成立。在印度的民族主義運動發展過程中，國民會議黨與國大黨分別成為查謨和喀什米爾土邦與印度的第一大政黨，兩者關係密切，都主張世俗主義和為共同體內所有人民的解放而奮鬥；穆斯林會議黨和穆盟分別成為查謨和喀什米爾土邦與印度的第二大政黨，兩者來往頻繁，都強調保護共同體內穆斯林的利益。這樣就出現了一個奇特的景象：查謨和喀什米爾土邦卻是穆斯林領導的民族主義運動與印度的民族主義運動合拍共進，卻與印度的穆斯林建國運動背道而馳。這是喀什米爾問題產生的最重要的歷史淵源。

英國在印度建立的殖民體系叫做英印帝國，由英屬印度和印度土邦兩部分構成。第二次世界大戰之後，英國被迫結束對印度的殖民統治而實行印巴分治。在撤離印度的過程中，英國主要關心自己如何全身而退，因此把精力主要放在相對容易解決的英屬印度分治上面，而基本忽視了複雜棘手的印度土邦歸屬問題。這期間制定的與土邦歸屬有關的文件主要有三份，分別是《內閣使團備忘錄》、《蒙巴頓方案》和《印度獨立法》，它們都沒有明確印度土邦歸屬的具體解決辦法。印度土邦的歸屬處於無法可依的狀態，導致相關各方都可以找出含混的法律作為自己的行事依據，這為喀什米爾問題的產生提供了法律空間。

查謨和喀什米爾土邦如果沒有形成它在印巴分治前夕的那個樣子，而是按照它在 1822 年的樣子一直延續到 1947 年。那麼，按照印巴分治的原則和印度土邦歸屬的普遍作法，各個部分將按其自然屬性順利地加入印度或者巴基斯坦，就像當時其他印度土邦所做的那樣。如果英國在結束對印度殖民統治的過程中，以明確的法律條文規定印度土邦如何選擇歸屬，獨立後的印度和巴基斯坦將根據明文法律在查謨和喀什米爾土邦行事，喀什米爾問題也將不會產生。如果沒有喀什米爾民族主義派的支持，印度在 1947 年出兵喀什米爾是難以想像的；同時，如果巴基斯坦不與喀什米爾接壤，也沒有獲得喀什米爾什葉派穆斯林的支持，那它即便想干預喀什米爾的局勢也將無從插手，就像它對於印度占領朱納加德和海德拉巴兩個土邦而束手無策那樣。由於查謨和喀什米爾土邦的形成是地緣政治作用的結果，因此喀什米爾問題產生的歷史原因應該追溯到地緣政治上去。

英印帝國確定分裂之後，印度把自己定位為英印統治國際地位的唯一繼承國，這使它不僅想盡最大範圍地繼承英印帝國的領土，而且繼承了它的北部邊疆防衛政策。從地緣政治的角度出發，印度潛意識地把查謨和喀什米爾土邦納入本國領土範圍。但是，從地理、歷史、民族和文化的角度來看，查

謨和喀什米爾土邦更與巴基斯坦連為一體，對它更有策略防衛意義。此外，由於巴基斯坦立國的意識形態基礎是「兩個民族理論」，它內在地把穆斯林占人口優勢的毗鄰西巴基斯坦的查謨和喀什米爾土邦包含在自己的領土當中。反過來，印度卻想把穆斯林人口占多數的查謨和喀什米爾土邦確立為本國世俗主義的象徵。這些衝突導致獨立後的印度和巴基斯坦都要求獲得查謨和喀什米爾土邦的領土控制權，使出渾身解數去爭奪它，從而導致喀什米爾問題產生。印巴分治前後旁遮普的分割、查謨和喀什米爾土邦穆斯林部落民的反叛等事件，既是時局演變的結果，但印巴也參與其中進行較量，加劇了兩國對喀什米爾的爭奪。

在國大黨／印度與穆盟／巴基斯坦爭奪查謨和喀什米爾土邦的過程中，國民會議黨支持國大黨和印度，它的主席謝赫·阿卜杜拉甚至主導了喀什米爾大君哈里·辛格與印度政府簽署《加入證書》，要求印度出兵喀什米爾鎮壓穆斯林部落民；穆斯林會議黨支持穆盟，要求查謨和喀什米爾土邦加入巴基斯坦。由於國民會議黨在查謨和喀什米爾土邦享有全面的優勢，再加上土邦內的印度教徒統治階層普遍支持查謨和喀什米爾土邦加入印度，以及印度相對巴基斯坦的全面優勢，使得印度在與巴基斯坦爭奪查謨和喀什米爾土邦的鬥爭中取得了相對優勢；但查謨和喀什米爾土邦的西部和北部地區的居民普遍支持巴基斯坦，那些區域地勢險峻，那裡的什葉派穆斯林部落民反抗多格拉統治和印度，印軍的優勢難以在那裡得到發揮，因此巴基斯坦在那些地區具有局部優勢。

在印巴分治前後，喀什米爾問題並不是一個孤立的現象，與查謨和喀什米爾土邦有著相同性質的海德拉巴和朱納加德兩個土邦的歸屬也成為問題。與喀什米爾的政治結構相反，海德拉巴和朱納加德的居民主要是印度教徒，它們的土邦主是穆斯林，都宣布加入巴基斯坦。這兩個土邦因為位於印度腹地，印度通過武力強行把它們併入本國領土，巴基斯坦除了提出口頭抗議之

外，對此無能為力。就像巴希爾·艾哈默德所說：「巴基斯坦能夠接受印度攫取海德拉巴，因為它位於印度的心臟地帶，巴基斯坦要去進行管理是不切實際的。」巴基斯坦無力遂行海德拉巴加入本國，所以它對印度攫取海德拉巴不能作有形的抵抗。但是，查謨和喀什米爾土邦與巴基斯坦山水相連，巴基斯坦可以直接對那裡發揮影響，而且土邦內的什葉派穆斯林支持它，這使得它至少可以部分地在那裡遂行自己的意志，而不至於像在海德拉巴和朱納加德那樣，鞭長莫及而束手無策。

查謨和喀什米爾土邦與印度和巴基斯坦都接壤，這使得兩個國家都可以直接干預該土邦的事務。儘管國大黨／印度和穆盟／巴基斯坦出於各種理由而在獨立之前就打算把查謨和喀什米爾土邦納入本國領土版圖，從目前公開的資料來看，地緣策略的考慮無疑是其中重要的因素，於印度而言更是最重要的因素──印度在哈里·辛格大君簽署《保持原狀協議》之前就已經開始在查謨和喀什米爾土邦作軍事準備，出兵時強調了查謨和喀什米爾土邦的地緣策略地位，但沒有談及它在意識形態方面的作用。海德拉巴和朱納加德兩個土邦的歸屬後來沒有成為實際中的問題，最主要的原因就是在於它們距離巴基斯坦遙遠，兩個土邦的居民沒有對巴基斯坦形成規模上的支持，而且巴基斯坦與印度相比力量弱小，即便在它們的土邦主宣布加入本國之後，也不能遂行自己的意志。因此，從現實的角度來看，查謨和喀什米爾土邦問題產生的主要原因在於查謨和喀什米爾土邦特殊的地理位置和印巴兩國實力對比的制約，也就是說地緣政治是最主要的原因。

查謨和喀什米爾土邦問題產生後，巴基斯坦由於勢力弱小，自知無法與印度抗衡，立刻尋求英、美兩國進行調解。但英、美兩國出於各種因素的考慮，起初並不願捲入其中，建議印巴將該問題提交國際組織調解。由於軍事手段不能解決查謨和喀什米爾土邦的歸屬問題，為了避免印巴兩國陷入持久的全面戰爭，印度政府在 1947 年 12 月 31 日將喀什米爾問題提交聯合國調

解。英美操縱的聯合國在起初階段基本以中立的態度來對待喀什米爾問題，勸說印巴兩國在喀什米爾實現停火，按現狀控制查謨和喀什米爾土邦。1949年1月1日，印巴兩國實現停火；同年7月在喀什米爾劃定停火線，使它分裂為印控喀什米爾和巴控喀什米爾兩部分。這樣，第一次喀什米爾戰爭雖然結束了，但查謨和喀什米爾土邦的歸屬問題並沒有得到解決，而只是暫時被抑制了。在第一次喀什米爾戰爭中，印度實現了自己的主要目標，這體現在它奪取了查謨和喀什米爾土邦的核心地區喀什米爾谷，並鞏固了自己在那裡的統治。

印度把喀什米爾問題提交聯合國既是其民主理念的一個表現，更是其實力不濟的一個表現。它如果能夠在查謨和喀什米爾土邦完整地遂行自己的意志，也就不必求助於聯合國。喀什米爾問題提交聯合國之後，出乎印度意料的是，它並沒有按其預期的方式獲得解決。印度期待聯合國譴責巴基斯坦侵略查謨和喀什米爾土邦，要求它從那裡撤軍，這種想法過於簡單幼稚和一廂情願了。英美等國不可能單純地根據印度的建議來制定自己的喀什米爾政策，它們必定會把巴基斯坦因素考慮在內，也肯定以自己而非印度的利益為行為出發點。巴基斯坦不僅對查謨和喀什米爾土邦有合理的訴求，而且是維持南亞均勢的平衡力量，更是全球博弈的策略據點。如果英美完全偏向印度，則它們不但有失主持公道的形象，而且破壞了南亞的均勢，更危險的是極可能把巴基斯坦推向蘇聯一邊。這些都是英美兩國竭力要避免出現的情況。

由於印巴都不願在喀什米爾問題上作實質性的讓步，聯合國的調解也就不可能使它及時得到徹底解決，從而為它的持久化埋下了種子。英美蘇等世界大國起初都避免介入喀什米爾問題，但隨著亞洲地緣政治形勢的變化，三個國家都主動或被動地捲入其中，使它成為全球冷戰的一部分。

1949年8月29日，蘇聯成功地爆炸原子彈；10月1日，中華人民共和國成立並加入社會主義陣營，亞洲的地緣政治形勢由此發生逆轉，資本主義

陣營在亞洲的實力大為削弱，東西方集團在亞洲鬥爭的中部戰線隨之從中亞下滑到南亞和東南亞。南亞在美國全球策略中的地位陡然變得重要起來，美國加強了對喀什米爾問題的調解，希望和平地解決該問題，以便把印巴兩國整合進西方陣營來遏制社會主義國家。這一政策由於印巴雙方都拒絕作實質性的讓步而遭失敗。

1953 年 3 月，聯合國對喀什米爾問題的調解正式宣告失敗，美國於是公開支持謝赫‧阿卜杜拉建立獨立的喀什米爾國。這一陰謀隨即被挫敗，謝赫‧阿卜杜拉也在 8 月 9 日遭逮捕入獄，「獨立喀什米爾國」因此成為空中樓閣。恰好在這個時候，西方在朝鮮戰爭上也徹底失敗，剛剛在 7 月 27 日被迫簽訂了《朝鮮停戰協定》。這樣，美國在南亞地區構築遏制共產主義「鐵幕」的渴望更加強烈，於是改而實行與巴基斯坦締結軍事同盟的辦法，把它編入西方圍堵社會主義國家的體系之中。巴基斯坦因為感覺到印度的威脅，也希望與美國結盟。巴美軍事結盟迫使印度加強發展與中國和蘇聯的關係，使得東西方冷戰格局延伸到南亞。巴基斯坦與美國締結軍事同盟的地緣政治策略目標迥異：巴基斯坦主要是為了對付印度和重奪查謨和喀什米爾土邦做準備；美國則主要是為了對抗以及遏制社會主義國家蘇聯和中國。這就使得巴基斯坦和美國軍事結盟缺乏堅實的地緣政治利益基礎，埋下了同盟瓦解的種子。

50 年代末期，中蘇關係開始冷淡和疏遠，這使中國所面臨的國際環境極度地惡化。在印度和中國從傳統走向現代的過程中，兩國傳統上模糊的邊疆必須劃定清晰的邊界。印度的極端民族主義勢力將印度國內的理性建議棄之不顧，企圖利用中國在這個時期內外交困的機會，以有利於印度的方式強行地解決中印邊界爭端，最終導致 1962 年的中印戰爭。印度在戰爭中潰不成軍，使它游離「不結盟」的外交國策，快速地向西方國家靠攏求援。由於印度在南亞所處的地位，美英等國家總是渴望把它納入西方陣營遏制中國，於是不顧盟國巴基斯坦的反對，向它提供包括先進軍事裝備在內的大量援助。

這種情況造成印蘇關係和美巴關係疏遠，巴基斯坦加強了與蘇聯和中國的關係。西方國家還利用這一機會，加強調解喀什米爾問題，無奈印巴仍然不願作實質的讓步而以失敗告終。

巴基斯坦對西方國家再次武裝印度感到害怕，擔心自己對印度暫時的既有軍事優勢很快就會喪失；與蘇聯親近之後，自認為國際形勢對本國有利；通過 1965 年 4 月卡奇衝突測試了各大國態度和印度新政府的軟弱之後，在 1965 年 8 月貿然發動了第二次喀什米爾戰爭，希望通過軍事手段來徹底解決喀什米爾問題。巴基斯坦的軍事企圖遭到印度的猛烈反擊，很快就失敗了。在這次戰爭中，作為巴基斯坦盟國的美國並沒有對它提供實質性幫助。

在中印戰爭和第二次喀什米爾戰爭中，西方和巴基斯坦的國家利益取向不同，出現了無法調解的分歧。在地緣政治離心力的作用下，巴基斯坦與美國的軍事同盟變得有名無實，很快就自動瓦解了；相反，在地緣政治向心力的作用下，意識形態迥異的巴基斯坦與中國迅速地緊密靠攏，建立了親密而友好的關係。

第二次喀什米爾戰爭之後，巴基斯坦國內外的形勢都發生了重大轉變。就國內而言，由於巴基斯坦在這次戰爭中的莽撞和失敗，這加強了東巴基斯坦固有的分離主義傾向。因為這次戰爭是巴基斯坦主動挑起的，而且事後締結的《塔什干宣言》沒能徹底解決兩國的矛盾，印度國內存在著復仇的慾望。1970 年巴基斯坦因為大選發生了嚴重的國內危機，使東巴基斯坦的分離主義付諸實際行動。印度打算利用東巴基斯坦危機報第二次喀什米爾戰爭之仇，但也不敢輕舉妄動。恰好在這個當口，通過巴基斯坦的鼎力相助，美國國家安全事務助理亨利·季辛吉在 1971 年 7 月 9 到 11 日成功地訪問中國。中美策略接近造成了巨大的國際衝擊，引起蘇聯和印度極度恐慌。作為反制行動，蘇聯迅速改變此前尊重巴基斯坦領土完整的立場，支持印度用軍事手段干預東巴危機。這樣，印度在蘇聯的支持下在東巴基斯坦發動戰爭，把東

巴從巴基斯坦肢解出來建立獨立的孟加拉國。但是，當印度妄圖把東巴危機擴大到西巴基斯坦，並企圖占領巴控喀什米爾的時候，國際社會的強大壓力預先地阻止了它的冒險行為。

孟加拉戰爭被看作第二次喀什米爾戰爭的延續，它再次改變了南亞的地緣政治形勢，進而對喀什米爾問題造成了決定性的影響。戰爭之前，巴基斯坦的東西兩翼對印度形成了夾攻態勢；戰爭之後，由於東巴基斯坦的丟失，剩餘的巴基斯坦反遭印度的側翼包圍。這次戰爭對喀什米爾問題造成的影響是，1972 年 7 月 2 日，巴基斯坦與印度簽訂《西姆拉條約》，規定喀什米爾問題此後將由兩國通過和平方式予以解決，排斥地區外大國的干預；1974 年 11 月 13 日，謝赫·阿卜杜拉與英迪拉·甘地簽訂了《喀什米爾協定》，謝赫·阿卜杜拉接受印控喀什米爾成為印度領土不可分割的一部分，徹底放棄此前堅持不懈的喀什米爾獨立計劃。

孟加拉戰爭是印巴兩國在政治、經濟和軍事上的較量，以巴基斯坦的慘敗而收場。孟加拉戰爭的結果對喀什米爾問題的直接影響是《西姆拉條約》和《喀什米爾協定》的簽訂，也就是說這兩個法律文件是孟加拉戰爭結果的法律表現。因此，三者一道成為喀什米爾問題發展史上的分水嶺，代表著它在此後進入一個新的發展階段。

喀什米爾問題長期得不到解決的癥結固然在於印巴兩國都不願向對方作出實質性的讓步，但毫無疑問的是，自從它被提交聯合國一直到孟加拉戰爭期間，它的發展就強烈地受到更大規模的亞洲或全球政治鬥爭形勢變化的影響，而不再僅僅是印巴兩國之間的地區性問題。在喀什米爾問題產生之初，具體地說是從 1947-1949 年，由於世界大國不願介入其中，它主要是印巴兩國之間的角力，這是一個中觀的地緣政治問題。隨著亞洲地緣政治形勢的劇變，美蘇兩個世界大國都先後捲入其中，使它的發展受制於宏觀的亞洲和全球地緣政治形勢的變化。但這並不是說，1949 年之後作用於喀什米爾問題

的微觀和中觀的地緣政治已經不存在，而是說隨著美蘇的介入，前者那個小的地緣政治場就受制於後者這個大的地緣政治場，正如本書第三章和第四章所闡明的那樣。反過來，世界大國介入喀什米爾問題，它們是出於更大的目標才捲入其中，是從亞洲甚至全球政治鬥爭的角度來看待南亞的地緣策略地位，再以這個視角去處理喀什米爾問題。美國曾經竭力想在查謨和喀什米爾土邦建立軍事基地以威脅中國和蘇聯，那也是服從於其遏制社會主義國家的全球冷戰大目標的。

　　綜上所述，通過對查謨和喀什米爾土邦的歷史（即 1947 年之前）、喀什米爾衝突的產生（1947 年）和喀什米爾衝突的過程（1947-1974 年）進行考查可以發現，地緣政治（包括地理、民族、宗教、政治、經濟、軍事和外交等因素）對喀什米爾問題的產生和發展發揮了決定性的作用。

参考文獻

［俄］A. 利亞霍夫斯基 . 阿富汗戰爭的悲劇 . 劉憲平，譯 . 北京：社會科學文獻出版社，2004.

［俄］A.H. 庫羅帕特金 . 喀什噶爾：它的歷史、地理概括，軍事力量以及工業和貿易 . 陶文釗等，譯 . 北京：商務印書館，1982.

［印］B.C. 馬宗達等 . 高級印度史 . 張澍霖等，譯，北京：商務印書館，1986.

［哈］C.M. 阿基姆別科夫 . 阿富汗焦點和中亞安全問題 . 楊恕、汪金國，譯 . 蘭州：蘭州大學出版，2002.

［巴］G. 阿拉納 . 偉大的領袖真納：一個民族的經歷 . 袁維學，譯 . 北京：商務印書館，1983.

［英］P. 奧沙利文 . 地理政治論──國際間的競爭與合作 . 李亦鳴等，譯 . 北京：國際文化出版社，1991.

［印］S·辛格少將 . 喋血孟加拉 . 皓月等，譯 . 北京：軍事譯文出版社，1985.

［巴］阿爾塔夫·高哈 . 阿尤布·汗──巴基斯坦的首位軍人統治者 . 鄧俊秉，譯 . 北京：世界知識出版社，2002.

［英］阿拉斯太爾·蘭姆 . 中印邊境 . 民通，譯 . 北京：世界知識出版社，1966.

［蘇］安·安·葛羅米柯 . 永誌不忘：葛羅米柯回憶錄 . 伊吾，譯 . 北京：世界知識出版社，1989.

［英］安托尼·奧斯特 . 現代條約法與實踐 . 江國青，譯 . 北京：中國人民大學出版社，2005.

［巴］巴基斯坦駐華使館 . 喀什米爾 .1956.

［美］丹·考德威爾 . 論美蘇關係：1947至尼克森、季辛吉時期 . 何立譯 . 北京：世界知識出版社，1984.

［美］德懷特·艾森豪威爾 . 艾森豪威爾回憶錄 . 樊迪等，譯 . 北京：東方出版社，2007.

［英］迪利普·希羅 . 今日印度內幕 . 裴匡麗等，譯 . 天津：天津人民出版社。

［英］菲利普‧齊格勒．蒙巴頓傳．仲大軍等，譯．北京：新華出版社，1989.

［美］弗蘭克爾，弗朗辛‧R. 印度獨立後政治經濟發展史．孫培鈞等，譯．北京：中國社會科學出版社，1989.

［印］古蒂譯，樓邦彥校．印度刑法典．北京：法律出版社，1957.

［德］弗蘭茨‧奧本海默．論國家．沈蘊芳等，譯．北京：商務印書館，1994.

［英］哈爾福德‧麥金德．民主的理想與現實．武原，譯．北京：商務印書館，1965.

［英］赫克托‧博萊索．巴基斯坦的締造者—真納傳．李榮熙，譯，北京：商務印書館，1977.

［美］亨利‧季辛吉．大外交．顧淑馨，林添貴，譯．海口：海南出版社，1998.

［美］賈恩弗蘭科‧波齊．近代國家的發展：社會學導論．沈漢，譯．北京：商務印書館，1997.

［英］傑弗裡‧帕克．地緣政治學：過去、現在和未來．劉從德，譯．北京：新華出版社，2003.

［印］卡‧古普塔．中印邊界祕史．王宏緯，王至亭，譯．北京：中國藏學出版社，1990.

［奧］凱爾森．法與國家的一般理論．沈宗靈，譯．北京：中國大百科全書出版社，1996.

［印］克里尚‧巴蒂亞．英迪拉‧甘地．上海師範大學外語系，譯．上海：上海人民出版社，1987.

［意］克羅齊．那不勒斯王國史．王天清，譯．北京：中國社會科學出版社，2005.

［美］拉鐵摩爾．中國的亞洲內陸邊疆．唐曉峰，譯．南京：江蘇人民出版社，2005.

［美］羅斯科‧龐德．法律與道德．陳林林，譯．北京：中國政法大學出版社，2003.

〔印〕納塔拉詹．美國陰影籠罩印度．姚華，譯．北京：世界出版社，1954.

〔澳〕內維爾·馬克斯韋爾．印度對華戰爭．陸仁，譯．北京：世界知識出版社，1981.

〔美〕尼古拉斯·斯皮克曼．和平地理學．劉愈之，譯．北京：商務印書館，1965.

〔印〕尼赫魯．尼赫魯自傳．張寶芳，譯．北京：世界知識出版社，1956.

〔印〕尼赫魯．印度的發現．齊文，譯．北京：世界知識出版社，1956.

〔美〕尼克森．領導人．白玫，譯．北京：新華出版社，2003.

〔美〕尼克森．尼克森回憶錄．裘克安等，譯．北京：商務印書館，1979.

〔印〕尼蘭詹·普拉沙德．一個印度侵華將軍的自白．匯芩，譯．北京：世界知識出版社，1984.

〔俄〕尼塔基·謝·赫魯雪夫．赫魯雪夫回憶錄．述弢等，譯．北京：社會科學文獻出版社，2006.

〔巴〕佩爾韋茲·穆沙拉夫．在火線上：穆沙拉夫回憶錄．張春祥等，譯．北京：譯林出版社，2006.

〔蘇〕普利亞爾金．喀什米爾．樂鑄，譯．北京：新知識出版社，1958.

〔印〕普普爾·賈亞卡．英迪拉·甘地私人傳記．張曙薇，姚大偉，譯．北京：時代文藝出版社，1999.

〔美〕切斯特·鮑爾斯．鮑爾斯回憶錄．上海：上海人民出版社，1974.

〔美〕塞繆爾·亨廷頓．文明的衝突與世界秩序的重建．周琪等，譯．北京：新華出版社，1999.

〔美〕史蒂芬·科亨．大象和孔雀：解讀印度大國策略．劉滿貴等，譯．北京：新華出版社，2002.

〔俄〕瓦列金·別列什科夫．史達林私人翻譯回憶錄．薛福岐，譯．海口：海南出版社，2004.

〔印〕維傑·庫瑪．英美侵略喀什米爾的陰謀．謝思通，譯．北京：世界知識出版社，1955.

〔印〕許馬雲・迦比爾.印度的遺產.王維周,譯.上海：上海人民出版社,
1959.

〔印〕因德爾・馬爾豪特拉.英迪拉・甘地傳.施美華等,譯.北京：世界
知識出版社,1992.

〔英〕約翰・勞爾.英國與英國外交.劉玉霞,龔文啟,譯.上海：上海譯
文出版社,2003.

〔美〕詹姆斯・多爾蒂、小羅伯特・普法爾茨格拉夫.爭論中的國際關係理
論.邵文光,譯.北京：世界知識出版社,1987.

〔美〕茲比格涅夫・布熱津斯基.大抉擇：美國站在十字路口.王振西等,
譯.北京：新華出版社,2005.

〔美〕茲比格涅夫・布熱津斯基.大棋局：美國的首要地位及其地緣策
略.中國國際問題研究所譯.上海：上海人民出版社,1998.

〔美〕茲比格涅夫・布熱津斯基.競賽方案：進行美蘇競爭的地緣策略綱
領.劉曉明等,譯.北京：中國對外翻譯出版公司,1988.

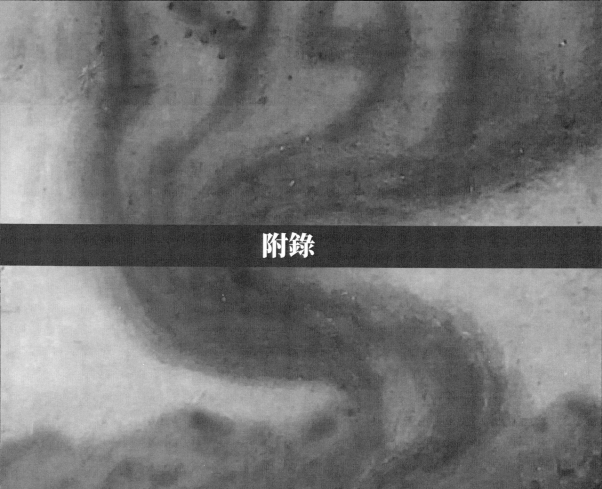

附錄

══════ 附錄 Ⅰ：喀什米爾大事 ══════

1587 年，蒙兀兒帝國的阿克巴大帝征服喀什米爾。

1752 年，阿富汗的杜蘭尼帝國征服喀什米爾。

1819 年 6 月 15 日到 7 月 19 日，錫克國王蘭吉特‧辛格征服喀什米爾。

1822 年，蘭季特‧辛格封古拉伯‧辛格為查謨王。

1834-1840 年，古拉伯‧辛格征服拉達克。

1838-1842 年，第一次英阿戰爭。

1840 年，古拉伯‧辛格征服巴爾蒂斯坦。

1840 年 6 月 28 日到 1842 年 8 月，中英第一次鴉片戰爭。

1841-1842 年，古拉伯‧辛格侵犯西藏阿里地區，史稱「森巴戰爭」。

1842 年 9 月 17 日，查謨王室與西藏地方當局簽訂和約。

1845-1846 年，第一次英錫戰爭。

1846 年 3 月 9 日，英國與錫克國簽訂《拉合爾條約》，英國人獲得喀什米爾。

1846 年 3 月 16 日，英國人與古拉伯‧辛格簽訂《阿姆利則條約》，把喀什米爾轉賣給他。

1846 年 11 月 9 日，古拉伯‧辛格才在英國和拉合爾王室的軍隊幫助下，正式控制喀什米爾。

1848-1849 年，第二次英錫戰爭。

1852 年，英國政府重新劃分莫蒂‧辛格和賈瓦希爾‧辛格的采邑。

1853-1856 年，英法俄等國發生剋裡米亞戰爭。

1857-1859 年，印度爆發民族大起義。

1860 年，蘭比爾‧辛格征服吉爾吉特和附近一些地區。

1865 年，俄國占領塔什干；蘭比爾‧辛格第一次派使團赴俄，要求聯合抗英。

1865 年 4 月到 1877 年 5 月，中國新疆南部發生阿古柏叛亂。

1868 年，俄國占領布哈拉。

1869 年，蘭比爾·辛格第二次派使團赴俄，要求聯合抗英。

1873 年，俄國征服希瓦。

1874 年 2 月 2 日，英國與阿古柏偽政權簽訂《英國與喀什噶爾條約》。

1876 年，英國通過《英王稱號法》；俄國征服浩罕。

1877 年，英國在吉爾吉特設立政治代理處。

1881 年，俄國兼併土庫曼，完成了征服整個中亞大草原。

1884 年，俄國吞併麥爾夫。

1885 年，蘭比爾·辛格大君去世，其子普拉塔普·辛格繼位；英俄簽訂條約，劃定俄國與阿富汗在東部的邊界。

1889 年，英國褫奪普拉塔普·辛格大君的權力，在喀什米爾建立部長會議。

1890 年，沙俄軍隊進軍帕米爾。

1895 年 3 月，英俄簽訂瓜分帕米爾的補充協定。

1917 年，俄國發生「十月革命」。

1917 年 12 月 3 日，蘇聯發布《告俄國和東方全體穆斯林勞動人民書》。

1921 年 2 月 8 日，英國國王下詔成立印度王公議院。

1931 年 7 月 13 日，喀什米爾爆發穆斯林反對哈里·辛格大君的騷動，這天後來被定為喀什米爾的「烈士節」。

1932 年 10 月 17 日，全查謨和喀什米爾穆斯林會議黨成立。

1933 年 11 月，中國新疆喀什的沙比提大毛拉建立「東突厥斯坦伊斯蘭共和國」。

1934 年，中國新疆軍閥把英國的政治代理驅逐出境。

1935 年 4 月 3 日，英國向哈里·辛格大君強迫租借吉爾吉特及其屬國，租期為 60 年；1947 年 8 月 1 日，末代副王蒙巴頓終止這項租約。8 月 2 日，英國國王批准《1935 年印度政府法》。

1936 年 3 月，查謨和喀什米爾邦兼併蓬奇。

1939 年 6 月 11 日，謝赫·阿卜杜拉率領一部分人脫離穆斯林會議黨，建立全查謨和喀什米爾國民會議黨（簡稱國民會議黨）。

1940 年 3 月 23 日，穆盟正式通過《巴基斯坦決議》，決定建立巴基斯坦國。

1943 年 7 月 12 日，哈里·辛格大君成立王室調查團。

1944 年 9 月 29 日，國民會議黨通過《新喀什米爾計劃》。

1945 年 1 月，穆斯林會議黨提出《自由喀什米爾計劃》。

1946 年 2 月 18 日，皇家印度海軍入伍士兵公開嘩變。

1946 年 5 月，國民會議黨發起驅逐哈里·辛格大君的「滾出喀什米爾」運動。

1946 年 5 月 12 日，《內閣使團備忘錄》公布。

1946 年 5 月 16 日，《內閣使團計劃》公布。

1947 年 2 月 20 日，艾德禮首相宣布，在 1948 年 6 月以前把政權還給印度人。

1947 年 3 月 22 日，蒙巴頓正式就任印度末代副王。

1947 年 6 月 3 日，《蒙巴頓方案》公布。

1947 年 7 月 8 日，劃界委員會主席西里爾·拉德克李維抵達新德里。

1947 年 7 月 18 日，英王批准《印度獨立法》。

1947 年 8 月 12 日，拉德克李維裁決書提交到蒙巴頓。

1947 年 8 月 14 日，巴基斯坦獨立。

1947 年 8 月 15 日，印度獨立；巴基斯坦與查謨和喀什米爾簽訂《保持原狀協定》。

1947 年 8 月 17 日，拉德克李維裁決書公布。

1947 年 9 月 13 日，印度開始向喀什米爾政府提供武器援助。

1947 年 9 月 29 日，謝赫·阿卜杜拉獲釋。

1947 年 10 月 4 日，穆斯林反叛者在拉瓦爾品第宣布建立喀什米爾共和國。

1947 年 10 月 15 日，梅赫爾·昌德·馬哈簡接任喀什米爾首相。

1947 年 10 月 18 日，梅赫爾·昌德·馬哈簡又寫信給巴基斯坦總督真納，指責巴基斯坦違背了《保持原狀協定》。

1947 年 10 月 22 日，印軍占領馬納瓦達爾。

1947 年 10 月 24 日，自由喀什米爾的革命政府在布龍樹成立，薩達爾·伊卜拉辛·汗任主席。

1947 年 10 月 26 日，哈里·辛格大君簽署《加入證書》。

1947 年 10 月 27 日，印度自治領總督蒙巴頓接受查謨和喀什米爾加盟，印軍開進喀什米爾。

1947 年 11 月 1 日，蒙巴頓與真納舉行會談，真納提出解決喀什米爾問題的三項建議；印軍占領曼格羅爾土邦。

1947 年 11 月 2 日，尼赫魯發表廣播講話，希望聯合國調解喀什米爾問題。

1947 年 11 月 8 日，印軍攻下喀什米爾的門戶巴拉穆拉；印軍占領朱納加德土邦。

1947 年 11 月 30 日，謝赫·阿卜杜拉出任喀什米爾首相併組建臨時政府。

1947 年 12 月 2 日，美國製定《關於印巴喀什米爾爭端的意見書》。

1947 年 12 月 31 日，美國給印巴兩國發去緊急照會，敦促它們解決喀什米爾問題；印度政府把喀什米爾問題提交聯合國。

1948 年 1 月 17 日，聯合國安理會通過決議，要求印巴兩國避免採取任何有可能惡化局勢的措施，以及在喀什米爾成立一個中立行政機構。

1948 年 1 月 28 日，謝赫·阿卜杜拉與美國駐聯合國大使瓦倫·奧斯丁進行了會談，暗示喀什米爾可以選擇獨立。

1948 年 4 月 21 日，印軍攻占拉佐里，籌劃分兩路進攻對穆扎法拉巴德；聯合國安理會通過喀什米爾問題決議案。

1948 年 5 月，巴基斯坦派遣正規軍赴喀什米爾作戰。

1948 年 8 月 13 日，聯合國安理會通過印巴委員會提出的喀什米爾停火決議。

1948 年 12 月 11 日，聯合國印巴委員會建議任命公民投票行政官。

1948 年 12 月 12 日，國民會議黨工作委員會通過決議，宣布喀什米爾加入印度。

1949 年 1 月 1 日，印巴兩國在查謨和喀什米爾停火。

1949 年 3 月 22 日，聯合國祕書長任命美國前海軍作戰部部長五星上將切斯特·威廉·尼米茲為喀什米爾公民投票行政官。

1949 年 4 月 28 日，聯合國印巴委員會向印度和巴基斯坦正式提出停火方案。

1949 年 6 月 9 日，哈里‧辛格大君被迫遜位，由他的兒子和繼承人尤維拉吉‧卡蘭‧辛格任攝政王，但實權掌握在謝赫‧阿卜杜拉手中。

1949 年 7 月 27 日，印巴兩國簽署《卡拉奇協議》，劃定喀什米爾停火線。

1949 年 10 月 17 日，印度制憲議會通過憲法第 370 條，賦予查謨和喀什米爾邦特殊地位。

1950 年 2 月 3 日，喀什米爾問題調解人麥克諾頓將軍提交了解決報告。

1950 年 4 月 1 日，印度和中華人民共和國正式建立外交關係，成為第一個與新中國建交的非社會主義國家。

1950 年 4 月 12 日，安理會任命歐文‧迪克松為第二個喀什米爾問題調停人。

1950 年 5 月，巴基斯坦總理阿里‧汗訪問美國。

1950 年 7 月 13 日，謝赫‧阿卜杜拉宣布在查謨和喀什米爾邦進行無補償土改。

1950 年 9 月 15 日，聯合國駐印度和巴基斯坦代表歐文‧迪克松爵向安理會提交喀什米爾去軍事化方案。

1951 年 1 月 16 日，英聯邦總理會議期間，英國、印度、巴基斯坦和澳洲四國總理非正式討論喀什米爾問題。

1951 年 2 月 21 日，英美在安理會聯合提出議案，要求派外國軍隊進駐喀什米爾。

1951 年 3 月 30 日，安理會通過喀什米爾問題決議案。

1951 年 4 月 30 日，聯合國任命弗蘭克‧葛拉罕為第三位喀什米爾問題調停者。

1951 年 11 月 5 日，謝赫‧阿卜杜拉在喀什米爾制憲議會裡公開宣稱，應該把喀什米爾建成「東方瑞士」。

1952 年 1 月到 2 月，謝赫‧阿卜杜拉出訪西歐國家，尋求它們支持建立獨立喀什米爾國。

1952 年，印度教派勢力在查謨和喀什米爾邦以及印度北部掀起大規模騷亂。

1952 年 7 月 24 日，尼赫魯與謝赫‧阿卜杜拉簽訂《德里協議》。

1953 年 3 月，葛拉罕宣布他對喀什米爾問題的調解失敗；5 月初，美國公開支持喀什米爾獨立的計劃。

1953 年 6 月 23 日，教派主義領袖夏雅馬‧普拉薩德‧穆克吉瘐死獄中。

1953 年 8 月 9 日，謝赫‧阿卜杜拉被撤職入獄，喀什米爾副總理巴克希‧吳拉姆‧穆罕默德接任總理。

1953 年 7 月，尼赫魯訪問巴基斯坦。

1953 年 7 月 27 日，《朝鮮戰爭停戰協定》簽訂。

1953 年 8 月 17 到 20 日，穆罕默德‧阿里‧博格拉回訪印度，雙方簽署《卡拉奇協議》。

1953 年 11 月 12 日，美國和巴基斯坦正式締結軍事同盟。

1954 年 1 月 12 日，美國國務卿約翰‧杜勒斯宣稱，美國準備實施「大規模報復策略」。

1954 年 2 月，喀什米爾制憲會議通過關於喀什米爾加入印度的決議，同年 5 月印度總統宣布印度憲法適用於查謨和喀什米爾邦。

1954 年 2 月 25 日，美國總統艾森豪威爾批准了向巴基斯坦提供武器的協定。

1954 年 4 月 13 日，印度取消與查謨和喀什米爾邦的關稅壁壘。

1954 年 4 月 29 日，中印正式簽訂《關於中國西藏地方和印度之間的通商和交通協定》。

1954 年 5 月 19 日，美國和巴基斯坦簽訂《共同防禦援助協定》。

1954 年 6 月 24 到 28 日，中國總理周恩來受邀請第一次訪問印度。

1954 年 9 月 6 到 8 日，美、英、法、澳、泰、菲、紐西蘭和巴基斯坦八國在菲律賓首都馬尼拉舉行外長會議，簽訂了《東南亞集體防務條約》（又稱《馬尼拉條約》），組建了針對社會主義國家的「東南亞條約組織」。

1954 年 10 月 19 日，尼赫魯以印度總理身分開始第一次訪華。

1955 年 1 月，國大黨宣布在印度建設「社會主義類型」的社會。

1955 年 4 月 18 到 24 日，亞非會議在印尼的萬隆舉行。

1955 年 6 月 7 到 23 日，尼赫魯以印度總理身分對蘇聯進行首次正式訪問。

1955 年 7 月 1 日，巴基斯坦政府宣布加入《伊拉克和土耳其互助合作公約》（又稱《巴格達條約》）；9 月 23 日，加入「巴格達條約組織」。

1955 年 8 月 9 日，公民投票陣線成立，阿弗澤爾·貝格任主席。

1955 年 11 月到 12 月，蘇共總書記赫魯雪夫和蘇聯部長會議主席布爾加寧訪印。

1956 年 10 月 3 日，印控查謨和喀什米爾邦制憲議會通過新憲法，並於 1957 年 1 月 26 日生效，宣布查謨和喀什米爾邦加入印度。

1956 年 10 月 23 日，匈牙利發生反政府運動，11 月 4 日，蘇軍開進布達佩斯。

1956 年 10 月 29 日，英、法、以對埃及發動軍事攻擊，蘇伊士運河危機爆發。

1957 年 1 月 24 日，安理會通過一項譴責印度的決議，宣稱喀什米爾制憲議會無權決定該邦的未來。

1957 年 10 月 9 日，「喀什米爾陰謀案」發生。

1958 年 1 月 8 日，謝赫·阿卜杜拉被釋放出獄，他拒絕改變立場，4 月 30 日再次入獄。

1959 年 3 月，中國西藏地區發生了農奴主叛亂。

1959 年 4 月 1 日，印度廢除進出喀什米爾的管理制度。

1959 年 5 月到 1960 年 1 月，阿尤布·汗多次向尼赫魯提出印巴「共同防禦」的建議，遭到拒絕。

1961 年 12 月 18 到 19 日，印度用軍事手段解決果阿問題。

1962 年 10 月 20 日，印度軍隊對中國邊防軍發動全面進攻。

1962 年 11 月 21 日，中國政府宣布單方面停火，並宣告本國部隊將後撤至 1959 年 11 月 7 日以前中印實際控制線自己一方。

1963 年 3 月 2 日，中國和巴基斯坦簽訂《中華人民共和國政府和巴基斯坦政府關於中國新疆和由巴基斯坦實際控制其防務的各個地區相接壤的邊界的協定》。

1963 年 10 月 3 日，印控喀什米爾總理巴克希·吳拉姆·穆罕默德稱，今後查謨和喀什米爾邦的邦元首改稱邦長，政府首腦稱作是首席部長，而不再叫總理。

1963 年 12 月 26 日，哈茲拉特貝爾清真寺發生聖發被盜案，引發查謨和喀什米爾發生大規模動盪和遊行。

1964 年 1 月 4 日，聖發找回後重新供奉在哈茲拉特貝爾清真寺。

1964 年 2 月 28 日，喀什米爾社會主義黨領袖 G.M. 薩迪克接任印控查謨和喀什米爾總理。

1964 年 4 月 8 日，謝赫·阿卜杜拉被釋放出獄，尼赫魯和他討論了南亞邦聯計劃；5 月 26 到 27 日，尼赫魯派他去巴基斯坦參加談判。

1964 年 5 月 27 日，尼赫魯逝世，夏斯特裡繼任印度總理。

1964 年 8 月 29 日，巴基斯坦和中國簽訂航空條約。

1964 年 12 月 4 日，夏斯特裡政府宣布對查謨和喀什米爾邦實行聯邦憲法第 356 和 357 條，即總統將有權接管該邦政府實行直接統治。

1965 年 1 月 8 日，國民會議黨被解散，國大黨把自己的基層組織擴大到喀什米爾，兼併了國民會議。

1965 年 3 月 2 到 9 日，阿尤布·汗訪問中國，中巴兩國邊界議定書。

1965 年 3 月 30 日，謝赫·阿卜杜拉在阿爾及爾會見中國總理周恩來。

1965 年 4 月 3 日，阿尤布·汗開始對蘇聯進行訪問。

1965 年 4 月 6 日，印巴發生卡奇軍事衝突；4 月 27 日，雙方非正式停火。

1965 年 5 月 8 日，謝赫·阿卜杜拉回國即遭逮捕，在喀什米爾引發大規模動亂。

1965 年 6 月 29 日，阿尤布·汗和夏斯特裡簽署《卡奇協議》；7 月 1 日，停火正式生效。

1965 年 8 月 9 日，第二次喀什米爾戰爭爆發。

1965 年 9 月 17 日，中國向印度發布最後通牒。

1965 年 9 月 23 日，聯合國安理會通過決議要求印巴立即停火；印巴正式停火。

1965 年底，巴基斯坦加快修建連接中國新疆的喀喇崑崙公路。

1966 年 1 月 10 日，阿尤布·汗和夏斯特裡簽訂《塔什干宣言》。

1967 年 12 月 8 日，謝赫·阿卜杜拉獲釋出獄。

1967 年 12 月 20 日，印度議會通過《防止非法行動法》。

1968 年，巴基斯坦發生「阿加爾塔拉陰謀案」。

1970 年 11 月 12 日，東巴基斯坦遭遇強烈的颶風襲擊，巴基斯坦政府處理不力。

1970 年 12 月 7 日，巴基斯坦將舉行全國大選，謝赫·穆吉布·拉赫曼領導的人民聯盟黨在東巴大獲全勝，在全國席位也占優。但葉海亞·汗總統拒絕承認穆吉布的勝利，刺激了東巴的分離主義運動。

1971 年 4 月 2 日，蘇聯最高蘇維埃主席團主席尼古拉·維克托羅維奇·波德戈爾內致信葉海亞·汗，指責巴基斯坦政府在對東巴危機處理得不妥。

1971 年 7 月 9 到 11 日，美國國家安全顧問亨利·季辛吉成功地訪問了中國。

1971 年 8 月 9 日，印度和蘇聯簽訂《印蘇和平、友好與合作條約》。

1971 年 11 月 21 日，印軍向傑索爾的巴軍發動襲擊，第三次印巴戰爭正式開始。

1971 年 12 月 16 日，第三次印巴戰爭停火。

1972 年 6 月，謝赫·阿卜杜拉，阿弗澤爾·貝格等國民會議黨領導人被允許返回喀什米爾。

1972 年 7 月 2 日，佐勒菲卡爾·阿里·布托和英迪拉·甘地簽訂《西姆拉條約》。

1974 年 9 月 7 日，印度吞併錫金，把它變成印度的一個連繫邦。

1974 年 5 月，印度成功地進行了核試驗。

1974 年 11 月 13 日，謝赫·阿卜杜拉與英迪拉·甘地簽訂《喀什米爾協定》。

1975 年 2 月 26 日，謝赫·阿卜杜拉正式就任印控查謨和喀什米爾邦的首席部長。

＝ 附錄 II：印度憲法第 370 條《印度憲法》 ＝

郭登皞等譯，世界知識出版社，1951 年，第 136-137 頁。

第一款無論本憲法之規定如何

（甲）第二三八條之規定，對於加米與喀什米爾兩邦「加米與喀什米爾兩邦」應為「the Jammuand Kashmir State」之誤譯，現通譯為「查謨和喀什米爾土邦」；下文的「嘉木與喀什米爾之兩大王公」疑為「Maharaja of Jammuand Kashmir」之誤譯，現一般譯為「查謨和喀什米爾土邦主」，我主張譯為「查謨和喀什米爾大君」，這樣才符合印度特色，也符合中國的傳統譯法。，不得適用。

（乙）國會為該邦制定法律之權力，應限於：

（A）凡在「聯邦職權表」與「共同職權表」中之事項，經總統與該邦政府商議宣告同於該邦加入印度自治領之約章所列舉自治領立法機關得為該邦制定法律之事項者；（B）上訴職權表中其他事項，經邦政府同意，由總統以命令列舉者。

［註釋］為本條之目的，［邦政府］指總統目前所承認為嘉木與喀什米爾之兩大王公，按照該邦行政會議之建議下行使職權之人，該行政會議即據一九四八年三月五日該邦大王公之宣告暫時成立者。

（丙）第一條與本條之規定，應適用於該邦。

（丁）本憲法之其他條款何者應適用於該邦，適用時應有何種例外與更改，總統得以命令列舉之。

但有關（乙）項（A）目所稱該邦之加入自治領之約章所列舉之事項之此類命令，除非經與邦政府商議，不得發布。

但對於前節單獨所舉事項以外其他事項之命令，除非經邦政府同意，不得發布。

第二款倘（乙）項（B）目或第一款（丁）項第二項單獨所指之邦政府同意，如在為制定該邦憲法之制憲會議召集以前，應送制憲會議採取決定。

第三款無論本條以上各款作任何之規定，總統得以公告宣布本條應停止施行，或應按照其所規定之例外修改，自其規定之日起施行；但在總統發布此項告示時，必須根據第二款所指之邦制憲會議之建議。

═ 附錄Ⅲ：塔什干宣言引自《參考消息》═

1966 年 1 月 11 日。

印度總理和巴基斯坦總統在塔什干舉行會談並討論了印度和巴基斯坦之間的當前關係，茲在此宣布他們堅決要恢復兩國之間的正常、和平關係並促進兩國人民之間的諒解和友好關係。他們認為實現這些目標對印度和巴基斯坦兩國六億人民的幸福具有十分重要意義。

➢ 一、印度總理和巴基斯坦總統一致同意，雙方將遵照聯合國憲章，做出一切努力在印度和巴基斯坦之間建立睦鄰關係。他們重申，根據憲章他們有義務不使用武力而是通過和平手段來解決他們的爭端。他們認為，兩國之間繼續保持緊張關係不符合他們的地區尤其是印巴次大陸的和平和利益，的確，也不符合印度和巴基斯坦兩國人民的利益。正是在這種情況下討論了查謨和喀什米爾問題，雙方表明了各自的立場。

➢ 二、印度總理和巴基斯坦總統一致同意，兩國一切武裝人員最遲不晚於一九六六年二月二十五日都撤至一九六五年八月五日之前所占據的陣地，雙方將在停火線上遵守停火規定。

➢ 三、印度總理和巴基斯坦總統一致同意，印度和巴基斯坦的關係將建立在互不干涉內政的原則基礎上。

➢ 四、印度總理和巴基斯坦總統一致同意，雙方將勸阻任何反對另一國的宣傳，而將鼓勵促進兩國友好關係發展的宣傳。

➢ 五、印度總理和巴基斯坦總統一致同意，印度駐巴基斯坦高級專員和巴基斯坦駐印度高級專員將返回他們的崗位，並將恢復兩國外交使團的正

常工作。兩國政府將遵守一九六一年關於外交關係的維也納公約。

> 六、印度總理和巴基斯坦總統一致同意，考慮恢復印巴兩國之間的經濟和貿易關係、交通運輸以及文化交流，並採取措施來執行印巴之間現有的協定。

> 七、印度總理和巴基斯坦總統一致同意，他們指示各自的有關部門執行遣返戰俘規定。

> 八、印度總理和巴基斯坦總統一致同意，雙方將繼續討論有關驅逐難民和非法移民的問題。他們還一致同意，雙方將創造條件，防止人口外流。他們進而同意討論雙方歸還在衝突中接管的財產和資產的問題。

> 九、印度總理和巴基斯坦總統一致同意，雙方將繼續舉行最高級和其他級別會談討論同兩國直接有關的問題。雙方認識到有必要成立印巴聯合機構。這些機構將向它們的政府提出報告，以便決定應該採取什麼樣的進一步措施。

印度總理和巴基斯坦總統表示對蘇聯各領導人、蘇聯政府和蘇聯部長會議主席個人深為感謝和感激，因為他們採取了建設性的友好而高貴的行動促成了這次會談，這次會談取得了雙方都滿意的結果。

他們還向烏茲別克政府和友好的人民表示真誠的感謝，因為他們予以十分熱情的接待和殷勤的款待。

他們邀請蘇聯部長會議主席作為本宣言的見證人。

══ 附錄IV：西姆拉條約《參考消息》══

1972 年 7 月 5 日。

一、印度政府和巴基斯坦政府決定：兩國結束迄今為止損害它們的關係的衝突和對抗，為促進友好與和諧的關係以及建立次大陸的持久和平而努力，從而使兩國今後可以把它們的資源和力量用於增進它們人民的福利這一

緊迫任務。

　　為實現這一目的，印度政府和巴基斯坦政府商定如下：

> 兩國關係應以聯合國憲章的原則和宗旨為指導。

> 兩國決心通過雙邊談判以和平手段或以它們共同商定的其他任何和平手段解決它們的分歧。在兩國之間的任何一個問題得到最終解決之前，任何一方不得單方面改變局勢，雙方都應防止組織、幫助或鼓勵任何有害於維持和平與和諧的關係之行為。

> 它們之間實現和解、睦鄰和持久和平的先決條件是兩國保證在平等互利基礎上和平共處，尊重彼此的領土完整和主權，以及互不干涉內政。

> 在過去二十五年間困擾兩國關係的那些基本問題和衝突的根源應通過和平手段加以解決。

> 它們應始終尊重彼此的國家統一、領土完整、政治獨立和主權平等。

> 根據聯合國憲章，它們將不對彼此的領土完整或政治獨立以武力相威脅或者使用武力。

　　二、兩國政府將採取它們力所能及的一切步驟來防止針對對方的敵對宣傳。兩國將鼓勵傳播有助於發展兩國間友好關係的消息。

　　三、為了逐漸恢復兩國關係，雙方商定：

> 應採取步驟以恢復聯絡 —— 郵遞、電報、海上連繫，包括過境站在內的陸上連繫，以及包括過境飛行在內的空中連繫。

> 應採取適當步驟來促進對方國家國民的旅行便利條件。

> 將盡可能地恢復貿易以及在經濟和其他商業領域間的合作。

> 將促進科學和文化領域的交流。

　　在這方面，兩國代表團將不時地舉行會晤，以制訂必要細節。

　　四、為了開始建立持久和平的關係，兩國政府商定：

➢ 印度部隊和巴基斯坦部隊應當撤回國際邊界的各自一側。

➢ 在查謨和喀什米爾，一九七一年十二月十七日停火造成的控制線應在不損害任何一方得到承認的立場的情況下得到雙方尊重。任何一方不應不顧雙方的分歧和法律上的解釋而單方面謀求改變這條控制線。雙方進一步保證不以武力相威脅或者使用武力以侵犯這條線。

➢ 撤軍應自本協定生效時開始，在爾後三十天以內進行完畢。

五、本協定有待兩國按照各自憲法規定的程式予以批准，將自交換批准文件之日起生效。

六、兩國政府商定，它們的首腦將在今後雙方都方便的時候再次舉行會晤，在再次舉行會晤以前，雙方代表將進一步討論建立持久和平和使關係正常化的方式和安排，包括遣返戰俘和被拘留的文職人員、最終解決包括查謨和喀什米爾問題以及恢復外交關係等在內的問題。

附錄Ⅴ：喀什米爾協定

Usha Sharma Edi, Political Developmentin Jammu, Kashmir And Ladakh, New Delhi: Radha Publications, 2001, p.299-301.

一、米爾邦是印度聯邦的組成單元，它和聯邦的關係應繼續由印度憲法第 370 條指導。

二、剩餘立法權剩餘立法權，即《加入證書》的職權表所列項目之外諸事項的立法權。應繼續保留給邦裡；但聯邦議會仍然有權制定法律以防下列行為發生：否認、質疑或分裂印度主權和領土完整；或者招致印度聯邦部分領土被分割的行為，或分割印度聯邦部分領土的行為；侮辱印度的國旗、國歌和憲法的行為。

三、已經修改過的運用於查謨和喀什米爾邦的任何印度憲法條款，根據

總統依憲法第 370 條的法令，可以再次更改或撤銷，任何這方面的單獨建議應根據其自身條件進行考慮；但沒有修改過的運用於查謨和喀什米爾的印度憲法條款不能修改。

四、考慮到要確保查謨和喀什米爾邦以適合該邦特殊情況的方式，在下列問題上擁有自己立法的自由：福利標準、文化問題、社會安定、屬人法和程式法，雙方同意邦政府可以審查 1953 年之後聯邦議會制定或者擴展到查謨和喀什米爾邦與合作條目相關的任何問題的法律，他們還可以根據自己的意見決定這些法律是否需要修改或撤銷。因此，應該根據印度憲法第 254 條採取適當步驟以做準備。總統所批准的這麼一項法律應予以相應理解地考慮。在將來，聯邦議會根據印度憲法第 254 條第 2 款的附款制定法律時，應採取相同的方法。所有運用於查謨和喀什米爾邦的這類法律都應該諮詢邦政府的意見，並且邦政府的觀點應予最充分考慮。

五、作為一項根據印度憲法第 368 條規定的相應安排，為適用於查謨和喀什米爾邦而對那項條款所做的適當修改應該根據總統法令進行，以達到如下效果：任何法律都不是由查謨和喀什米爾邦的立法會議制定的，以求在與下述問題相關的查謨和喀什米爾邦憲法的任何條文的影響內所做修改效果應該發揮作用，除非法律正供總統考慮，得到他的贊成，這些問題是：

➢ 邦長的任命、權力、職責、任務、特權和罷免。

➢ 與選舉問題相關的下列問題：印度選舉委員會對選舉的監督、指導和控制；無歧視選舉名單的合法性，成人選舉和立法會的構成；這些問題具體列在查謨和喀什米爾邦憲法的第 50、138、139、140 節。

六、由於在邦長和首席部長的專門稱謂問題上沒能達成一致，因此該問題移交給 Principals 處理。

後記

　　一個偶然的衝動使我與喀什米爾結下了不解之緣，當年進入北京大學之後又跟隨王紅生教授對喀什米爾問題做了 7 年的研究，眼下結稿出版的這本著作就算是我獻給王老師的禮物。

　　王紅生教授是位寬厚仁慈的長者，默默地耕耘與付出。王老師有較獨特的指導學生的方法，強調用理論來分析、研究和概括問題。我覺得自己這些年來在這方面有所長進，完全歸功於王老師的教導。

　　林承節教授是中國著名的印度研究專家，他對學術的嚴格要求和縝密思維使我受益良多。林老師對學生竭盡提攜之情，數年來替我從國外購買珍貴的資料，使本書對喀什米爾問題的闡釋得以更為全面。北大歷史系亞非拉教研室的另一位教授董正華老師總是那樣的隨和樂助，7 年裡對我在論文和學習上的求助總是不吝賜教，在其他方面也予以關心。

　　負笈燕園的 7 年當中，北大東方學系的唐孟生教授，中國社科院亞太所的孫士海老師、劉建老師，北大歷史系亞非拉教研室的何芳川老師、包茂宏老師、牛可老師、吳小安老師、董經勝老師，以及北大東方學系的姜永紅老師、姜景奎老師等許多人向我提供了無私的幫助。在我進行各種程式的論文答辯時，同門的周紅江師弟、湯大江師弟、徐碩師妹和馮立冰師妹也付出了辛勤的勞動。

　　迫於生計壓力，我選擇了以定向的方式來攻讀博士學位，此舉使我 2004 年 9 月步入北大之後生活窘迫，居無定所，淪為「喪家之犬」。在我顛沛流離之際，劉子忠師兄、王立新師兄與盧建勇、施展、董仲瑜、肖守貿、李鑫、李永春和徐志民等同學對我施以援手，提供各種便利，使我能夠安心學習。

　　攻讀博士學位是一件艱辛的事，在這一過程中我有幸得到許多老師、諸多同學的幫助，使我能夠如期畢業並獲得博士學位。畢業後我隨即回到江西科技師範學院工作，期間受到各級領導的關心和幫助，其中歷史文化學院院長陳立立教授和科學研究處處長鄭蘇淮教授尤為關心並催促出版我的博士論文。另外，特別需要指出的是，巴蜀書社編輯周文炯先生專業、嚴謹且仔細地校稿，不僅訂正了我原來書稿中的許多錯誤，其潤色亦為本書增輝不少，在此特致敬意和表示感謝。求學至出書的過程雖辛苦，然亦欣慰甚而欣喜。故此，我真誠地向大家致以衷心的感謝！祝大家萬事如意！

習罡華

南亞頑疾：

喀什米爾衝突之謎（1947-1974）

作　　者：習罡華

發 行 人：黃振庭

出 版 者：崧燁文化事業有限公司

發 行 者：崧燁文化事業有限公司

E-mail：sonbookservice@gmail.com

粉 絲 頁：https://www.facebook.com/
　　　　　sonbookss/

網　　址：https://sonbook.net/

地　　址：台北市中正區重慶南路一段六十一號八
　　　　　樓 815 室

Rm. 815, 8F., No.61, Sec. 1, Chongqing S. Rd.,
Zhongzheng Dist., Taipei City 100, Taiwan

電　　話：(02)2370-3310

傳　　真：(02)2388-1990

印　　刷：京峯彩色印刷有限公司（京峰數位）

律師顧問：廣華律師事務所 張珮琦律師

定　　價：375 元

發行日期：2023 年 01 月第一版

◎本書以 POD 印製

國家圖書館出版品預行編目資料

南亞頑疾：喀什米爾衝突之謎
（1947-1974）/ 習罡華著 . -- 第一
版 . -- 臺北市：崧燁文化事業有限
公司 , 2023.01
面；　公分
POD 版
ISBN 978-626-357-013-9(平裝)
1.CST: 印巴關係 2.CST: 地緣政治
3.CST: 區域研究 4.CST: 喀什米爾
574.37　　111020719

電子書購買

臉書